ATLAS DU NUMÉRIQUE

ATLAS DU NUMÉRIQUE

Sous la direction de
Dominique Cardon,
Sylvain Parasie,
Donato Ricci

Atelier de cartographie de Sciences Po

SciencesPo
LES PRESSES

Atlas du numérique / Dominique Cardon, Sylvain Parasie, Donato Ricci (dir.),
Atelier de cartographie de Sciences Po

Paris : Presses de Sciences Po, 2023.

ISBN 978-2-7246-4150-9

Création et réalisation des visualisations

Atelier de cartographie de Sciences Po : Thomas Ansart, Benoît Martin, Patrice Mitrano, Antoine Rio

Nicolas Bœuf, Florine Lecomte

médialab de Sciences Po

Création et réalisation graphique

Intérieur : Alain Chevallier

Couverture : Olivier Fontvieille

Édition

Laurence de Bélizal, Julie Gazier, Nathalie Larmanjat,
Fabien Crespin, Anne-Laure Genin

Crédits photographiques

Page 10 : Peter Crnokrak, « Love Will Tear Us Apart Again », 2008-2021, Edition of 300, 860 mm X 860 mm.

Page 24 : Sage Ross, Aaron Swartz at a Boston Wikipedia Meetup in 2009, CC BY-SA 2.0.

Page 40 : Laurie Frick/photo Bruce Damonte, « Floating Data, laser cut anodized aluminum in 60 panels, Neustar Building, 30 ft x 15 ft, San Francisco », 2015.

Page 66 : Markus Schreiber/AP/SIPA, « Un homme se tient devant “Artificial Realities: Corals” , an AI Data Sculpture, Refik Anadol Studio », Davos Congress Center, 15 janvier 2023.

Page 92 : Niko Photographisme, « Meditation, The Robot Next Door », 2017-2023.

À la mémoire de Bruno Latour,
qui nous a permis d'explorer
de nouvelles façons de voir le monde
avec le numérique.

Table des matières

Des mondes en transition {

Être gouverné, se gouverner {

<introduction/>
Le zéro et l'infini numérique

La conquête du monde par le numérique constitue l'une des plus remarquables transformations récentes de nos sociétés. À la fois source d'espoirs et de craintes, elle s'inscrit dans une histoire longue de l'informatique, dont les pionniers, d'Ada Lovelace au XIXe siècle à Alan Turing au siècle suivant, ont tenté, avant même la construction des premiers ordinateurs au cours des années 1940, de mécaniser le calcul en réduisant toutes les opérations à une forme binaire de 0 et de 1 afin de pouvoir l'appliquer à de nombreux domaines de la vie sociale.

Mais le vecteur de la mondialisation contemporaine du numérique est surtout internet. Né à la fin des années 1960 d'un croisement inattendu entre l'université, l'armée et la contre-culture américaine, ce langage de communication entre ordinateurs a connu un essor fulgurant après la création du web au tournant des années 1990. Il a engendré une conception radicalement nouvelle de l'informatique, désormais perçue comme un moyen de communiquer, de partager les informations et même de modifier les rapports sociaux.

Le succès d'internet se traduit d'abord par la présence d'infrastructures à l'échelle de la planète, devenues aussi cruciales que les équipements routiers et électriques : câbles, serveurs, ordinateurs, téléphones, logiciels, algorithmes. De manière inextricable, internet a aussi mis le numérique au cœur de nos existences individuelles et collectives : il affecte la façon dont nous interagissons, dont nous construisons et mettons en scène notre identité, dont nous discutons des affaires publiques, dont nous créons de la valeur économique, etc. Son extension est telle qu'aujourd'hui il est presque impossible de nommer une dimension qui en soit authentiquement indépendante. Enfin, internet a contribué à associer le numérique à un ensemble d'idéaux et de principes qui irriguent l'ordre moral et politique de nos sociétés, au premier rang desquels la libre circulation de l'information.

La publication d'un atlas consacré au numérique peut surprendre tant ce sujet a pu être pensé comme échappant à toute contrainte spatiale. La forte opacité qui entoure la conquête numérique rend cependant une telle entreprise plus que nécessaire. Cette opacité tient d'abord à la complexité de technologies peu compréhensibles et en évolution constante. Elle tient aussi à la manière dont ces technologies modifient nos existences : nos expériences du numérique varient grandement selon l'endroit où nous habitons, selon notre appartenance sociale et selon les collectifs dans lesquels nous sommes engagés. Loin d'être déterminées et uniformes, les réalités issues de la transformation numérique sont très différentes, souvent inattendues et contradictoires.

L'anomalie internet

Internet a commencé comme une anomalie. Pendant ses premières années, cet étrange réseau de communication entre ordinateurs, conçu par des militaires américains puis rapidement accaparé par les chercheurs et des communautés contre-culturelles, scientifiques et militantes, s'est voulu un espace de liberté sans limites. Il a prétendu s'émanciper des contraintes économiques et juridiques inhérentes aux échanges de biens matériels. Transnational, sans vrai moyen de paiement, favorisant l'anonymat et la multiplication des identités, il est né à côté des législations nationales. Ses premiers utilisateurs (chercheurs, développeurs, *hackers*, artistes, etc.) défendaient des idées de coopération, de partage des contenus et de liberté d'expression.

Ces valeurs pionnières sont aujourd'hui noyées dans l'océan de l'économie numérique, mais elles n'ont pas disparu. Elles restent présentes dans beaucoup d'expériences contemporaines, tels l'encyclopédie en ligne Wikipédia, les forums de discussion ou encore les logiciels libres et *open source*. Le respect du libre accès à l'information, la méfiance envers les institutions et les discours d'autorité, la collaboration entre pairs et le refus des frontières continuent d'inspirer certains des usages les plus remarquables du réseau des réseaux.

Il est cependant difficile aux acteurs historiques de résister face à la montée en puissance d'autres acteurs – gouvernements, institutions, grandes entreprises – dont les systèmes de pouvoir, plus classiques, pèsent désormais lourdement sur l'avenir d'internet. Quoi de commun entre l'expérience numérique des Chinois et celle des Français ? Et même entre celle des États-Unis et l'Europe, aux modes de régulation respectifs très différents, dans le domaine de la protection de la vie privée par exemple. Plus globalement, les pratiques de surveillance se sont accrues dans la plupart des pays, en contradiction avec les idéaux initiaux. La rapide ascension de géants du numérique comme Google et Amazon, même s'ils doivent en partie leur succès aux valeurs portées par internet, a également contribué à atténuer le souffle libertaire des origines.

Ainsi voit-on des logiques très différentes selon les contextes et les domaines animer le monde numérique contemporain. Elles produisent une grande diversité de réalités géographiques, sociales et sectorielles, des réalités que cet atlas ambitionne de mettre en évidence en prenant appui sur la recherche en sciences sociales.

Dépasser les mythes

Parmi les nombreux mythes que suscite la conquête numérique, certains ont une connotation positive : tout le monde aurait la possibilité d'y participer, internet rendrait la société plus transparente. D'autres sont catastrophistes : nous serions massivement manipulés par les algorithmes, l'intelligence artificielle remplacerait les humains, le réseau aurait fait disparaître la vie privée, la lecture serait menacée par l'addiction aux réseaux sociaux. Ces visions caricaturales troublent notre compréhension des mutations en cours. Pourtant, les enquêtes montrent systématiquement que seule une minorité de personnes est active sur les plateformes. Quel que soit le pays, des franges importantes de la population restent ainsi invisibles en dépit des possibilités offertes par le numérique. De même, face aux algorithmes, les individus conservent une autonomie plus grande qu'on ne l'imagine. Nous continuons de choisir nous-mêmes, et non les algorithmes, l'immense majorité des morceaux de musique que nous écoutons sur les plateformes de *streaming*. Le lecteur trouvera dans ces pages de nombreuses analyses empiriques, comme autant de contrepoints aux discours promotionnels des plateformes, à certaines critiques d'internet réductrices et au déterminisme technologique que l'on tend à appliquer sans nuances à presque chaque sujet lié au numérique.

De nouvelles représentations

Le numérique transforme, enfin, la façon dont nous voyons et représentons le monde. Ses instruments renouvellent profondément les méthodes d'enquête et les techniques de visualisation traditionnelles telles que les cartes et les diagrammes. Des chercheurs en humanités numériques étudient la littérature en comparant un texte à un corpus constitué de l'ensemble des textes publiés à la même époque, et analysé à partir de méthodes statistiques ; des spécialistes des sciences sociales computationnelles étudient les traces numériques laissées par les individus pour identifier des pratiques, des goûts et des préférences dans le domaine de la culture et de la politique ; des réseaux d'interaction sur les plateformes sont représentés sous la forme de cartes dynamiques permettant de zoomer ou de dézoomer à l'intérieur des communautés, etc.

En faisant collaborer des sociologues, des designers, des spécialistes de la visualisation et des chercheurs en sciences sociales computationnelles, cet atlas donne à voir toute cette richesse graphique. Tel est son joli paradoxe, car loin de faire disparaître le livre, qui reste un médium inégalable pour fixer nos savoirs et nos idées, l'écriture numérique ne cesse d'élargir, d'approfondir et de dynamiser leurs représentations.

LOS HUMILLADOS
HUMAN DRAMA
THE SHANES
DIGITAL SEX
THE TEA PARTY
JOY DIVISION
INTESTINAL DISEASE
KISMET
OPIUM DEN
STANTON-MIRANDA
THE DIARY
DIE ART
RED HOUSE
PELTZ
BIKINI BEACH
PRIBATA IDAHO
THE BLOOD
THE KING
BICE
CIENFUEGOS
ELÄKELÄISET
WUNDERGRAFT
WORLD WIDE SPIES
THE MOTION SICK
THE GOTHEES
THE DIVISIONEST
STILL SUNRISE
ORTSSCHILD
PHILISTINE
NERINA PALLOT
MICHELLE DARKNESS
HOUPACI KONE
HEAVENS
HANS BALLY
EVERYONE'S A CROOK
EVEN VAST
EVELYN EVELYN
DAMHNAIT DOYLE
ANYTHING BOX
ACROJUNK

La conquête numérique {

« **Love Will Tear Us Apart Again** », image numérique réalisée par Peter Crnokrak à partir des innombrables reprises d'une chanson emblématique de Joy Division, « Love Will Tear Us Apart » (1979). Couvrant 43 années, 168 reprises disposées chronologiquement dans le sens des aiguilles d'une montre, cette visualisation montre les évolutions du son particulier que le groupe a voulu exprimer.

<Histoire d’innovations/>

La conquête de nos sociétés par les technologies numériques a été si soudaine et si rapide que nous oublions que son histoire est plus longue qu’il n’y paraît et, surtout, qu’elle aurait pu emprunter d’autres chemins. La singulière aventure française du Minitel qui, au début des années 1980, était considéré dans le monde entier comme une innovation remarquable avant d’être brutalement démodée par internet, montre que des alternatives étaient possibles et que le choix d’une infrastructure de communication plutôt qu’une autre aurait pu orienter nos sociétés dans des directions différentes. Système centralisé et très performant, le minitel venait de l’univers des télécoms et était entièrement contrôlé par les États. Beaucoup plus rustique, instable mais résiliente, la technologie d’internet est issue du monde de l’informatique. Elle connecte des ordinateurs différents dans des lieux multiples sans que les États ou les industriels ne puissent complètement contrôler les échanges. Le choix de cette infrastructure ouverte, décentralisée et souple a donné une coloration singulière au développement d’internet.

Internet est le produit d’une longue succession d’innovations qui ont eu lieu entre les années 1960 et 1990. Elles ont été initiées dans de petits cercles de chercheurs, américains principalement, mais aussi anglais ou français, qui souhaitaient développer un protocole de communication entre ordinateurs. Financé par la DARPA (Defense Advanced Research Projects Agency), l’agence de recherche de l’armée américaine, ce projet au long cours a pris une orientation inattendue. Les premiers ordinateurs connectés dans le réseau Arpanet (Advanced Research Projects Agency Network) sont principalement utilisés par les chercheurs et les informaticiens, mais ils attirent aussi des artistes et les acteurs de la contre-culture américaine qui y voient l’opportunité de partager des connaissances et des œuvres, d’échanger sans frontières et de favoriser la créativité collective. Inquiétée par ces usages imprévus et incontrôlables, l’armée américaine se retire en 1989 de l’Arpanet, que l’on désigne alors sous le nom d’Internet, préférant créer un réseau spécifiquement militaire.

En 1990, ce petit système de communication pour chercheurs est entré dans une autre dimension. Tim Berners-Lee, un informaticien anglais travaillant en Suisse dans l’accélérateur de particules du CERN, développe un protocole spécifique utilisant internet pour mettre en communication des documents entre lesquels il est possible de circuler grâce à un ingénieux système d'adressage : le lien hypertexte et son adresse commençant par http (Hypertext Transfer Protocol). Cette innovation est décisive. L'utilisation de réseaux d'ordinateurs connectés devient simple et accessible à des non-informaticiens. Parallèlement, un autre protocole, SMTP (Simple Mail Transfer Protocol) a permis le développement d'une fonctionnalité, la messagerie, qui a joué un rôle central dans l'appropriation et le succès d'internet. D'abord conçus pour de petites communautés d'experts et de chercheurs, les protocoles d'internet simplifient progressivement l'usage des ordinateurs connectés. À partir de 1995, commence la très rapide diffusion d'internet dans le monde entier même si, comme en Chine notamment, des oppositions persistent. Il n'avait pas initialement été conçu pour cela, mais internet est devenu l'indispensable instrument de communication d'un monde connecté.

Le développement des technologies favorisant ces connexions s'est réalisé à une vitesse prodigieuse. Elles se sont diffusées dans des secteurs toujours plus nombreux, ont conquis des publics de plus en plus larges : les jeunes et diplômés d'abord, mais la simplification des technologies et la variété des usages ouvrent, dès l'entrée dans les années 2000, le numérique à des publics plus populaires et moins diplômés, même si les inégalités, notamment pour les plus âgés, persistent encore aujourd'hui. La conquête de territoires de plus en plus nombreux de nos sociétés par le numérique est un processus qui se poursuit encore aujourd'hui avec l'extension considérable du volume des données (*big data*), la mise en réseau de machines et d'outils miniaturisés qui s'insèrent toujours plus profondément dans nos vies, le développement de l'intelligence artificielle qui introduit la prédiction statistique dans un nombre toujours plus important de situations.

La petite innovation des années 1980 destinée à connecter entre eux les très gros ordinateurs des scientifiques et des militaires a connu un développement plus qu'inattendu. Personne n'imaginait vraiment que cette technologie faite par et pour les chercheurs puisse devenir le système de communication utilisé par presque toute notre planète.

L'empire du calcul

Commander une pizza, jouer à un jeu vidéo ou identifier une personne sur Instagram : derrière toutes nos utilisations des services en ligne se cache du calcul informatique. La révolution numérique poursuit sa phénoménale accélération des capacités de calcul, qui s'effectue dans des architectures de plus en plus fines.

L'ordinateur s'inscrit dans la longue histoire des modes de calcul que les humains se sont évertués à mécaniser, des rouleaux aux engrenages en passant par les rouages d'horloge. Le calcul informatique, qui a pris son essor après la seconde guerre mondiale, se caractérise par un codage binaire : il décompose les informations en deux valeurs, 0 et 1, afin de les convoyer sous forme de signaux électriques jusqu'à un circuit chargé d'exécuter les instructions stockées dans sa mémoire.

Ce circuit électrique, appelé processeur (CPU, pour *central processing unit*), est la pièce centrale d'un ordinateur, son cerveau. Le premier microprocesseur (Intel 4004), ainsi nommé car il a amorcé la miniaturisation et l'accélération du calcul, via l'augmentation du nombre des transistors gravés de manière toujours plus fine sur le silicium des processeurs, a été inventé en 1971. Cette unité de calcul de 4 bits était cadencée par un signal d'horloge à 740 kilohertz et intégrait 2 300 transistors avec une finesse de gravure de 10 000 nanomètres.

La loi de Moore, formulée en 1965 par le cofondateur d'Intel, Gordon Earle Moore, a prédit que le nombre de transistors des microprocesseurs doublerait tous les deux ans à coût constant. La prophétie s'est révélée très juste : les machines électroniques sont devenues de plus en plus petites, de moins en moins coûteuses et de plus en plus puissantes. Certains, comme l'ingénieur et futurologue Ray Kurzweil ainsi que des adeptes du mouvement transhumaniste, ont vu dans cette croissance exponentielle de la capacité de calcul le signe d'une marche inexorable vers la machine intelligente.

Évolution des machines à calculer
depuis le VIe s. av. J.-C.

VIe s. av. J.-C.
Table de calcul, ou abaque (Mésopotamie).

XIIe s.
Boulier (Chine).

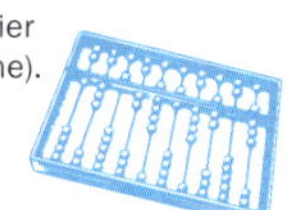

1642
Blaise Pascal invente une machine arithmétique qui permet d'effectuer des additions et des soustractions.

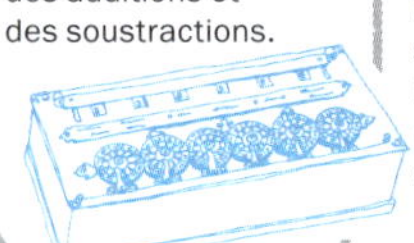

1834
Charles Babbage imagine une machine analytique, à partir de laquelle Ada Lovelace développe le premier programme informatique.

1704
Gottfried W. Leibniz met au point une calculatrice à étages qui extrait des racines carrées.

1671
Seth Partridge invente la règle à coulisse qui sera utilisée jusqu'à l'apparition des premières calculatrices électroniques.

1887
Dorr Eugene Felt invente le comptomètre, machine à clavier capable d'imprimer les résultats.

1890
W. T. Odhner invente l'arithmomètre, capable d'ajouter, de soustraire, de multiplier et de diviser.

1945
John W. Mauchly et J. Presper Eckert conçoivent l'ENIAC, machine entièrement électronique et programmable, destinée aux calculs balistiques de l'armée américaine.

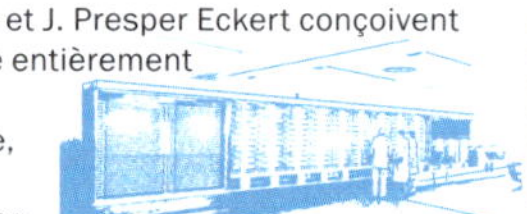

1944
Les idées de John von Neumann servent à mettre au point le Mark I, premier calculateur universel.

1938
Konrad Zuse conçoit Z3, un ordinateur considéré comme le premier ordinateur à relais électro-mécaniques.

1960
La société DEC invente le PDP-1, machine à l'origine de la culture *hacker*, au MIT et ailleurs.

1969
La société Fairchild invente le micro-processeur, qui sera commercialisé à partir de 1971 (Intel 4004).

1975
Lancement d'Altair 8800 et d'Apple-1 (ordinateurs personnels).

2009
L'université Yale conçoit le premier processeur quantique. Il comporte deux qubits composés chacun d'un milliard d'atomes d'aluminium.

1981
Lancement d'IBM PC (ordinateur personnel).

1976
Commercialisation du Cray-1, superordinateur dont le premier exemplaire a été installé au Los Alamos National Laboratory.

Aujourd'hui, on estime cependant que la loi de Moore touche à sa limite. Les dernières générations de microprocesseurs (64 bits cadencés à 5 gigahertz intégrant des milliards de transistors) atteignent une finesse de gravure de 10 nanomètres et se rapprochent de 2-3 nanomètres, soit une taille d'à peine 10 atomes à partir de laquelle le comportement des atomes devient aléatoire. Aussi est-on désormais à la recherche d'autres architectures qui permettront d'assouvir l'insatiable demande de calcul des mondes numériques. Les réalisations encore difficiles à maîtriser du calcul quantique suscitent beaucoup d'investissements.

Utilisant les propriétés surprenantes de ce dernier, par lesquelles l'unité de mesure, ou qubit, peut adopter différents états en même temps, l'ordinateur quantique serait capable de traiter simultanément de multiples possibilités de calcul et ce, à une vitesse jusqu'alors inconcevable.

Le défi majeur qui se pose aujourd'hui est plutôt de réduire l'empreinte environnementale de la course au calcul. Sachant qu'un ordinateur devient pratiquement obsolète le jour de sa mise en marche et que le doublement de la densité de transistors engendre une hausse de la consommation d'électricité, l'informatique verte cherche à augmenter les performances énergétiques des transistors plutôt qu'à multiplier leur nombre par nanomètre.

Évolution de la puissance des ordinateurs, ou loi de Moore
1900-2045

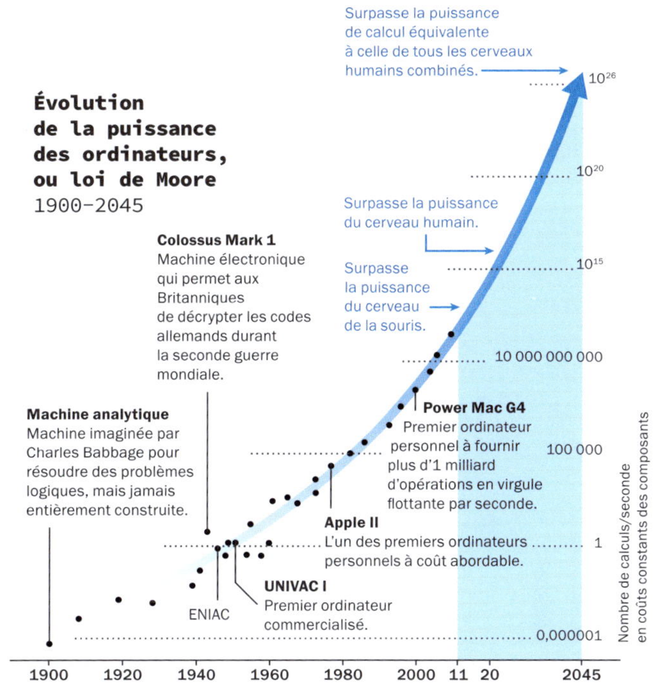

Sources : « Du doigt à la machine. Le calcul », *Le Petit Journal*, www.arts-et-metiers.net ; « Ordinateur quantique : les performances spectaculaires du supercalculateur de demain », *Science et vie*, 29 septembre 2020, www.science-et-vie.com

Calcul informatique classique *versus* calcul quantique

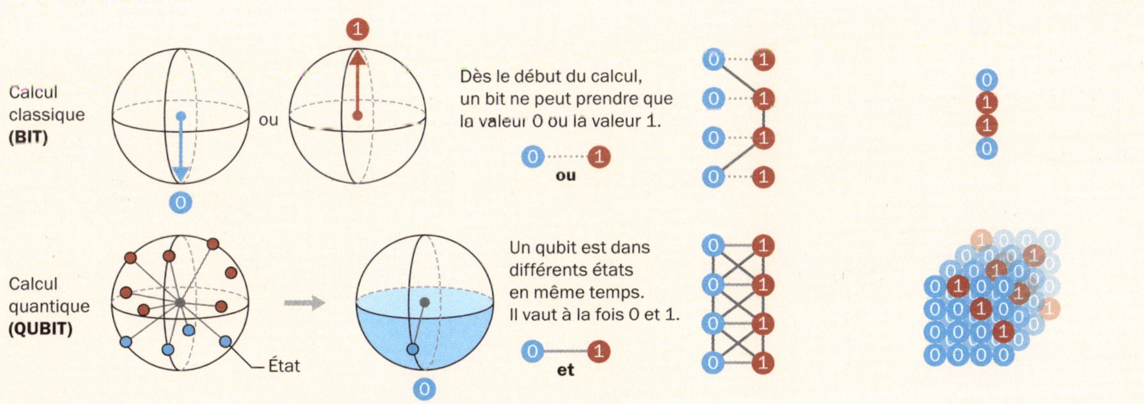

Le calcul informatique quantique utilise les propriétés de la physique quantique (dont la superposition et l'intrication) pour effectuer des calculs bien plus massifs et rapides que le calcul classique. Alors que ce dernier utilise l'information stockée dans un ensemble de bits (en haut), dont la valeur ne peut être que 0 ou 1, le calcul quantique utilise des qubits (en bas), ou bits quantiques, qui revêtent toutes les valeurs simultanément.

En un seul calcul, un ordinateur quantique à n qubits explore 2^n combinaisons en parallèle, là où un ordinateur classique doit effectuer n calculs en série.

La planète connectée

Conçu à l'origine pour des échanges de données entre ordinateurs, internet connecte aujourd'hui des machines, des personnes, des documents ainsi qu'un nombre grandissant d'objets. Cette extension est rendue possible par l'existence d'une gigantesque infrastructure matérielle qui se déploie à travers les airs, les sols et les océans.

L'aventure d'internet commence lorsqu'une agence américaine de recherche militaire, la DARPA (Defense Advanced Research Projects Agency), créée en 1958, lance un projet de réseau d'ordinateurs. Les premières connexions de ce réseau appelé ARPANET, pour Advanced Research Projects Agency Network, ont lieu en 1969. Il sera normalisé en 1983 sous le nom de TCP/IP (Transmission Control Protocol/Internet Protocol).

Deux initiatives majeures viennent bouleverser son destin et préfigurer le futur internet : en 1971, Ray Tomlinson propose d'utiliser le signe @ pour séparer le nom de l'utilisateur de celui de la machine, établissant ainsi le principe de la messagerie électronique ; puis, en 1990, Tim Berners-Lee, du CERN à Genève, propose de donner une adresse aux documents via l'Hypertext Transfer Protocol (http), protocole à l'origine du World Wide Web. À partir de 1993, l'apparition des navigateurs, qui rendent possible la consultation des sites web, transforme un système prévu pour des échanges entre chercheurs en un mode de communication pour tous. Le nombre de sites web s'accroît rapidement : il s'élève à 19 000 en 1995, à un million en 1997, à 10 millions en 2000. Initialement soutenues par l'armée américaine, les infrastructures se privatisent au cours des années 1990 quand des entreprises fournissent à leur tour l'accès à internet.

Internet a pour particularité d'attribuer une adresse IP (Internet Protocol) à toutes les entités qu'il connecte.

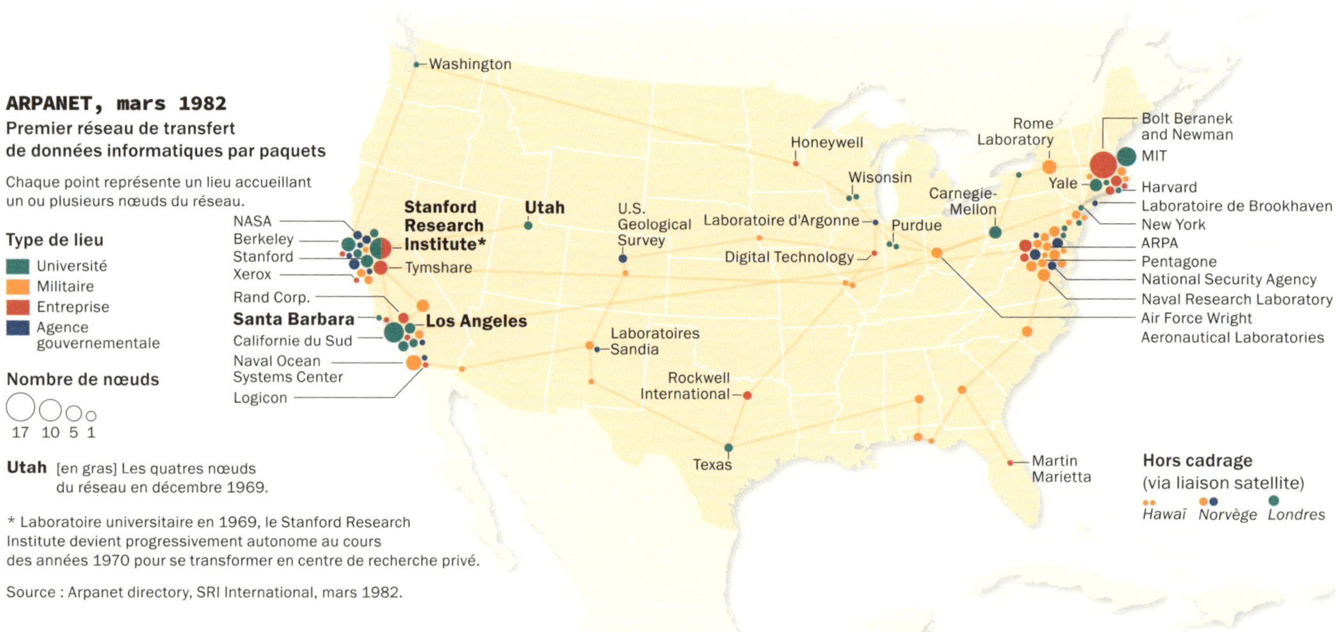

ARPANET, mars 1982
Premier réseau de transfert de données informatiques par paquets

* Laboratoire universitaire en 1969, le Stanford Research Institute devient progressivement autonome au cours des années 1970 pour se transformer en centre de recherche privé.

Source : Arpanet directory, SRI International, mars 1982.

En d'autres termes, pour pouvoir être routés, les messages doivent passer par des serveurs DNS (Domain Name System) qui traduisent les noms de domaine (tel que https://medialab.sciencespo.fr/) en adresses IP afin que les machines et les serveurs puissent être identifiés au sein du réseau.

Avec l'extension planétaire du réseau, le nombre d'adresses de 32 bits devient insuffisant pour connecter les terminaux de plus en plus nombreux. Créée en 1986, l'instance de normalisation technique d'internet, l'IETF (Internet Engineering Task Force) décide d'agrandir leur taille à 128 bits. Cette nouvelle norme, appelée IPv6, se déploie à partir de 2017. Elle permet de distribuer 340 sextillions (10^{36}) adresses dans le monde.

Fibre optique, relais d'antennes téléphoniques, câbles sous-marins, connexions wifi et protocoles d'échanges entre objets connectés composent aujourd'hui un réseau internet qui n'inclut plus uniquement des ordinateurs, mais aussi des puces, des capteurs, des objets connectés qui se miniaturisent et s'immiscent dans tous les recoins de notre environnement. Toutefois, comme l'atteste la forte concentration des câbles sous-marins connectant les plaques européenne et nord-américaine, les routes et les flux d'internet se déploient à travers le monde de manière très inégalitaire.

Câbles sous-marins, 1989-2021

Par période de mise en service, d'après les câbles en activité en 2021

nouveaux câbles
câbles déjà en place

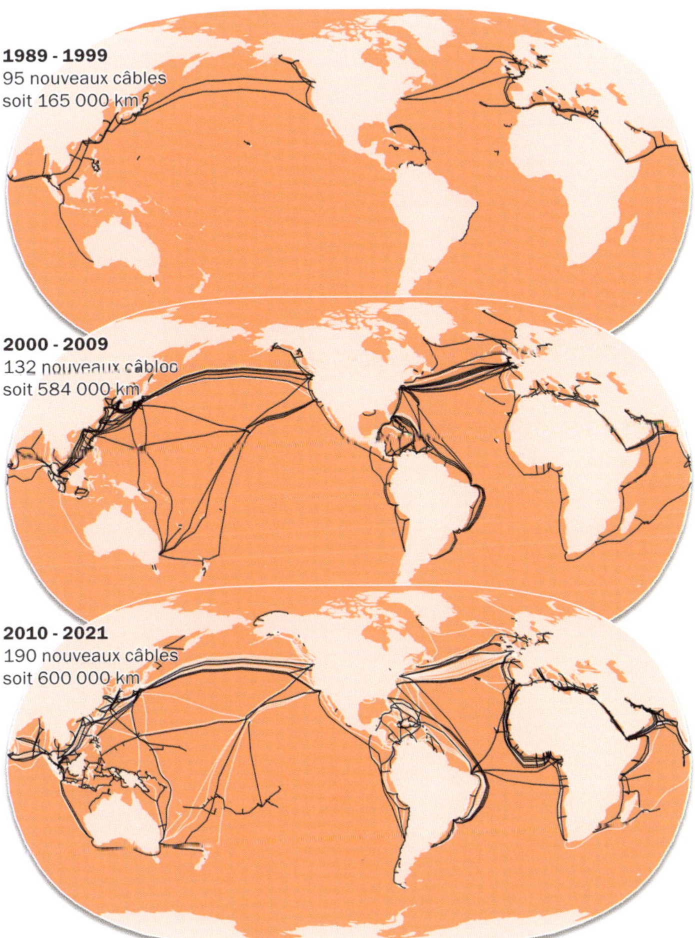

Bande passante entre régions, 2000-2021

Capacité maximale de transmission de données (en % du total)

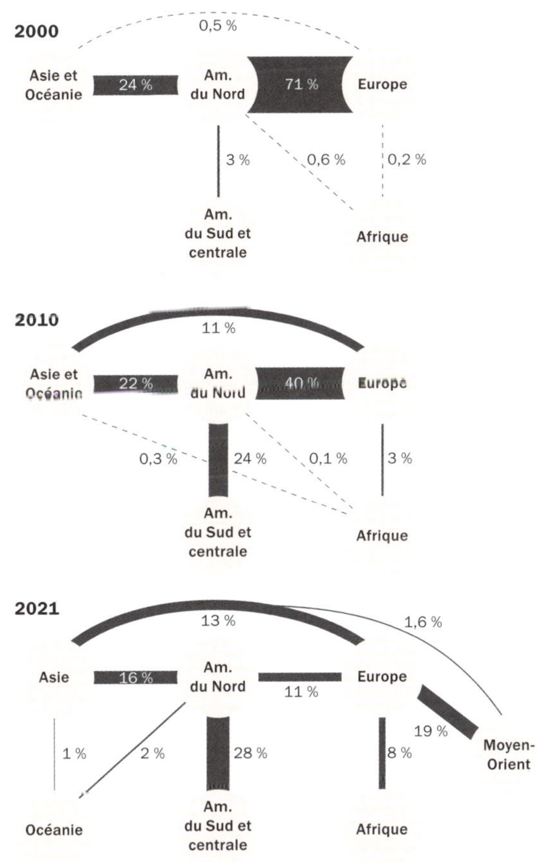

Source : « Submarine Cable Map », TeleGeography, avril 2022

Fusion et miniaturisation

À l'origine conçus pour réduire les risques d'erreur dans la manipulation des ordinateurs et pour éliminer toute intervention humaine dans les opérations de calcul, les terminaux et les systèmes d'exploitation s'introduisent désormais dans tous les objets de la vie quotidienne.

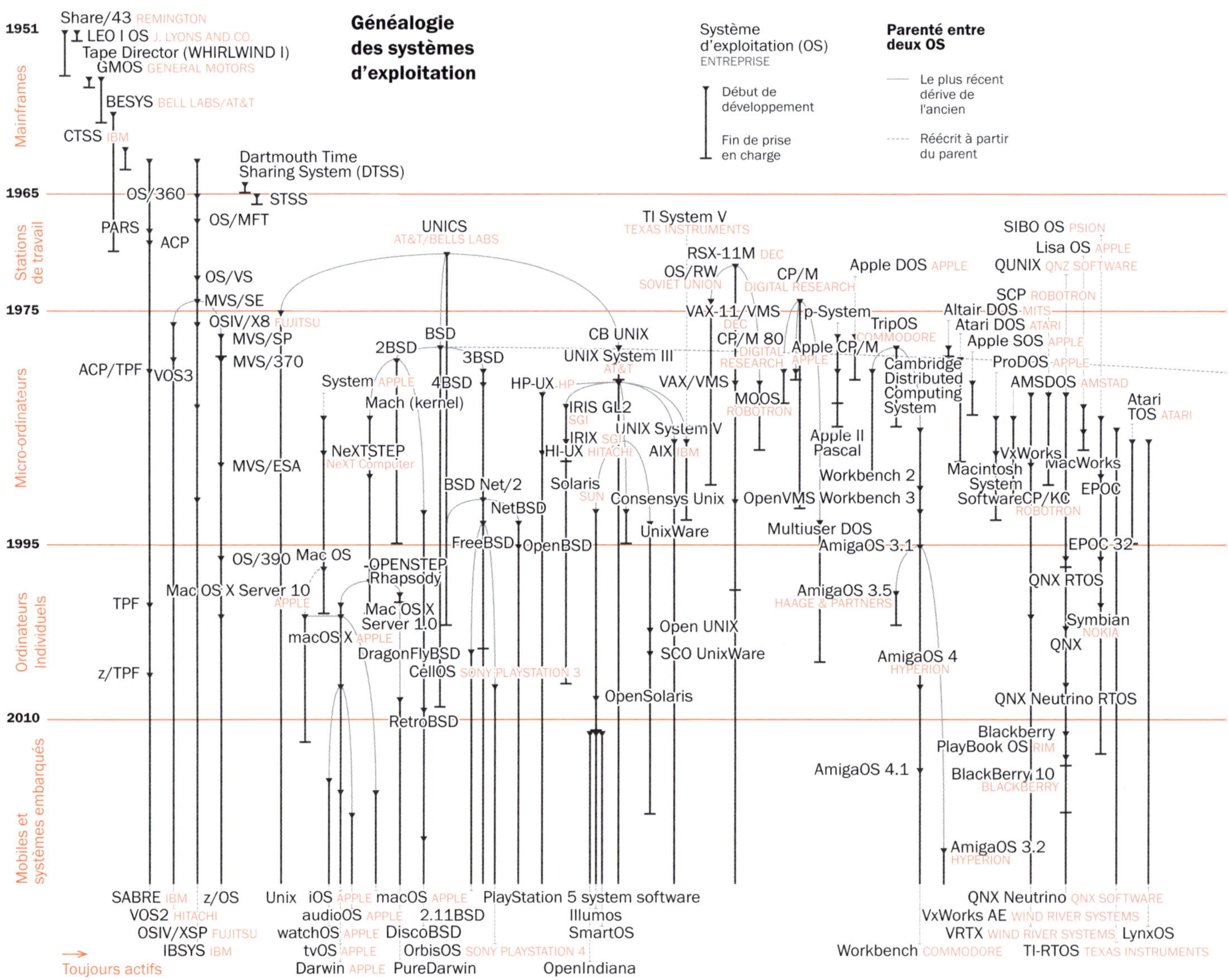

Dispositifs périphériques aux ressources computationnelles limitées permettant d'interagir avec une unité informatique, les terminaux s'imposent dès les premiers modèles de machines à calculer : le Z3 des années 1940 possède un clavier à chiffres pour interagir avec les relais électromécaniques ; le Whirlwind Mark I des années 1950 est le premier ordinateur équipé d'une combinaison clavier-imprimante-terminal visuel (oscilloscope) ; le PDP-1 dispose d'un écran cathodique de 48 cm de diamètre sur lequel sera joué *Spacewars!*, l'un des tout premiers jeux vidéo.

Les terminaux sont alors conçus comme une solution au problème pratique posé par la taille des unités de calcul (le Whirlwind occupe plus de 300 mètres carrés), qui contraint de recourir à un poste de travail à distance. Sachant que les premières unités ne peuvent traiter qu'une seule tâche à la fois, qu'elles sont coûteuses et disponibles pour une durée limitée, ils présentent par ailleurs l'avantage de minimiser les manipulations physiques et manuelles des machines, donc de réduire le risque d'erreur humaine obligeant à recommencer le travail depuis le début.

Au cours des années 1950, le même besoin d'optimiser la relation entre les opérateurs et les ordinateurs qui a conduit, côté *hardware*, à la naissance des terminaux suscite cette fois l'apparition d'un autre composant essentiel de l'ordinateur, côté *software* : le système d'exploitation, destiné à éliminer toute intervention humaine dans la gestion des opérations de calcul. Les premiers d'entre eux fournissent des réponses automatiques aux arrêts et aux interruptions de calcul. Ils assurent ensuite l'exécution séquentielle et groupée (*batch*) de programmes, ce qui réduit les temps d'arrêt de l'ordinateur et accélère le chargement des codes.

Durant la décennie suivante, deux philosophies d'optimisation des ressources informatiques se font concurrence : d'un côté, on privilégie les systèmes d'exploitation multitâches, qui maximisent l'utilisation du processeur, de l'autre, on fait la part belle aux systèmes d'exploitation *time-sharing* (dont UNIX, né en 1969), grâce auxquels plusieurs travaux peuvent s'exécuter simultanément dans la mémoire principale.

Progressivement, à partir des années 1970, la taille des machines diminue. Elle se réduit considérablement, au point que l'on assiste à la fusion du cœur du calcul et de ses extensions. Les terminaux mobiles n'ont plus rien à voir avec les dispositifs périphériques dépourvus de puissance de calcul qu'étaient les terminaux d'antan. Au contraire, leurs performances, leur connectivité et leurs systèmes d'exploitation les rendent parfois comparables aux ordinateurs de bureau et portables. De même, il existe aujourd'hui des objets *smart* à usage quotidien comme les voitures, les télévisions, les consoles pour les jeux vidéo, les lave-vaisselle et même les Lego Mindstorm, qui ne semblent pas être des unités informatiques mais pourraient être considérés comme les terminaux d'une « informatique ubiquitaire », terme consacré pour signifier l'omniprésence de l'informatique dans nos environnements. Chacun de ces objets possède désormais son propre système d'exploitation.

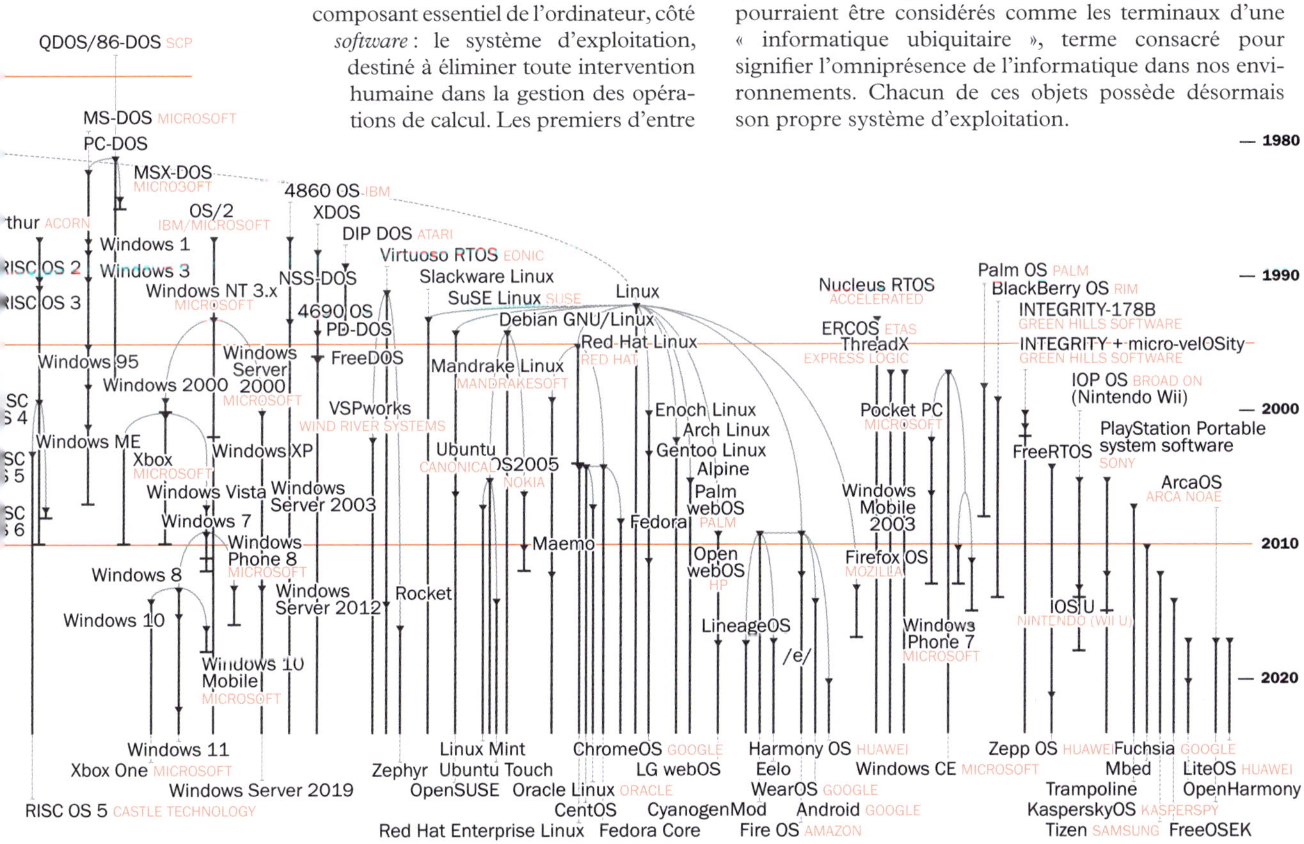

Des trous dans la couverture

L'accès à internet est souvent considéré comme allant de soi pour tous les habitants de la planète. En réalité, des facteurs tels que l'investissement des États dans les infrastructures et l'action des grandes entreprises du numérique changent grandement la donne d'un pays à l'autre.

La prolifération des câbles sous-marins qui ont permis de relier tous les continents à internet, la création de réseaux nationaux de câbles terrestres, la multiplication des antennes de téléphonie mobile ainsi que le développement de technologies performantes comme la fibre optique pourraient laisser penser que tous les habitants de la planète ont désormais un accès égal et illimité à internet. De fait, la couverture internet mondiale a connu une croissance importante depuis 2010. Le changement est particulièrement remarquable en Afrique, principalement grâce à l'essor de la téléphonie mobile : plus de 70 % de la population de l'Éthiopie, de la Côte d'Ivoire et du Nigeria disposent d'un réseau 3G. Dans d'autres pays, comme l'île Maurice, le Maroc, le Rwanda et l'Égypte, 90 % de la population est équipée d'un réseau 4G.

Les différences d'un pays à l'autre sont pourtant immenses. Pour une grande partie de la population mondiale, l'accès reste limité, peu fiable et très cher. En 2020, seuls 45 % des habitants d'Asie et 29 % de ceux d'Afrique avaient accès à internet. Cela s'explique à la fois par le manque d'équipement et par les tarifications,

Couverture mobile en Afrique, 2000-2020

Part de la population bénéficiant d'une couverture mobile selon les réseaux (%)

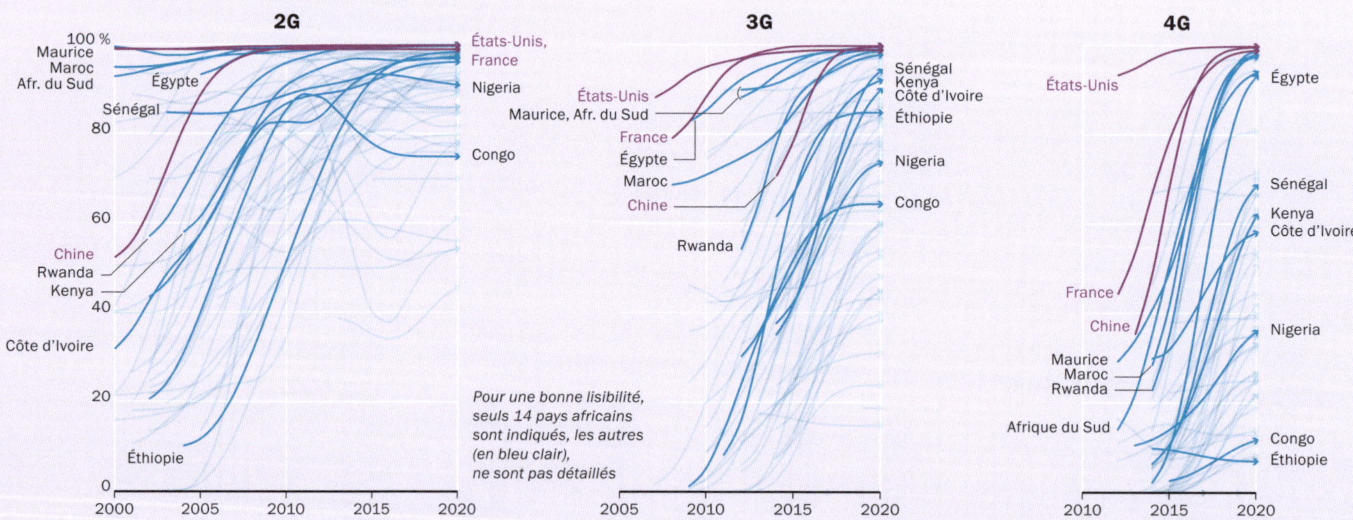

Source : ITU, www.itu.int

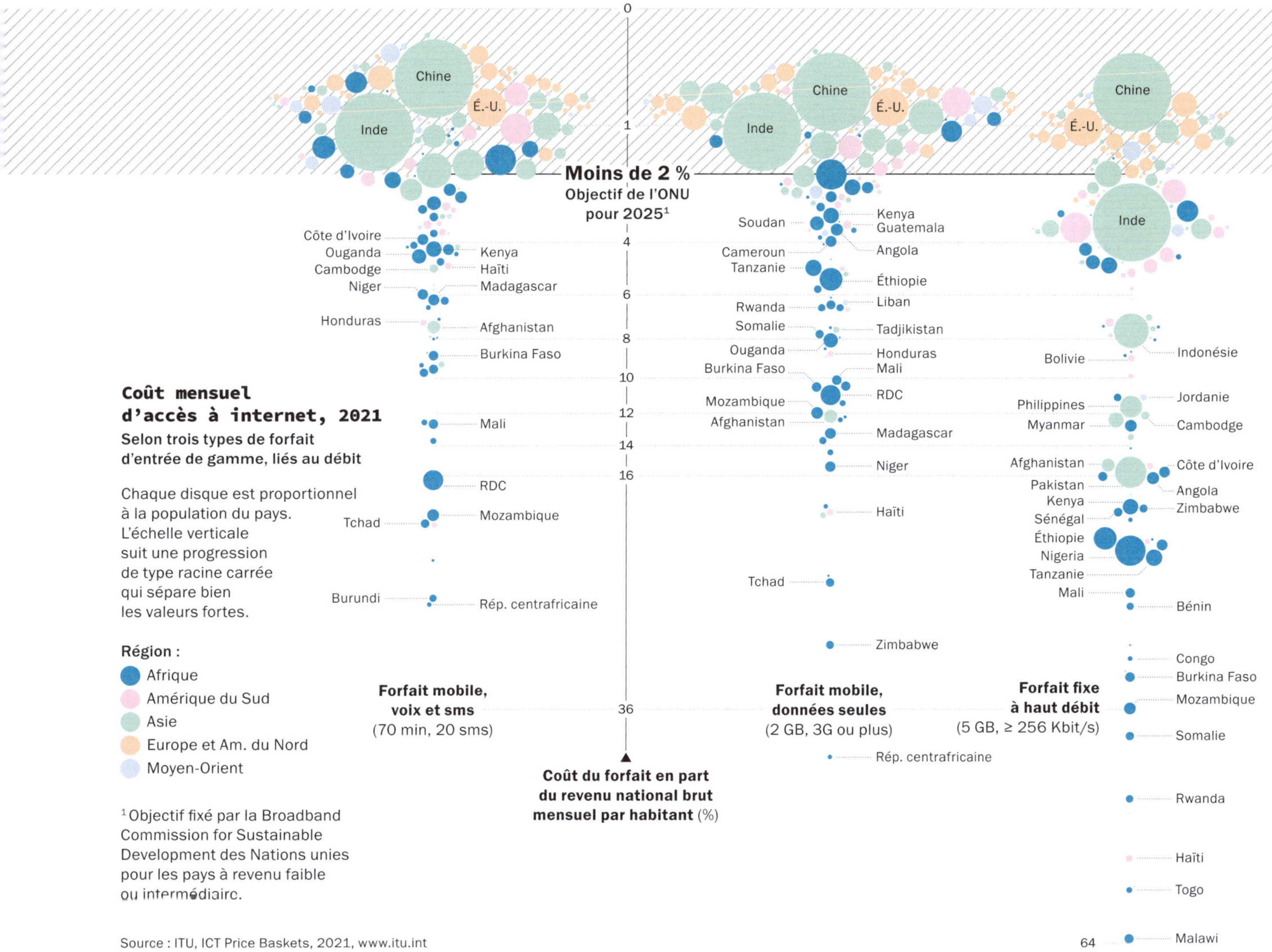

Coût mensuel d'accès à internet, 2021

Selon trois types de forfait d'entrée de gamme, liés au débit

Chaque disque est proportionnel à la population du pays. L'échelle verticale suit une progression de type racine carrée qui sépare bien les valeurs fortes.

[1] Objectif fixé par la Broadband Commission for Sustainable Development des Nations unies pour les pays à revenu faible ou intermédiaire.

Source : ITU, ICT Price Baskets, 2021, www.itu.int

qui varient considérablement d'un pays à l'autre. L'investissement des États dans les infrastructures nationales ainsi que le niveau de la concurrence entre opérateurs jouent un rôle crucial. Ainsi, en République centrafricaine, le coût de 2 GB de données mobiles représentait, en 2021, 41 % du revenu national brut mensuel par habitant, contre 0,6 % en France et 0,3 % en Allemagne.

L'action des *big tech* influe également sur l'accès à internet dans un pays donné. Par exemple, le projet « Free Basics » de Facebook, lancé en 2013 et en vigueur dans 65 pays (dont 30 en Afrique) en 2023, fournit un accès gratuit à un nombre limité de sites mobiles via Facebook. Présenté à l'origine comme ayant une finalité de développement, il a été massivement contesté en Inde et interdit par les autorités de ce pays, qui y ont vu, au contraire, une atteinte à la neutralité d'internet (certains sites étant exclus de l'offre) ainsi qu'un risque de trop grande dépendance vis-à-vis de Facebook.

Culture hacker

Virtuosité technique et intellectuelle, inventivité, esprit collaboratif, défense du libre accès à l'expertise et à l'information, telles sont quelques-unes des valeurs qui président, à partir des années 1950, à un ensemble de sous-cultures auxquelles doit beaucoup la révolution informatique et numérique.

Installer une vache sur le toit de leur résidence, faire passer un poteau de 11 mètres à travers le bâtiment, transformer des combinés téléphoniques en haut-parleurs, voilà le type de défi que, vers la fin des années 1920, se lancent des étudiants du Dorm Goblin, au Massachusetts Institute of Technology (MIT). Ces actions apparentées à des farces sont sans doute guidées par le désir de réaliser l'impossible et de démontrer des aptitudes techniques hors pair. Leur esprit irrigue ce qui, à partir des années 1950, donne naissance à la culture *hacker*, de l'anglais *hack* pour détourner, manipuler.

Vers la fin de la décennie, les membres du Tech Model Railroad Club, un club d'étudiants du MIT passionnés de modélisme, lui donnent une nouvelle signification, assimilable à « bidouillage » en français. Le club est divisé en sous-groupes. L'un d'eux est le Signals and Power Subcommittee, qui œuvre à l'automatisation du système. Futur noyau du laboratoire d'intelligence artificielle du MIT, il invente quantités d'outils de programmation à l'aide de son jouet favori, le fameux ordinateur PDP-1 : l'un des premiers jeux numériques, *Spacewar!*, le premier éditeur de texte, le premier programme d'échecs opérationnel, l'une des premières musiques électroniques, etc.

Singuliers tant par leur mode de vie que par leur jargon, les membres du club élargissent progressivement le sens du mot *hacking* pour inclure des activités techniques qui testent les limites des compétences, de l'imagination et de l'intelligence. Un *hacker* ne se définit pas tant par ce qu'il accomplit que par la passion qu'il y met et le sens qu'il lui donne. En se combinant à d'autres expériences comme celles des radioamateurs et des *geeks* électroniques des MITS-Altair, du Homebrew Computer Club dans la Silicon Valley ou encore du Chaos Computer Club berlinois, la culture *hacker* s'oriente vers toujours plus de créativité afin d'améliorer les performances de tout logiciel ou matériel électronique.

La compréhension intime qu'ont les *hackers* de systèmes obscurs au commun des mortels va de pair avec des valeurs éthiques de partage de l'expertise, d'accès à l'information et aux ressources et de préservation de la vie privée. Cet éthos se retrouve dans un ensemble de documents, notamment dans la première version du *Jargon File*, document collaboratif diffusé sur ARPANET entre 1973 et 1975, rassemblant argot, satires et discussions, dans le *Manifeste GNU* paru en 1985, puis dans le livre d'Eric S. Raymond, *The Cathedral and the Bazaar*, paru en 1999. Des milliers de développeurs s'en inspirent, comme Richard Stallman, fondateur du mouvement du logiciel libre, qui s'oppose à la marchandisation du code et du logiciel par les *big tech*.

Le radicalisme politique des *hackers* a probablement contribué à les associer au piratage, à la cybercriminalité et au cyberterrorisme, notamment après les attentats du 11 septembre 2001. Le sensationnalisme dont les médias ont usé à leur endroit a eu pour conséquence, aux États-Unis, l'adoption de lois et de règlements limitant l'« hacktivisme », comme ceux qui ont marqué la courte vie d'Aaron Swartz.

```
import subprocess, urllib, random
class NoBlocks(Exception): pass
def getblocks():
    r = urllib.urlopen("http://{?REDACTED?}/grab").read()
    if '<html' in r.lower(): raise NoBlocks
    return r.split()


import sys
if len(sys.argv) > 1:
    prefix = ['--socks5', sys.argv[1]]
else:
    prefix = []#'-interface','eth0:1']
line = lambda x: ['curl'] + prefix + ['-H', "Cookie: TENACIOUS=" + str(random.random())[3:], '-o', 'pdfs/' + str(x) + '.pdf', "


while 1:
    blocks = getblocks()
    for block in blocks:
        print block
        subprocess.Popen(line(block)).wait()
```

Un extrait de KeepGrabbing.py, le code informatique écrit par Aaron Swartz

NOTE DE LECTURE KeepGrabbing.py est le nom donné au code qu'Aaron Swartz rédige en script Python à la fin de 2010 dans le but d'automatiser le téléchargement des publications scientifiques de la bibliothèque numérique payante JSTOR, à laquelle il a accès gratuitement depuis le réseau du MIT. Sur une page web probablement créée par ses soins (et qui sera censurée par la justice américaine), le script simule, à l'aide d'un cookie pour chaque publication, un humain qui cliquerait sur le bouton « Télécharger PDF ».

Aaron Swartz, l'enfant d'internet

Développeur, défenseur des libertés sur internet, hacker bien intentionné, activiste politique, Aaron Swartz a laissé, en seulement 27 ans d'existence, une marque indélébile sur nos vies en ligne.

Source : © CC BY-SA 2.0

8 novembre 1986 : Naissance aux États-Unis, à Highland Park (Illinois)

1999

À 12 ans, il crée le site web **The Info Network**, une encyclopédie collaborative en ligne.

2000

Il remporte le prix **ArsDigita** pour The Info Network.

2001

Il participe à la création de **RSS**, une technologie fondamentale du web, soit un format de données utilisé pour suivre la mise à jour de sites.

2002

Il participe, avec Lawrence Lessig, l'un des plus grands penseurs d'internet, à la création des **Creative Commons**, un système de licences qui favorise le partage d'œuvres.

2005

Il entre à l'université de Standford, en Californie, mais la quitte à la fin de la première année. Il crée une start-up, **Infogami**.

Novembre
Il fusionne Infogami avec une autre start-up pour lancer **Reddit**, l'un des sites web les plus fréquentés au monde, dont il prend le titre de cofondateur.

2006

Octobre
Après que l'éditeur de magazine Condé Nast rachète Reddit, il travaille dans les bureaux de **Wired**, l'une des publications du groupe.

2007

Septembre
Il quitte Condé Nast pour créer une nouvelle société, **Jottit.**

2008

Il crée **Watchdog.net**, un site chargé d'agréger et de visualiser des données sur les politiciens américains.

Il publie « **Guerilla Open Access Manifesto** », un texte qui défend le droit du grand public à accéder aux documents scientifiques issus de la recherche sans restriction payante. Il entame le combat de sa vie contre les entreprises qui réalisent d'immenses profits en restreignant l'accès à la recherche scientifique.

Il télécharge, pour les mettre à disposition du public, **2,7 millions de documents publics** issus des tribunaux fédéraux américains. Son action attire l'attention du FBI qui clôt le dossier au bout de deux mois.

2009

Il participe à la création de **Progressive Change Campaign Committee**, un *think tank* qui défend les idées progressistes.

2010

Il cofonde **Demand Progress**, une organisation qui vise à défendre, entre autres, les libertés civiles par des actions et des rassemblements.

Fin 2010-début 2011
Il télécharge un grand nombre d'articles scientifiques de la plateforme **JSTOR** depuis le campus du MIT de Boston.

2011

6 janvier
Il est arrêté par le FBI près du campus du MIT après avoir été filmé en train de changer le disque dur de son ordinateur, alors branché sur les serveurs du MIT.

Juin
À l'issue d'**un accord avec JSTOR**, il restitue les données téléchargées en promettant de ne pas les diffuser.

2012

Septembre
Poursuivi par la justice, il est menacé de 50 ans de prison. Cette situation est considérée comme du harcèlement par ses proches.

Il est l'un des leaders du mouvement contre le *Stop Online Piracy Act* (SOPA), projet de loi visant à défendre le copyright sur internet, très critiquée par les acteurs d'internet pour le risque de censure qu'il crée. Le projet est abandonné.

Il refuse de signer un accord du procureur prévoyant une peine légère d'emprisonnement (6 à 7 mois) en échange de sa reconnaissance de culpabilité dans l'affaire JSTOR.

2013

11 janvier
Il se suicide dans son appartement de Brooklyn.

Sources : « The Internet's Own Boy. The Story of Aaron Swartz », film de Brian Knappenberger, 2014 ; Flore Vasseur, *Ce quil reste de nos rêves*, Paris, Pocket, 2019 ; Wikipedia.org

La vallée du sable

Sur le flanc ouest de la baie de San Francisco et sur la route de San José, la Silicon Valley est le principal foyer de l'économie numérique. Difficile à imiter, le modèle de développement qu'elle a créé n'est pas sans fragilités.

La Silicon Valley, qui tire son nom du silicium, principal composant du sable et matière première des processeurs électroniques, est née de la conjonction de plusieurs facteurs : un système universitaire performant, un bassin industriel attirant des emplois qualifiés, des capitaux abondants et des largesses publiques en provenance du ministère de la Défense américain et de l'État californien. Le leadership de l'université de Stanford, dont la création remonte à 1891, est particulièrement important dans le déploiement initial de la célèbre vallée, notamment sous l'impulsion de l'ingénieur Frederick Terman après la seconde guerre mondiale.

Jusqu'alors occupée par des vergers et des forêts, la région de San Francisco connaît un développement industriel foudroyant durant les années 1950-1960, avec l'essor de sociétés pionnières comme Fairchild Semiconductor puis Intel dans le secteur des transistors et des semi-conducteurs. L'invention de l'ordinateur personnel durant les années 1970 puis l'avènement d'internet deux décennies plus tard favorisent la formation d'un écosystème particulièrement innovant : l'esprit créatif de la contre-culture hippie épouse la certitude que les technologies numériques apportent des solutions aux problèmes sociaux et politiques du monde.

La saga des start-ups créées dans leur garage par des étudiants idéalistes et installant à l'échelle du monde des services fondés sur le partage et l'échange d'information forme aujourd'hui la mythologie de la Silicon Valley. Apple, Yahoo, Google, Facebook ou Uber sont désormais des empires mondiaux autour desquels une constellation de jeunes pousses, d'entreprises de services et de nouveautés technologiques issus des laboratoires universitaires continue d'alimenter le cycle des innovations. La clé de cet écosystème est l'audace des fonds de capital-risque prêts à investir des sommes considérables dans les projets à haut potentiel de rendement qui naissent entre San Francisco et San José.

Le secteur de la tech californienne attire à lui un flux continuel de travailleurs hautement qualifiés et créatifs venus du monde entier, et recrute les meilleurs éléments des universités asiatiques et européennes. Selon une enquête du Joint Venture Silicon Valley/Institute for Regional Studies menée en 2021, plus de la moitié de ses salariés est née à l'étranger, près d'un tiers n'a pas grandi en Californie. Or l'accélération de l'emploi dans les entreprises numériques a pour effet de déséquilibrer le marché du travail dans la baie de San Francisco et contribue à y creuser des inégalités criantes. Le quart supérieur des salariés de la Silicon Valley détient 92 % de la richesse de la région. En 2021, le revenu annuel moyen local était de 170 000 dollars et le revenu médian, de 138 000 dollars, soit plus du double du revenu médian national, sachant que le revenu moyen des travailleurs du secteur des services dans la région était de 31 000 dollars.

Le niveau de vie de la Silicon Valley est si élevé qu'il est très difficile d'y vivre correctement et, surtout, de s'y loger. En dépit d'un taux de chômage inférieur à 3 %, 33 % des ménages – et 61 % des ménages latinos – ne sont pas autosuffisants et dépendent de l'aide du gouvernement ou de la communauté. Le prix exorbitant des loyers, l'interminable attente dans les transports routiers, les déséquilibres environnementaux, le séparatisme grandissant entre le secteur de la tech et les autres mondes constituent des fragilités qui rendent peu soutenable ce modèle de développement.

Pourtant, partout dans le monde, les États et les collectivités territoriales tentent de le reproduire en créant des écosystèmes d'innovation numérique à Bangalore, Londres, Paris ou Shenzhen.

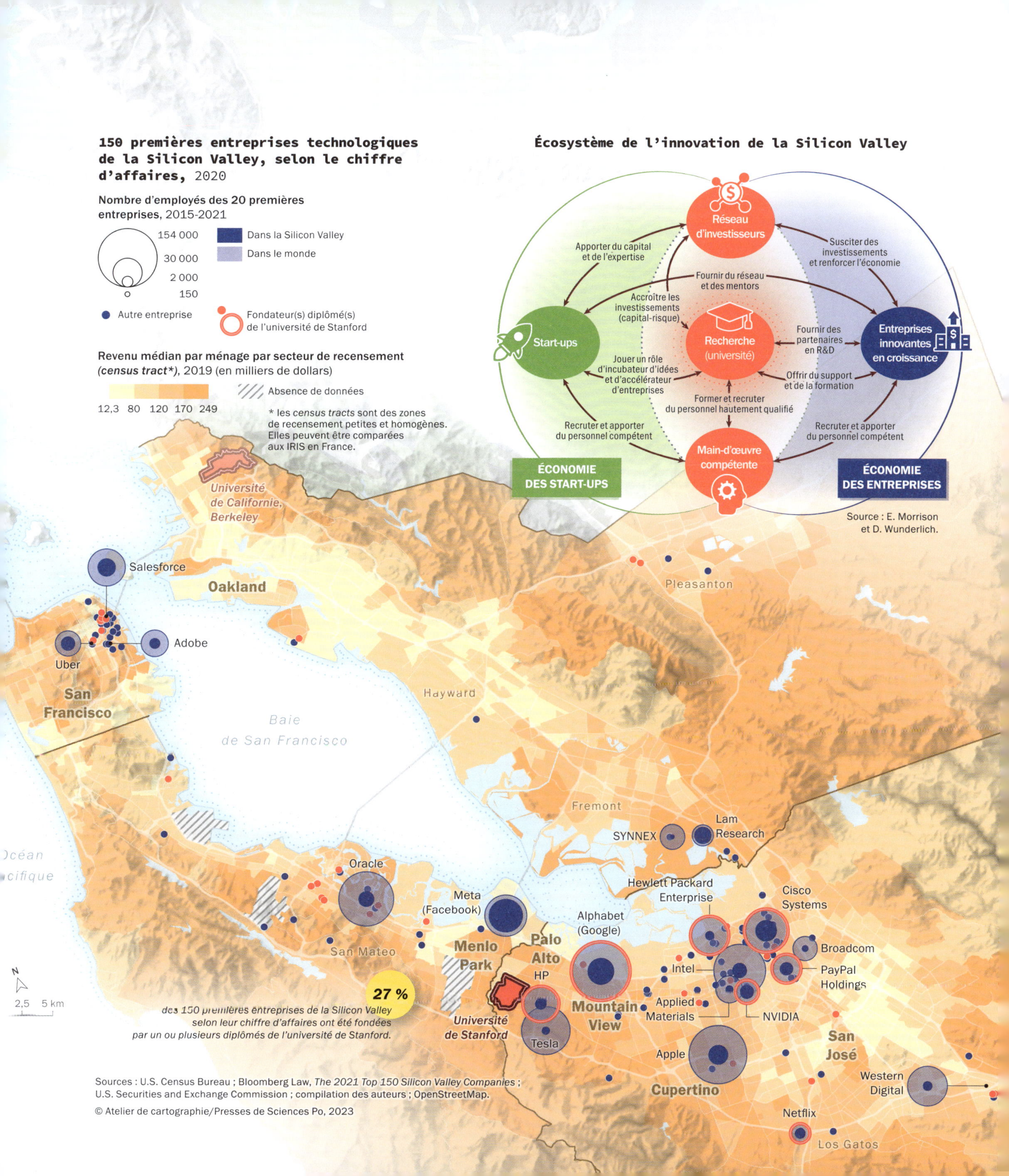
150 premières entreprises technologiques de la Silicon Valley, selon le chiffre d'affaires, 2020
Nombre d'employés des 20 premières entreprises, 2015-2021
154 000
30 000
2 000
150
Dans la Silicon Valley
Dans le monde
Autre entreprise
Fondateur(s) diplômé(s) de l'université de Stanford
Revenu médian par ménage par secteur de recensement (census tract*), 2019 (en milliers de dollars)
12,3 80 120 170 249
Absence de données
* les census tracts sont des zones de recensement petites et homogènes. Elles peuvent être comparées aux IRIS en France.
Écosystème de l'innovation de la Silicon Valley
Réseau d'investisseurs
Start-ups
Recherche (université)
Entreprises innovantes en croissance
Main-d'œuvre compétente
Apporter du capital et de l'expertise
Susciter des investissements et renforcer l'économie
Fournir du réseau et des mentors
Accroître les investissements (capital-risque)
Fournir des partenaires en R&D
Jouer un rôle d'incubateur d'idées et d'accélérateur d'entreprises
Offrir du support et de la formation
Former et recruter du personnel hautement qualifié
Recruter et apporter du personnel compétent
Recruter et apporter du personnel compétent
ÉCONOMIE DES START-UPS
ÉCONOMIE DES ENTREPRISES
Source : E. Morrison et D. Wunderlich.
Université de Californie, Berkeley
Salesforce
Oakland
Adobe
Uber
San Francisco
Pleasanton
Hayward
Baie de San Francisco
Fremont
Océan Pacifique
SYNNEX
Lam Research
Oracle
Meta (Facebook)
Hewlett Packard Enterprise
Cisco Systems
Alphabet (Google)
Broadcom
San Mateo
Menlo Park
Palo Alto
HP
Intel
PayPal Holdings
Mountain View
Applied Materials
NVIDIA
Université de Stanford
Tesla
San José
Apple
Western Digital
Cupertino
Netflix
Los Gatos
N
2,5 5 km
27 %
des 150 premières entreprises de la Silicon Valley selon leur chiffre d'affaires ont été fondées par un ou plusieurs diplômés de l'université de Stanford.
Sources : U.S. Census Bureau ; Bloomberg Law, The 2021 Top 150 Silicon Valley Companies ; U.S. Securities and Exchange Commission ; compilation des auteurs ; OpenStreetMap.
© Atelier de cartographie/Presses de Sciences Po, 2023

Métiers numériques

La révolution numérique n'a pas seulement modifié nos environnements de travail et entraîné l'apparition de nouveaux métiers, elle a aussi contribué à modifier la conception même du travail, les relations que les individus entretiennent avec la hiérarchie et les organisations, l'articulation entre vie active et vie personnelle

Développeur web, *data scientist*, designer graphique, technicien de la fibre optique, consultant en système d'information… En France en 2017, 800 000 personnes travaillaient dans le secteur du numérique, soit 3 % de la population active. La grande diversité de métiers qui se cache derrière ce chiffre peut être classée en quatre grandes familles.

Premièrement, les métiers « réseaux », qui concernent les infrastructures et les systèmes d'information (gestion des serveurs, logiciels de gestion, etc.). Historiquement masculins, relativement âgés, ces travailleurs du numérique sont toujours majoritaires mais leur importance décline. Deuxièmement, les métiers de la programmation et de l'analyse de données, qui réunissent presque autant d'hommes que de femmes et sont en forte croissante, notamment dans le domaine de l'intelligence artificielle qui demande des niveaux élevés de compétence. Troisièmement, ceux de l'expertise et de la gestion, très masculins et assez âgés. Quatrièmement, ceux de la création, des interfaces et des contenus, en forte progression, qui attirent les plus jeunes et présentent un bon équilibre entre hommes et femmes.

Une plus grande parité, de même qu'une représentation accrue des minorités, reste néanmoins requise dans les pays occidentaux où l'ensemble de la population utilise des technologies majoritairement conçues et maintenues par des hommes blancs. Comme le démontre l'historienne Janet Abbate, il n'en a pas toujours été ainsi, et les métiers de l'informatique ont longtemps été associés à des représentations féminines. Aux États-Unis et en Grande-Bretagne durant la seconde guerre mondiale, les femmes ont joué un rôle majeur dans les débuts de l'industrie informatique. Bien qu'exclues de la conception du matériel informatique, elles ont occupé une place centrale dans la fabrication des logiciels, dans l'informatique théorique et la programmation. Au début des années 1980 aux États-Unis, elles comptaient pour 35 % des effectifs de programmeurs et diplômés en informatique, avant que ce taux ne décline fortement à partir des années 1990 (le même phénomène s'est produit en France). À mesure que l'informatique a gagné en prestige, les femmes en ont été progressivement évincées.

Parallèlement à la question du genre, l'essor des métiers du numérique bouleverse la conception même du travail, le rapport aux organisations ainsi que l'articulation entre la vie professionnelle et la vie personnelle. Le monde de la programmation, du code et de la production de contenus pour le web s'est construit de manière profondément originale au cours des années 2000 : en rupture avec la hiérarchie rigide de la bureaucratie industrielle, il a privilégié le travail collaboratif, la « production par les pairs », dans laquelle des individus n'appartenant pas à la même organisation participent à l'écriture et à la maintenance du code informatique via le web. Une autre représentation du travail s'est ainsi élaborée, selon laquelle ce type de coopération créerait des relations sociales égalitaires, flexibles et fondées sur le mérite. Le développeur, hacker et militant de l'*open source* Eric S. Raymond affirme même, dans *The Cathedral and the Bazar*, qu'en s'engageant dans l'activité numérique par intérêt personnel, en travaillant les uns avec les autres sans organisation pesante, les individus sont mieux en mesure de résoudre des tâches informationnelles complexes.

Les développeurs *open source*, qui jouent un rôle majeur dans la production des infrastructures numériques, incarnent tout spécialement cette nouvelle éthique fondée sur le rejet de la marchandisation des rapports sociaux. Ils y trouvent une réponse à leur désir de cohérence entre vie active et vie personnelle, travail et loisirs, même si, en pratique, ces relations ne sont pas toujours exemptes de hiérarchie et peuvent engendrer de nouvelles formes d'exploitation.

Répartition du nombre d'emplois dans le secteur du numérique en France, 2009 et 2017

- Support informatique et systèmes d'information
- Programmation et développement informatique
- Management, stratégie du numérique
- Communication, interface utilisateur et création numérique
- Expertise et conseil
- Infrastructures réseaux et télécommunications
- Analyse de données et intelligence artificielle

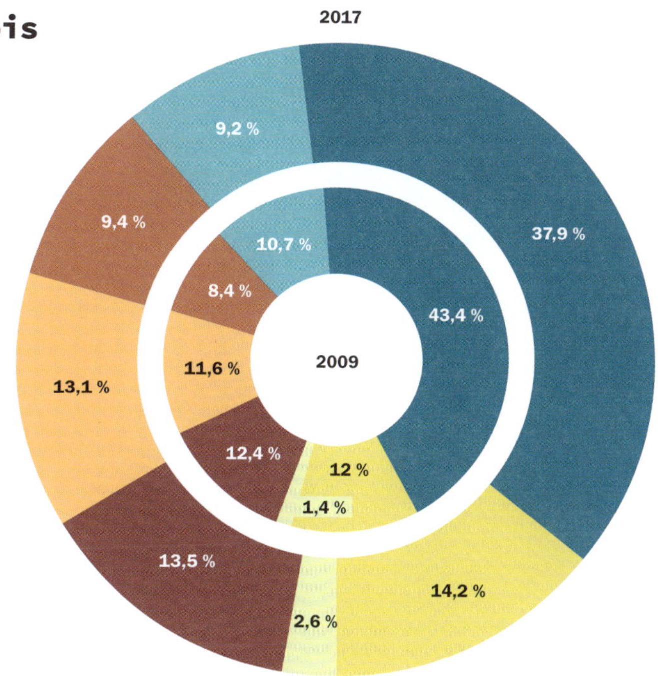

NOTE DE LECTURE En 2017, les métiers « réseaux » représentent la moitié des emplois du secteur numérique, mais ils sont ceux qui ont le plus reculé en nombre depuis 2009 ; seules la communication et la *data science* s'approchent de la parité femmes-hommes ; les développeurs constituent la catégorie la plus jeune de l'ensemble des métiers du numérique.

Répartition par genre des actifs des métiers du numérique en France, 2017

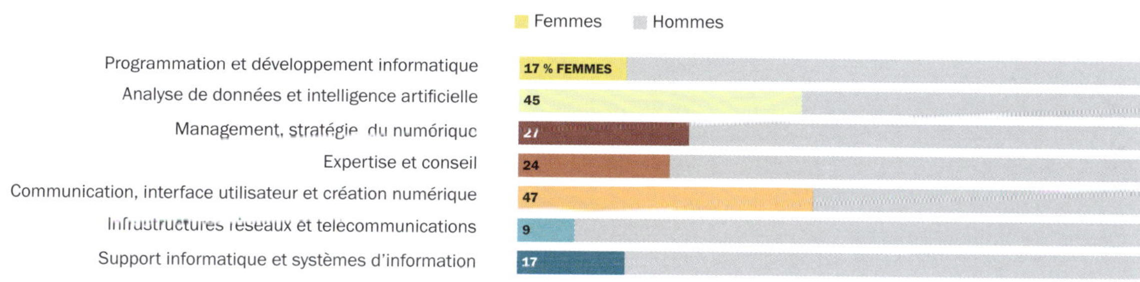

Répartition par âge des actifs des métiers du numérique en France, 2017

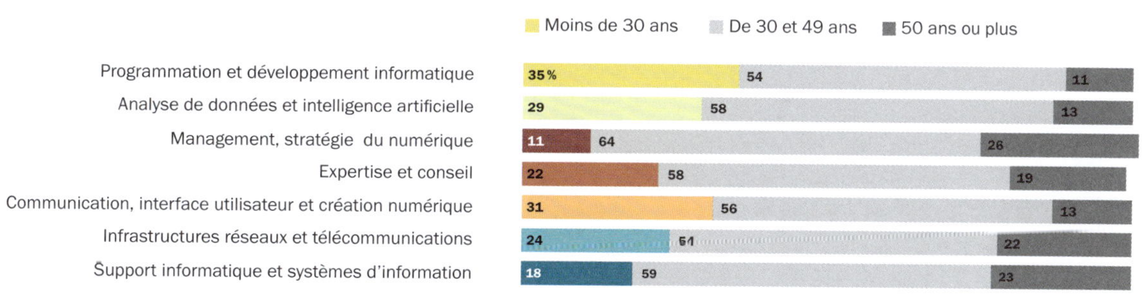

Source : INSEE, *L'Économie et la société à l'ère du numérique*, 2019.

Un déluge de données

Ambivalente, la mise en données généralisée du monde permise par internet est une source inédite de connaissances et parfois de progrès, par exemple dans le domaine de la médecine, mais elle n'est pas sans soulever des questions éthiques et de fiabilité.

En 2018, l'International Data Conseil (IDC) estimait le volume total d'informations stockées dans les systèmes informatiques du monde entier à 33 zettaoctets. Selon une étude de ce même institut, « Data Age 2025 », ce volume serait multiplié par 5,3 d'ici à 2025 pour atteindre 175 zettaoctets, soit 175 milliards de téraoctets.

Désigné par l'expression *big data*, le déluge de données suscité par l'émergence d'internet touche quantité de domaines, aussi bien l'industrie et le commerce que la finance et la politique, y compris le sport. Le baseball a d'ailleurs fait figure de précurseur : des infrastructures de calcul ont été conçues au début des années 2000 pour prédire les performances de jeunes joueurs américains à l'aune de l'ensemble des statistiques en match et des caractéristiques physiques de tous les joueurs depuis 1945. La « dataification », ou mise en données, est devenue commune dans le marketing, où la surveillance des consommateurs ne s'effectue pas seulement via la collecte d'informations démographiques, mais aussi via des données concernant la navigation sur le web, les comportements d'achat, la consommation médiatique et la mobilité dans l'espace. Le monde de la politique n'est pas épargné, comme on le voit aux États-Unis où, depuis 2008, des techniques de microciblage permettent aux équipes de campagne de collecter des informations sur les intentions de vote de tous les électeurs américains.

Le phénomène du *big data* touche le vivant lui-même, dont le détour par les données numériques se révèle parfois utile pour en révéler la logique. Pour prendre le seul exemple du domaine sanitaire, depuis janvier 2020, 15 millions de séquences génétiques du COVID-19 ont été partagées sur la plateforme GISAID (Global Initiative on Sharing All Influenza Data) afin de lutter contre la pandémie. L'essor du séquençage et du partage des données a permis d'identifier et de surveiller les variants, notamment le fameux Omicron, et d'acquérir une compréhension fine des mécanismes évolutifs à l'œuvre.

La collecte et le partage des données ne sont pas sans poser des questions éthiques cruciales. Sont en jeu la recherche d'un équilibre entre l'accès ouvert – celui-là même qui a permis la mise au point immédiate de tests PCR et des vaccins durant la pandémie de COVID-19 – et la protection d'autres valeurs, comme le respect de la vie privée, du droit d'auteur et de la propriété ainsi que la juste répartition des bénéfices obtenus grâce à l'analyse des données.

En biologie comme en marketing, les promesses du *big data* ne sont pas toujours tenues. Le rêve d'une forme supérieure d'intelligence qui donnerait accès à des connaissances autrefois hors d'atteinte se heurte à la qualité souvent médiocre des données recueillies et au risque d'établir des corrélations statistiques qui n'ont pas forcément de sens. Un parallèle a ainsi été effectué entre le classement des pays par la Fédération internationale de football et le classement des pays selon le nombre de cas de COVID-19 qui y ont été constatés. Cet exemple souligne la nécessité cruciale de disposer d'infrastructures chargées de rassembler, de relier et d'analyser de grands ensembles de données, et démontre que le travail humain de maintenance et d'enrichissement des données reste essentiel.

Décès liés au COVID-19 par semaine dans le monde, décembre 2019-début 2023

Source : Organisation mondiale de la santé

Nombre de séquences génétiques du SARS-COV-2 partagées sur la base de données de référence Gisaid par pays

NOTE DE LECTURE Les bulles représentent le nombre de séquences génétiques partagées chaque mois par un pays. Les pays sont classés par nombre total de séquences partagées.

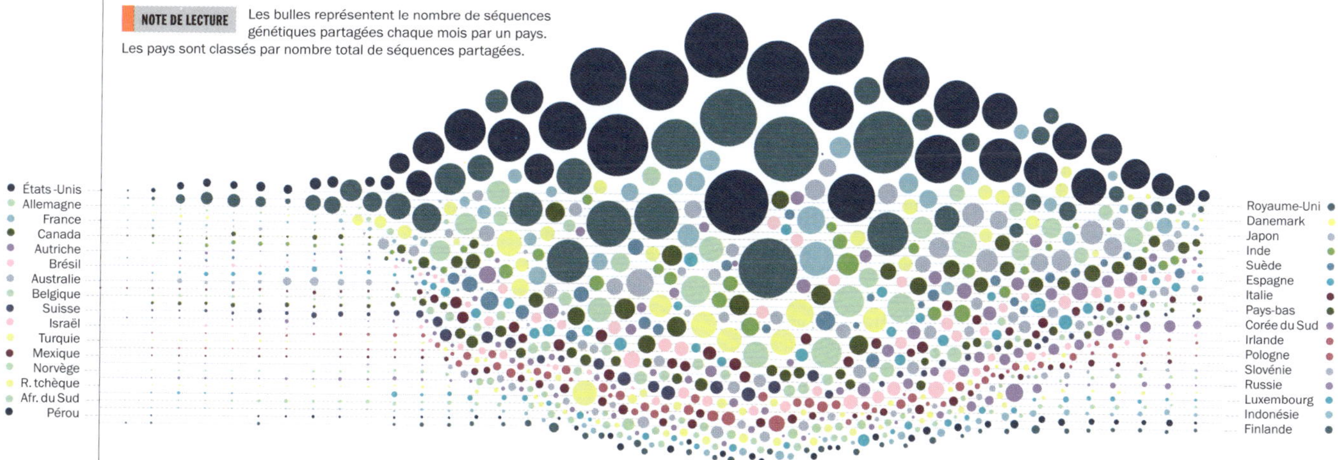

Source : Anderson F. Brito *et al.*, « Global Disparities in SARS-CoV-2 Genomic Surveillance », *Nature Communications*, 16 novembre 2022. https://doi.org/10.1038/s41467-022-33713-y

Relations phylogénétiques des différents variants de SARS-COV-2

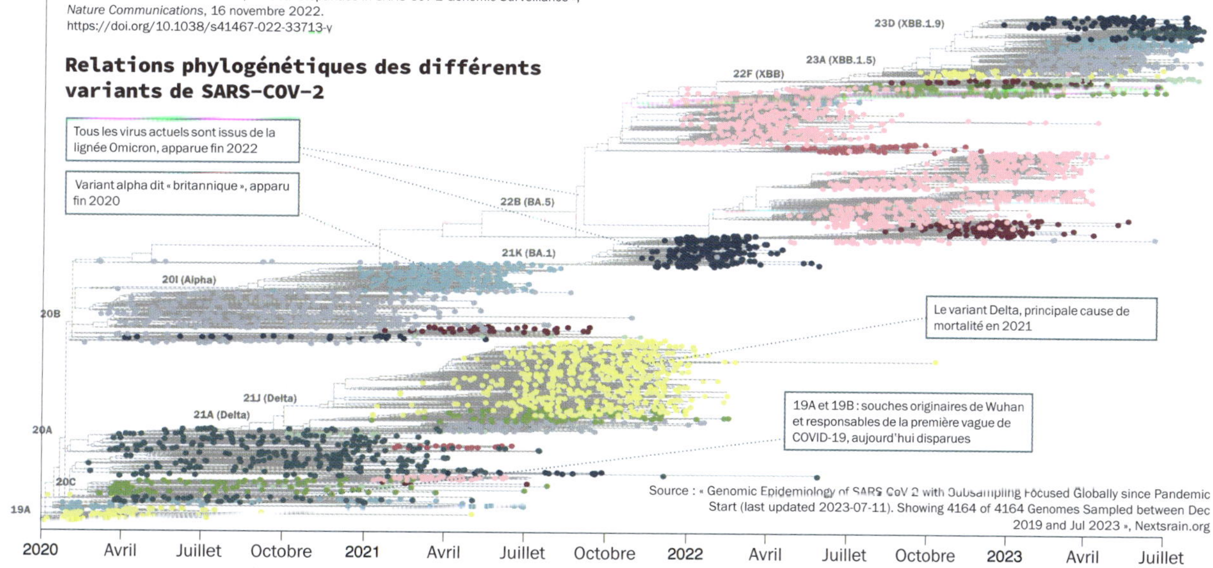

Source : « Genomic Epidemiology of SARS CoV 2 with Subsampling Focused Globally since Pandemic Start (last updated 2023-07-11). Showing 4164 of 4164 Genomes Sampled between Dec 2019 and Jul 2023 », Nextsrain.org

La forme réseau

Issue des mathématiques, la carte en réseau s'est imposée en sciences sociales pour décrire les relations complexes qui peuvent exister entre des éléments et objets distants. Le développement des capacités de calcul et des algorithmes a multiplié à l'infini la taille et les potentialités de ce type de représentation graphique.

En 1736, le mathématicien suisse Leonhard Euler résout une énigme qui deviendra célèbre : comment offrir aux habitants de Königsberg un circuit de promenade qui leur permette de traverser une et une seule fois chacun des sept ponts de leur ville ? Pour cela, Euler réduit le plan de Königsberg à une série de nœuds (les parties de la ville) reliés par des arcs (les ponts). Cette forme de représentation a donné naissance à la théorie des graphes, ou théorie des réseaux, depuis lors régulièrement utilisée en mathématiques pour traiter des problèmes d'optimisation complexes comme la recherche du plus court chemin sur une carte, dans un réseau de transports ou dans la toile de serveurs et de câbles que constitue le réseau internet lui-même.

Les sciences sociales s'emparent à leur tour de ce type de représentation, au début du XXe siècle. Les « sociogrammes » de Jacob Levy Moreno s'imposent comme de puissants vecteurs visuels pour étudier les relations sociales et les interactions entre les individus, là où les tableaux et matrices étaient généralement mis en échec. Leur application reste limitée à des réseaux de petite taille, jusqu'à ce que le développement de l'informatique et des capacités numériques, à partir des années 1990, permette l'étude de réseaux de taille moyenne à très grande à l'aide d'algorithmes automatisés de spatialisation et de calcul.

Bien que les représentations en réseau ne soient pas sans limites et qu'il convienne de les lire avec beaucoup de précaution si l'on veut éviter de leur donner des interprétations erronées, elles sont désormais perçues, à bien des égards, comme une cartographie pertinente d'ensembles de données abstraites. La carte des sites web francophones des différentes communautés du logiciel libre reproduite ci-contre en offre un exemple. Elle a été réalisée par *crawling* avec le logiciel Hyphe, un programme qui visite automatiquement les pages web demandées et en extrait les liens vers d'autres pages afin de les visiter à leur tour et de construire progressivement le réseau des liens entre sites.

Comment lire un graphique de forme réseau ?

Un graphique de forme réseau sert à montrer les liens qui existent entre une multitude d'acteurs. Dans l'exemple ci-contre, chaque site est matérialisé par un point de taille variable, dont le rayon est représentatif du nombre d'hyperliens trouvés par Hyphe au sein des pages web de ce site vers les autres sites du réseau, et réciproquement (soit le « degré » de chaque acteur). En d'autres termes, un site web est représenté par un point d'autant plus gros que des liens vers ce site existent depuis les autres sites web.

Chaque disque a été positionné dans l'espace à l'aide d'un algorithme (ForceAtlas2) simulant des forces physiques d'attraction et de répulsion, de sorte que les sites ayant des liens entre eux se rapprochent tandis que ceux qui n'en ont pas s'éloignent les uns des autres. Le graphe donne à voir les proximités entre les différents éléments ; les coordonnées X et Y n'ont pas de signification et sont totalement arbitraires.

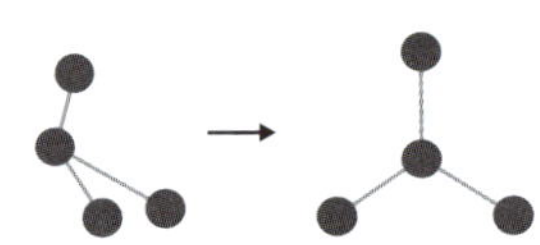

Chaque disque, enfin, revêt une couleur indiquant l'appartenance du site web qu'il désigne à une communauté distincte, laquelle a été identifiée à l'aide d'un algorithme de catégorisation automatique, ou *clustering*, par modularité (méthode de Louvain). Chaque couleur représente une communauté de sites relativement soudée, c'est-à-dire l'ensemble de ceux qui ont le plus de chances d'être liés entre eux qu'avec n'importe quel autre acteur du réseau.

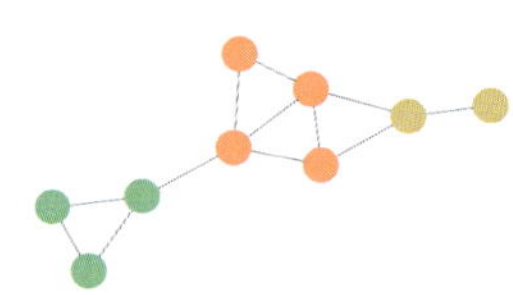

Un exemple de réseau : l'écosystème du « libre » en France

Représentation des liens hypertextes entre les sites web francophones appartenant aux communautés du « libre » (Linux, OpenData, etc.)

- Linux et ses différentes distributions
- Blogueurs francophones sur le logiciel libre
- Cœur associatif de la promotion et défense du logiciel libre
- Logiciels libres et outils
- Défenseurs de la neutralité du net et fournisseurs d'accès à internet indépendants
- Communs numériques et Open Data
- Secteur économique et start-ups du logiciel libre

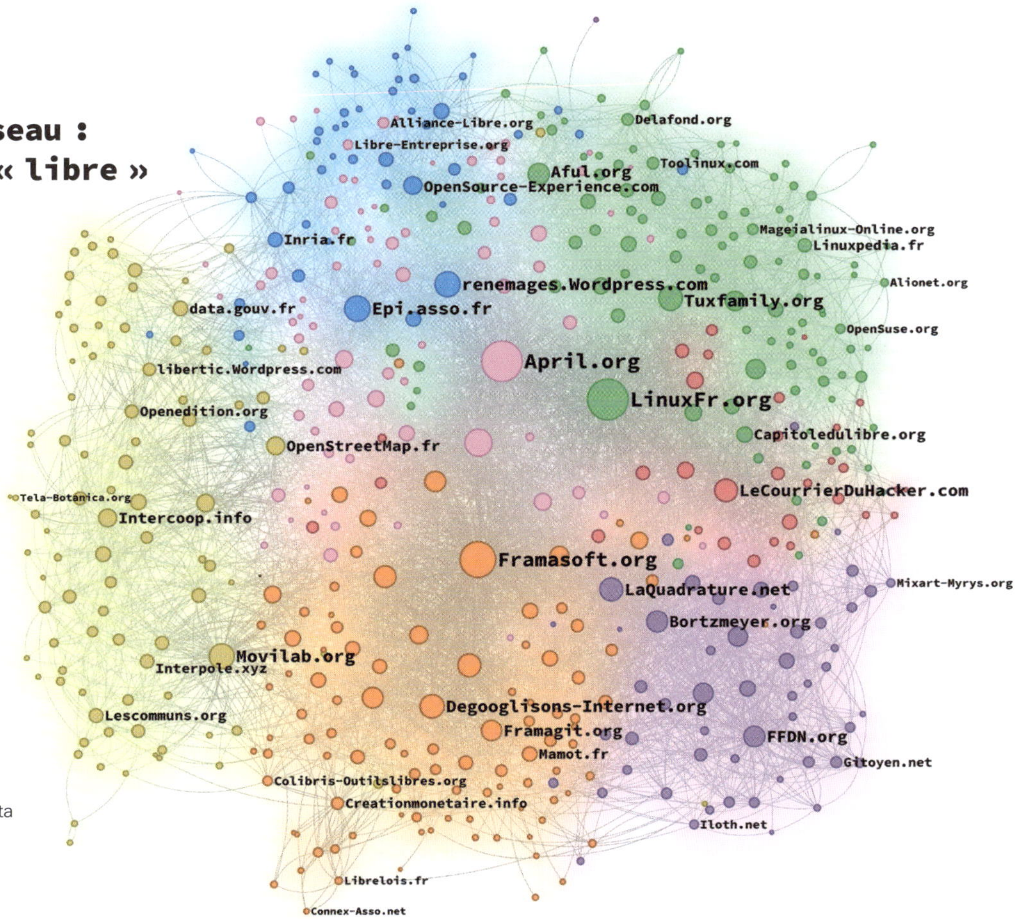

Représentations alternatives du réseau selon différentes métriques

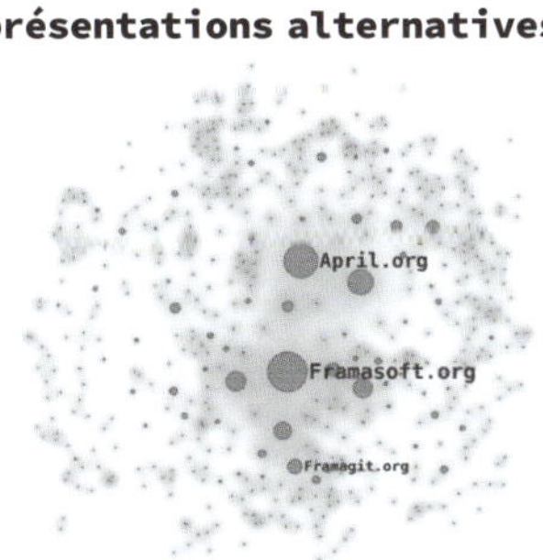

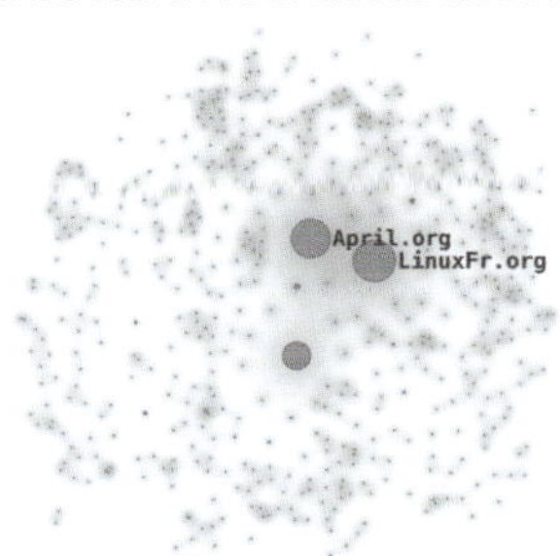

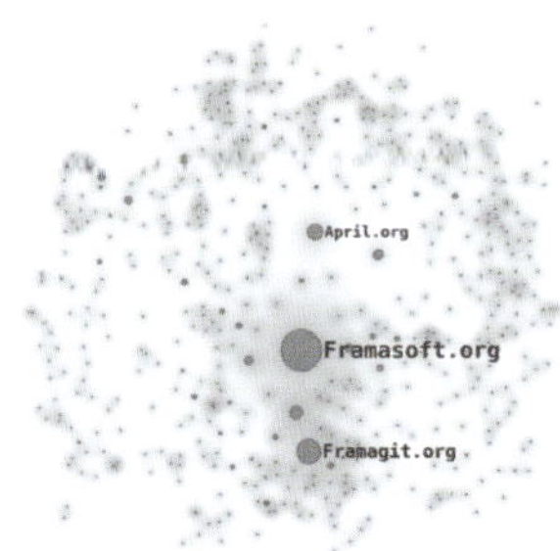

Cette représentation par le **degré entrant** tient compte du nombre de liens reçus par un site : un site sera d'autant plus gros qu'il existe des liens depuis les autres sites du réseau vers celui-ci. On observe ainsi le rôle majeur des deux plus grosses associations libristes francophones, April et Framasoft, ainsi que celui de la Quadrature du Net et du site d'actualité LinuxFr.

Ici est montrée la **centralité intermédiaire** d'un site, selon sa fréquence d'apparition sur le chemin le plus court entre deux sites du réseau. Cela illustre la nature centrale des sites se trouvant à l'intersection des communautés symbolisées par des couleurs dans la carte ci-dessus. On retrouve ici aussi, dans une plus forte mesure, April, Framasoft et LinuxFr.

Cette représentation est issue du **pagerank**, mesure de popularité inventée par Larry Page, cofondateur de Google, pour classer les résultats du célèbre moteur de recherche. La valeur du pagerank d'un site est d'autant plus élevée que la somme des valeurs des autres sites qui pointent vers lui est élevée.

Une version interactive de ce réseau est accessible et explorable en ligne sur https://medialab.github.io/communautes-libres-graph/

Source : Logiciel Hyphe, médialab Sciences Po © Benjamin Ooghe-Tabanou

La revanche des neurones

L'idée de rendre les machines intelligentes accompagne l'informatique depuis sa naissance. Succession de printemps et d'hivers, l'histoire de l'intelligence artificielle explore depuis 2012 une nouvelle voie, celle de l'imitation des réseaux de neurones.

Après avoir défini en 1936 les principes de fonctionnement de ce qui deviendra l'ordinateur, le mathématicien anglais Alan Turing imagine, dans un texte visionnaire de 1950, ce que serait une machine dotée d'intelligence artificielle (IA). En 1956, lors d'une conférence à Dartmouth, un petit groupe de chercheurs, John McCarthy, Marvin Minsky, Herbert Simon et quelques autres, donnent le départ à la conception d'une telle machine, capable de raisonner en suivant des règles logiques. Une première approche de l'IA, dite symbolique, émerge ainsi en deux vagues successives : à la fin des années 1950, puis au début des années 1980. Elle consiste à faire raisonner les ordinateurs à partir de l'apprentissage de règles (un chat se reconnaît à ses quatre pattes, à sa moustache et à ses oreilles pointues), mais ne connaît pas le succès escompté. À la fin des années 1980, après avoir suscité d'immenses espoirs et attiré beaucoup d'investissements, le projet d'IA est au point mort.

Au cours des années 1990, une autre approche de la machine intelligente, dite connexionniste et non plus symbolique, refait surface : Geoffrey Hinton, Yann LeCun et Yoshua Bengio relancent une piste ancienne, émise en 1943 par Warren McCulloch et Walter Pitts et qui a nourri les débats sur la cybernétique des années 1950 : l'idée qu'il est possible de faire calculer un système en imitant le fonctionnement des réseaux de neurones. Avant de mourir prématurément, en 1971, Frank Rosenblatt en fait la démonstration avec une machine qu'il nomme le Perceptron : le calcul est distribué en une multitude de petites entités qui, comme le système neuronal, s'activent ou se désactivent en fonction d'un certain seuil. Cette approche est méprisée en son temps puis connaît une longue période d'oubli durant laquelle elle n'est entretenue et perpétuée que par une poignée de chercheurs, dont les trois principaux, Geoffrey Hinton, Yann LeCun et Yoshua Bengio, recevront en 2018 le prix Turing, l'équivalent du prix Nobel pour l'informatique.

À partir de 2011, la technique des réseaux de neurones à laquelle personne ne croyait parvient enfin à prouver son efficacité par la supériorité de ses capacités de calcul et aux jeux de données beaucoup plus importants dont elle peut disposer grâce au web. L'apprentissage consiste ici à identifier des régularités statistiques et à proposer la solution statistiquement la plus probable. Bien qu'elle ne puisse garantir toute absence de grossière erreur d'interprétation et qu'elle demande un nombre considérable de données pour apprendre, cette technique se révèle incroyablement performante.

On assiste dès lors à un changement brutal de stratégie et de paradigme : la technique des réseaux de neurones se développe, se complexifie. Elle domine désormais le développement de l'IA et se traduit par de nombreux services grand public (traduction automatique, reconnaissance d'images) et professionnels (aide au diagnostic médical).

Deux approches distinctes d'intelligence artificielle
L'exemple de la reconnaissance d'images

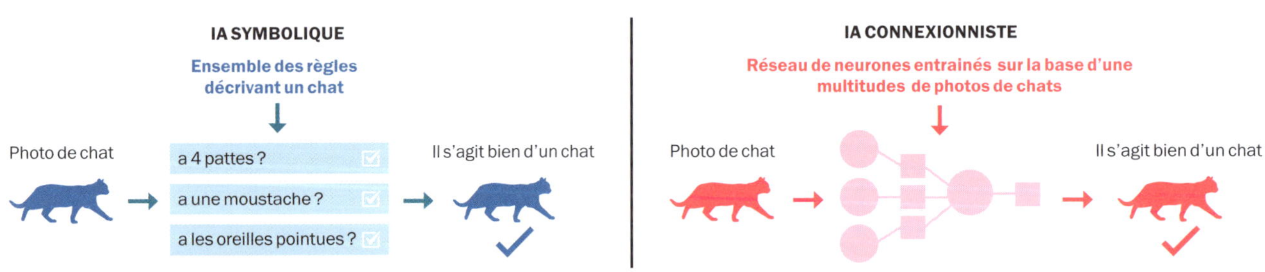

IA connexionniste *versus* IA symbolique

IA connexionniste

IA symbolique

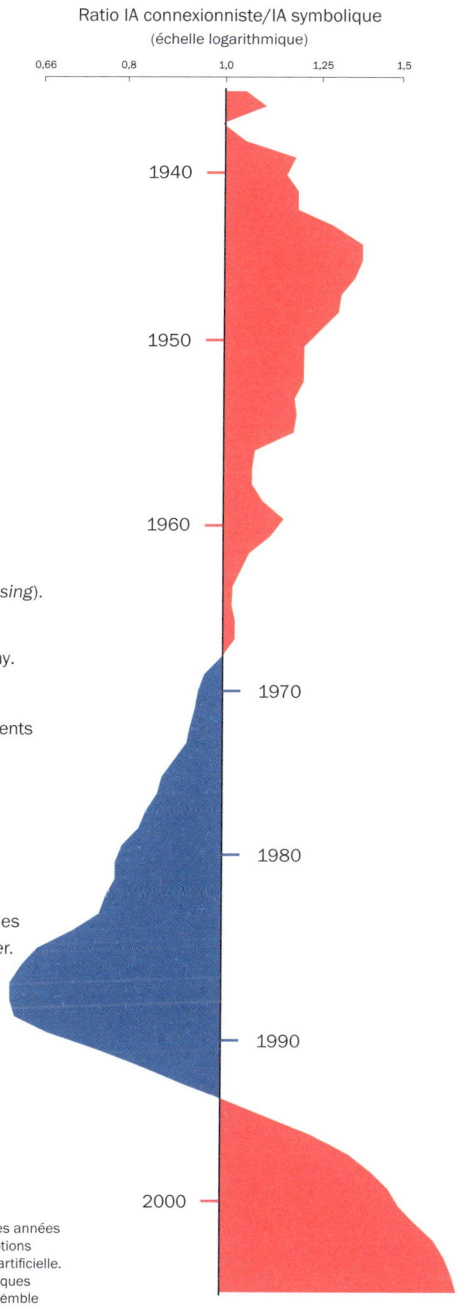

1943 Le neurophysiologiste Warren McCulloch et le logicien Walter Pitts proposent de modéliser mathématiquement un réseau de neurones.

1952 L'ordinateur EDVAC (Electronic Discrete Variable Automatic Computer) sépare les opérations logiques *(software)* des machines *(hardware)*.

1956 La conférence de Dartmouth marque la naissance de l'intelligence artificielle, terme inventé par John McCarthy.

1956 Logic Theorist, premier programme de simulation de prise de décision.

1957-1961 Frank Rosenblatt conçoit le Perceptron, première machine connexionniste.

1958 John McCarthy crée le langage informatique Lisp (contraction de *list processing*).

1964-1974 L'armée américaine finance le groupe IA de Marvin Minsky et John McCarthy.

1973 La publication du rapport Lighthill, au Royaume-Uni provoque l'arrêt des financements publics de l'IA.

1974-1980 La baisse des financements annonce le premier « hiver de l'IA ».

1978 Le programme PROSPECTOR repère des gisements géologiques.

Juin 1979 Les rencontres de La Jolla rassemblent des scientifiques intéressés par les neurones.

1980 Le programme XCON aide les clients des ordinateurs de la marque DEC à les configurer.

Années 80 Les système experts suscitent un regain d'intérêt pour l'IA.

1984 Le programme DELTA identifie les pannes de locomotives.

1986 La conception de la rétropropagation de gradient stochastique marque le point de bascule dans l'IA connexionniste.

1989 Yann LeCun met au point un programme de reconnaissance de codes postaux.

2000 Internet se généralise et le *big data* s'impose.

2006 Geoffrey Hinton invente le terme *deep learning*.

Octobre 2012 L'European Conference on Computer Vision (ECCV) voit le triomphe de l'approche connexionniste.

NOTE DE LECTURE Ce graphique montre l'évolution, des années 1940 à nos jours, des deux conceptions rivales, connexionniste et symbolique, de l'intelligence artificielle. Le ratio utilisé est celui du nombre de citations scientifiques appartenant à l'un ou l'autre corpus par rapport à l'ensemble des publications indexées par la plateforme Web of Science.

Sources : Dominique Cardon, Jean-Philippe Cointet et Antoine Mazières, « La revanche des neurones. L'invention des machines inductives et la controverse de l'intelligence artificielle », *Réseaux*, 211, 2018.

Ceci n’est pas une main

L’intelligence artificielle pénètre le monde de la création. Des artistes ayant grandi avec des ordinateurs s’en emparent pour explorer de nouvelles manières de produire des œuvres et de représenter le monde.

L’art génératif connaît un regain d’intérêt depuis l’essor de l’apprentissage automatique profond (*deep learning*) au début des années 2010. Forgée au cours des années 1960, l’expression vient s’ajouter à une longue liste de qualificatifs (électronique, informatique, numérique, virtuelle, computationnelle, logicielle, algorithmique, procédurale, etc.) pour désigner des pratiques artistiques ayant pour point commun de déléguer une partie ou l’ensemble des processus de création (installations multimédias, performances robotiques, sculptures cinétiques) à des composants techniques (semi-) autonomes.

Précisons que, parmi les modèles utilisant des réseaux de neurones artificiels profonds, les modèles génératifs se distinguent des modèles discriminatifs en ce que leur usage premier consiste à effectuer, comme leur nom l’indique, des tâches de génération plutôt que de classification. En d’autres termes, au lieu de chercher à distinguer deux ou plusieurs catégories d’images, ils en génèrent de nouvelles, dès lors qualifiées de synthétiques par opposition aux images dites naturelles.

Deux types de modèles génératifs, jouent un rôle important dans le regain d’intérêt pour l’art génératif : les réseaux antagonistes génératifs (*generative adversarial networks* ou GANs) et, plus encore, les modèles utilisant la diffusion (*diffusion models*).

Créés en 2014 et d’abord utilisés au sein même de la recherche en intelligence artificielle, les GANs possèdent une architecture très originale, influencée par la théorie des jeux. À l’exemple des faux-monnayeurs qui, confrontés aux enquêtes des agents de police, modifient leurs techniques de contrefaçon, leur fonctionnement repose sur l’antagonisme entre deux entités : d’un côté le générateur qui produit des données synthétiques, de l’autre le discriminateur, qui classe ces données en fonction de son entraînement avec un jeu de données réelles. Ainsi s’améliorent-elles au fur et à mesure de leur entraînement, lequel prend fin lorsque le discriminateur se révèle incapable de distinguer les images naturelles présentes dans le jeu de données des images synthétiques conçues par le générateur. L’art génératif doit aux GANs des œuvres telles que *Memories of Passersby I* (2018), une installation de l’artiste allemand Mario Klingemann, et *Portrait d’Edmond de Belamy* (2018), une impression sur toile du collectif français Obvious, qui a fait sensation en atteignant 432 500 dollars lors de la première vente aux enchères de ce type d’œuvre.

Depuis le début des années 2020, des modèles comme DALL·E 2 (OpenAI), Stable Diffusion (Stability AI) et Midjourney (Midjourney) ont les faveurs des praticiens de l’art génératif. Ils utilisent un principe de « bruitage-débruitage » (floutage-défloutage) : d’abord une diffusion vers l’avant (*forward*) dans laquelle les images du jeu de données d’entraînement sont progressivement corrompues lors de multiples étapes (*steps*) de bruit gaussien ; ensuite, une inférence, soit une diffusion inverse (*reverse*) dans laquelle le modèle entraîné part d’une image complètement bruitée pour en générer graduellement une nouvelle en fonction des réglages choisis par les concepteurs du modèle et des instructions données par l’utilisateur en entrée (prompt textuel, image, graine).

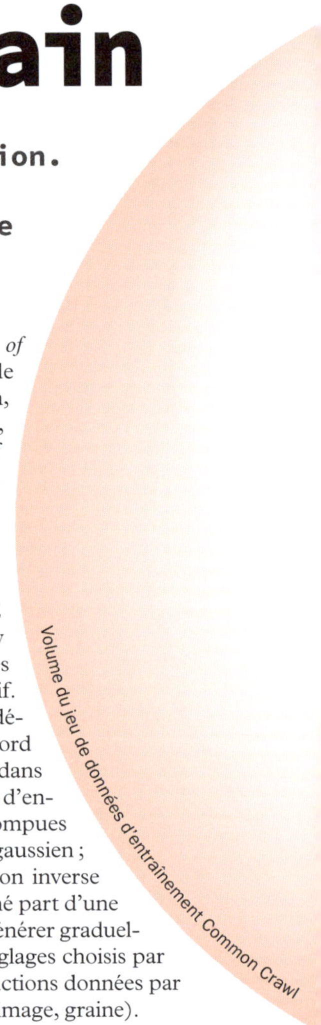

Lexique

[CLIP (*CONTRASTED LANGUAGE-IMAGE PRE-TRAINING*)] Modèle multimodal d’OpenAI pré-entraîné sur un jeu de données propriétaires de 400 millions de paires d’images et de légendes (*captions*) qui permet d’associer efficacement une image avec une description, et vice versa. Les versions suivantes de Stable Diffusion utilisent des répliques ouvertes (*open source*) de CLIP, appelées OpenCLIP, afin de mieux optimiser le modèle.

[ENTRAÎNEMENT (JEU DE DONNÉES D’)] Sous-ensemble fini de données (ici, des images associées à des légendes textuelles) utilisé lors de la phase d’entraînement du modèle, qui est à distinguer de la phase d’inférence correspondant à l’utilisation du modèle entraîné. Le volume et le contenu du jeu de données d’entraînement sont des éléments susceptibles d’influencer la qualité des images synthétiques.

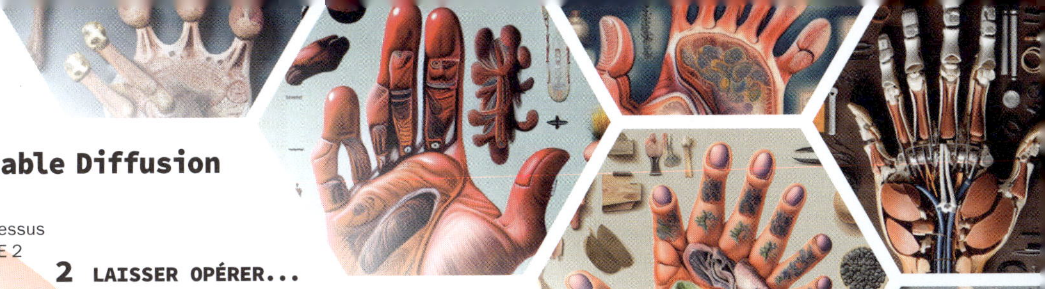

Créer une image avec Stable Diffusion

Utilisés pour de l'art génératif, des modèles d'apprentissage profonds basés sur un processus de diffusion tels que Stable Diffusion, DALL-E 2 (prononcer Dali), Midjourney ou encore Leonardo.AI permettent de créer des images synthétiques à partir de descriptions textuelles, les prompts.

1 RÉDIGER UN PROMPT

La clé d'entrée dans le programme est la rédaction d'une phrase, le **prompt**, qui décrit l'image souhaitée et dont il faut bien maîtriser la syntaxe. Voici le prompt utilisé pour la démonstration figurant sur cette page : « Disposition très détaillée en *knolling* de toutes les composantes anatomiques d'une main humaine : muscles, tendons, nerfs, etc. » En anglais : « *Highly detailed knolling layout of all the anatomical components of a human hand, with muscles, tendons, nerves and so on.* »

2 LAISSER OPÉRER...

Le programme, alimenté par un jeu de données d'entraînement (une base d'images finie), définit une **graine (*seed*)** pour travailler.

Le modèle suit tout d'abord un processus de diffusion vers l'avant (*forward diffusion*) avec l'ajout progressif de bruit aux images d'entraînement, jusqu'à ce que celles-ci soient complètement ininterprétables par l'œil humain. Le modèle, désormais entraîné, suit ensuite un processus inverse (*reverse diffusion*) : à partir d'une image complètement dégradée et d'un nombre prédéfini d'étapes (*steps*), il génère une image interprétable et conforme aux descriptions fournies dans le prompt.

3 CHOISIR L'UNE DES IMAGES

Enfin, des images sont proposées qui ne sont qu'un infime échantillon des possibilités.

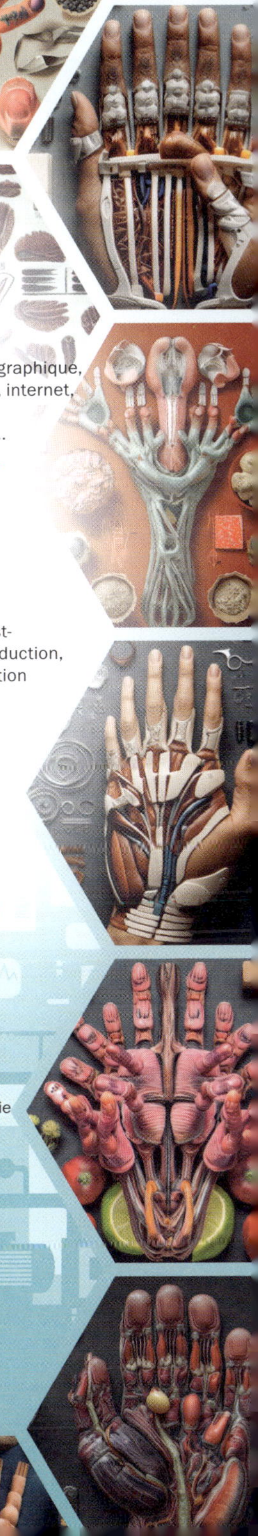

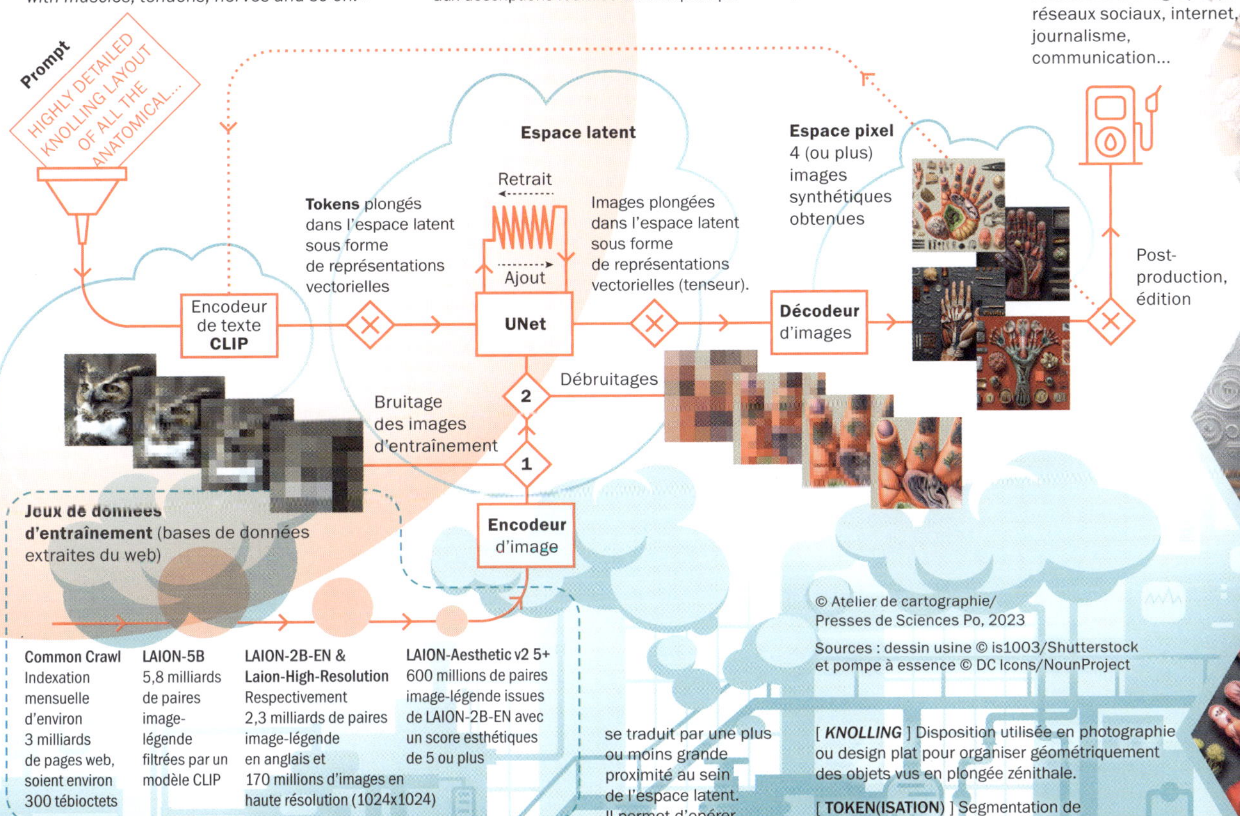

[**ÉTAPE (*STEP*)**] Une des itérations du processus de diffusion inverse (*reverse diffusion*) qui intervient lors de l'inférence en fonction du nombre d'étapes choisi par l'utilisateur.

[**ESPACE LATENT (*LATENT SPACE*)**] Espace multidimensionnel abstrait dans lequel les données sont représentées sous forme de vecteurs, qui permettent de comprimer ces données tout en conservant leurs principales similarités. Leur degré général de similarité se traduit par une plus ou moins grande proximité au sein de l'espace latent. Il permet d'opérer une réduction de dimension à même de réduire les contraintes de mémoire et de calcul.

[**GRAINE (*SEED*)**] Nombre généré aléatoirement qui, avec d'autres paramètres (prompt, degré d'influence du prompt, nombre d'étapes), permet de guider avec une plus grande précision la génération d'images synthétiques conformes aux souhaits de l'utilisateur. Garder la même graine assure de retrouver une image relativement similaire d'une tentative à l'autre.

[***KNOLLING***] Disposition utilisée en photographie ou design plat pour organiser géométriquement des objets vus en plongée zénithale.

[**TOKEN(ISATION)**] Segmentation de la séquence textuelle du prompt en une série d'unités individuelles (mots ou sous-mots) afin d'en faciliter le traitement par le modèle.

[**U-NET**] À l'origine utilisée en segmentation d'images biomédicales, architecture neuronale symétrique basée sur des réseaux de neurones convolutifs, qui sont particulièrement adaptés pour traiter des images.

Society2vec

Mises en corrélation et vectorisées par les algorithmes, les myriades de traces que nous laissons de nos actions sur internet dessinent-elles de nouvelles représentations de la société ?

Conçue avant tout comme un outil de gouvernement, la production de statistiques sociales a nécessité d'immenses efforts d'enregistrement, de codification et de quantification. Depuis le XIXe siècle, on s'efforce de mettre la société en chiffres en s'accordant sur les données d'état civil des individus (sexe, âge, niveau de diplôme, profession, statut familial, adresse, etc.), en jaugeant leur morphologie (poids, taille, indice de masse corporelle, quotient intellectuel, etc.) et en recueillant un certain nombre d'informations sur leurs activités sociales (pratiques culturelles, politiques et ludiques, mobilité, etc.). Ces macro-catégories ont façonné un référentiel stable qui permet d'assigner à chacun une place et un statut dans la société. Elles ont également rendu possible l'observation d'un certain nombre de phénomènes sociaux en évaluant leurs régularités.

Les techniques de l'apprentissage automatique, utilisées prioritairement pour élaborer des systèmes de recommandation aux capacités prédictives remarquables, offrent de nouvelles manières de représenter la société, non plus à partir de catégories patiemment codifiées par les institutions, mais de traces individuelles de comportement, particulièrement riches sur internet. Les actions en ligne les plus insignifiantes participent désormais d'une mise en chiffres de l'individu en société, à l'aide des corrélations observées entre ses myriades de micro-actions : visite d'un site web, pose d'un *like* sur une photo d'Instagram, retweet, visionnage d'un film sur Netflix, etc. Par analogie avec Word2vec, le célèbre algorithme de Google qui calcule un espace sémantique à partir d'un corpus de textes, Yann LeCun, l'un des inventeurs de l'apprentissage profond, résume d'une expression cette ambition de mettre le monde en vecteur : « world2vec ».

Quelles nouvelles représentations du social les systèmes de recommandation construisent-ils ? Faut-il faire table rase du long travail des statistiques de l'État et des macro-catégories des sciences sociales, ou bien observe-t-on une continuité avec les nouveaux espaces qui émergent de l'apprentissage automatique ?

Le graphique qui illustre ces deux pages apporte des éléments de réponse. Il a été construit à partir de l'observation de millions d'actions individuelles (suis-je ou non abonné au compte Twitter d'un député ou d'un sénateur français ?) et d'un modèle d'inférence qui a permis d'assigner une position à des centaines de milliers de comptes Twitter dans un espace bi-dimensionnel. Bien qu'il résulte d'un modèle de prédiction des liens d'abonnement, c'est-à-dire d'un calcul fondé sur des micro-comportements individuels, il reflète l'appartenance à des macro-catégories familières telles que l'opposition entre la droite et la gauche et la proximité avec les institutions, ce qui tend à démontrer la stabilité et l'homogénéité des catégories de l'entendement politique.

1. Extraction des comptes Twitter d'abonnés aux comptes Twitter d'au moins trois parlementaires français

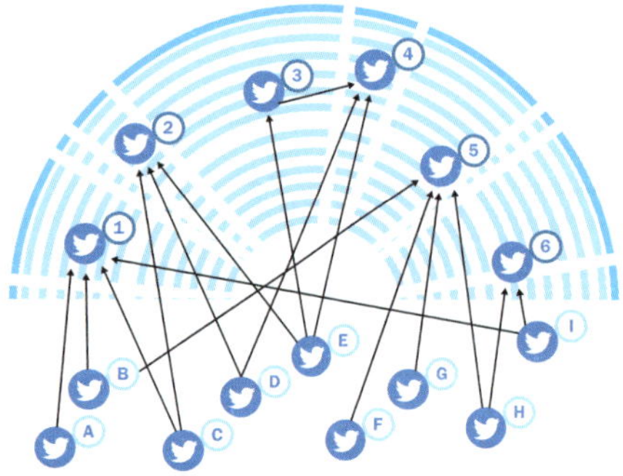

2. Projection des données de l'extraction dans un espace vectoriel latent

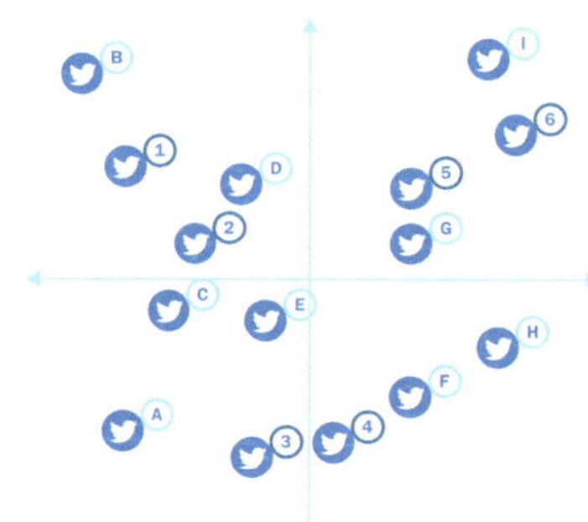

L’espace politique français d’après Twitter, mai 2019

3. Distribution des quelque 360 000 comptes composant l’espace idéologique latent français

NOTE DE LECTURE Après extraction de l’ensemble des comptes Twitter d’abonnés à des comptes Twitter de parlementaires français (étape 1, page de gauche), le réseau induit est projeté dans un espace bi-dimensionnel en se limitant aux comptes qui suivent aux moins trois députés ou sénateurs (étape 2, page de gauche). Les comptes sont ainsi plongés dans l’espace idéologique latent (étape 3, ci-dessous) qui se structure selon deux dimensions que révèle la position des partis (calculés comme la moyenne de la position de leurs représentants) : le degré de proximité avec les institutions (verticalement) et l’opposition entre la droite et la gauche (horizontalement).

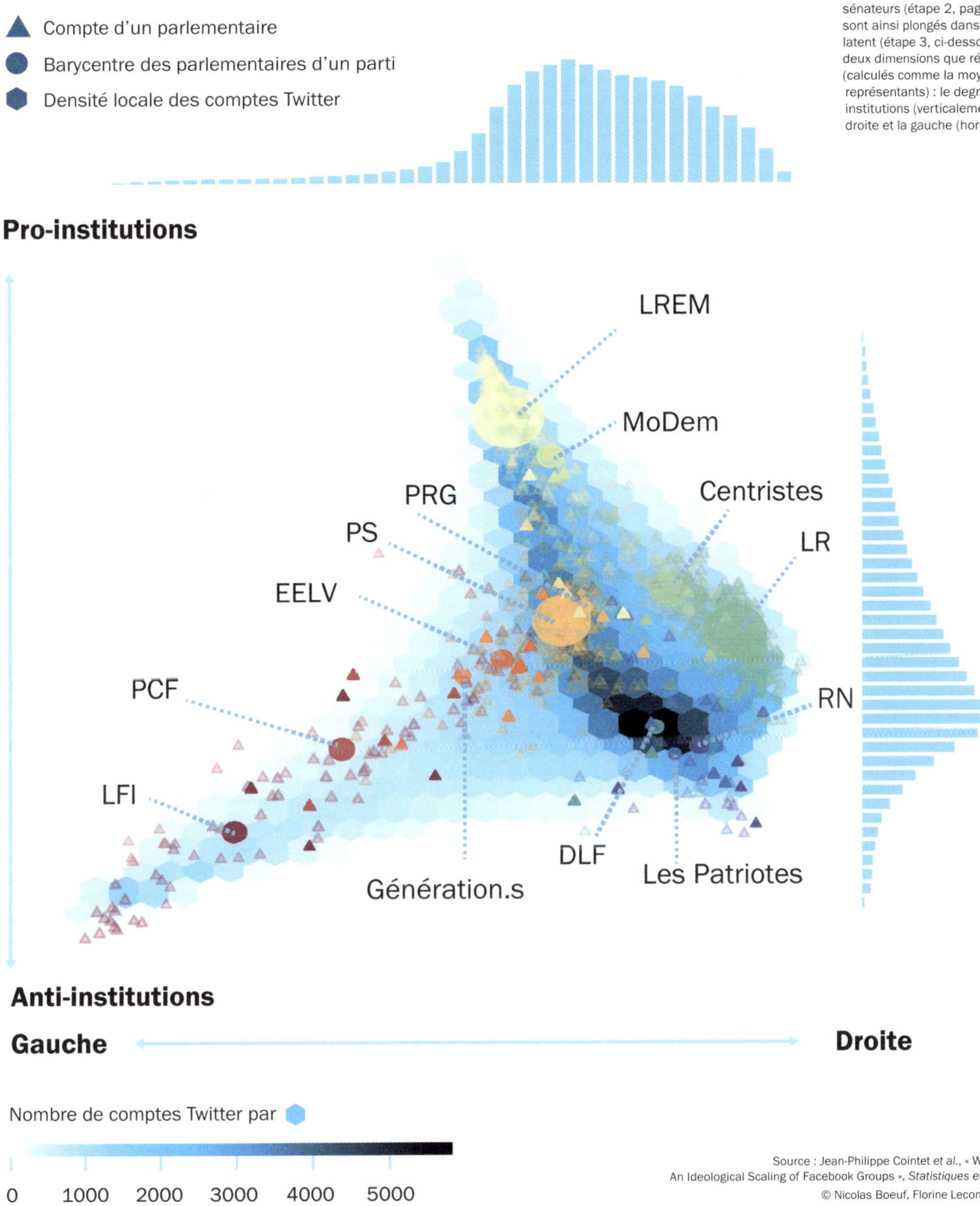

Source : Jean-Philippe Cointet *et al.*, « What Colours Are the Yellow Vests ? An Ideological Scaling of Facebook Groups », *Statistiques et société*, 9 (1-2), 2021, p. 79-107.

Prophètes de l'IA

Les avancées en matière d'intelligence artificielle suscitent autant de fascination que de crainte, comme le reflètent les discours médiatiques qui alternent entre la description des progrès que ses applications apportent à la vie réelle et les sombres visions d'un futur empreint de science-fiction.

L'histoire de l'intelligence artificielle (IA), est jalonnée de récits médiatiques alternant promesses, déceptions et craintes quant à ses applications à la vie réelle. Entre 2010 et 2019, les progrès des techniques de calcul, notamment du *machine learning*, et la mise à disposition de grandes masses de données (*big data*) ont suscité un intérêt croissant des médias pour l'IA et les technologies qui lui sont associées.

Selon le schéma classique de la couverture médiatique en matière d'innovation de rupture, chacune des avancées dans ce domaine s'est systématiquement accompagnée de discours positifs, qui ont encouragé non seulement les investissements industriels et les financements de la recherche, mais aussi le déploiement d'imaginaires collectifs sur les possibilités offertes par ces technologies. À chacune de ces phases d'enthousiasme ont succédé ce que les experts appellent les « hivers de l'IA », durant lesquels ont à leur tour été mises en avant les attentes déçues et les ambitions revues à la baisse.

L'analyse des articles parus dans la presse anglophone entre 2015 et 2019, retracée sur les graphiques de la page de droite, révèle les différents types de technologie et de domaines d'application sur lesquels les médias se focalisent à propos de l'IA. Elle souligne aussi la permanence de deux discours critiques très contrastés à leur sujet. Un premier discours dénonce les entités techniques autonomes comme les robots tueurs, les voitures autonomes, les postes de travail automatisés, les robots sexuels, etc. Ces entités sont perçues comme dangereuses dans un futur lointain, car elles risquent de remplacer les humains dans toutes leurs activités et même de les menacer physiquement, comme en témoigne l'inquiétude suscitée par le lancement en 2022 de l'agent conversationnel chatGPT.

Face à cet imaginaire empreint de science-fiction, un second discours critique porte sur les technologies déployées dans nos environnements quotidiens telles que les applications mobiles, les enceintes connectées, les algorithmes du web. Souvent associées à des risques plus ancrés dans le temps présent, en particulier dans le domaine de la santé et de l'éducation, ces technologies sont accusées de produire des biais et des inégalités de traitement, de surveiller les individus et d'exploiter les données personnelles, ou encore de contrôler et de censurer les contenus informationnels qui circulent sur les réseaux.

Nombre d'articles sur l'intelligence artificielle parus dans la presse française, 2011-2021

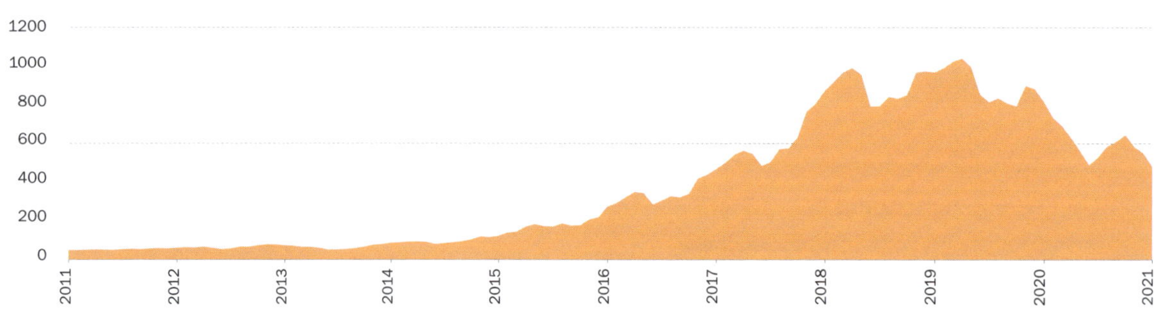

Source : Projet ShapingAI, medialab de Sciences Po

L'intelligence artificielle dans les médias étatsuniens et britanniques, 2015-2019

Cette carte en réseau a été réalisée à partir de l'analyse sémantique d'un corpus de 29 342 articles consacrés à l'intelligence artificielle (IA), issus de 47 médias généralistes étasuniens et britanniques.

Les termes, ou mots-clés, figurant sur la carte ont été reliés et rapprochés quand ils apparaissaient dans le même article. L'ensemble de ces liens ont fait ressortir deux grandes catégories d'articles abordant le sujet de l'IA, l'une centrée sur les robots (en jaune/orange), l'autre sur les algorithmes (bleu/violet).

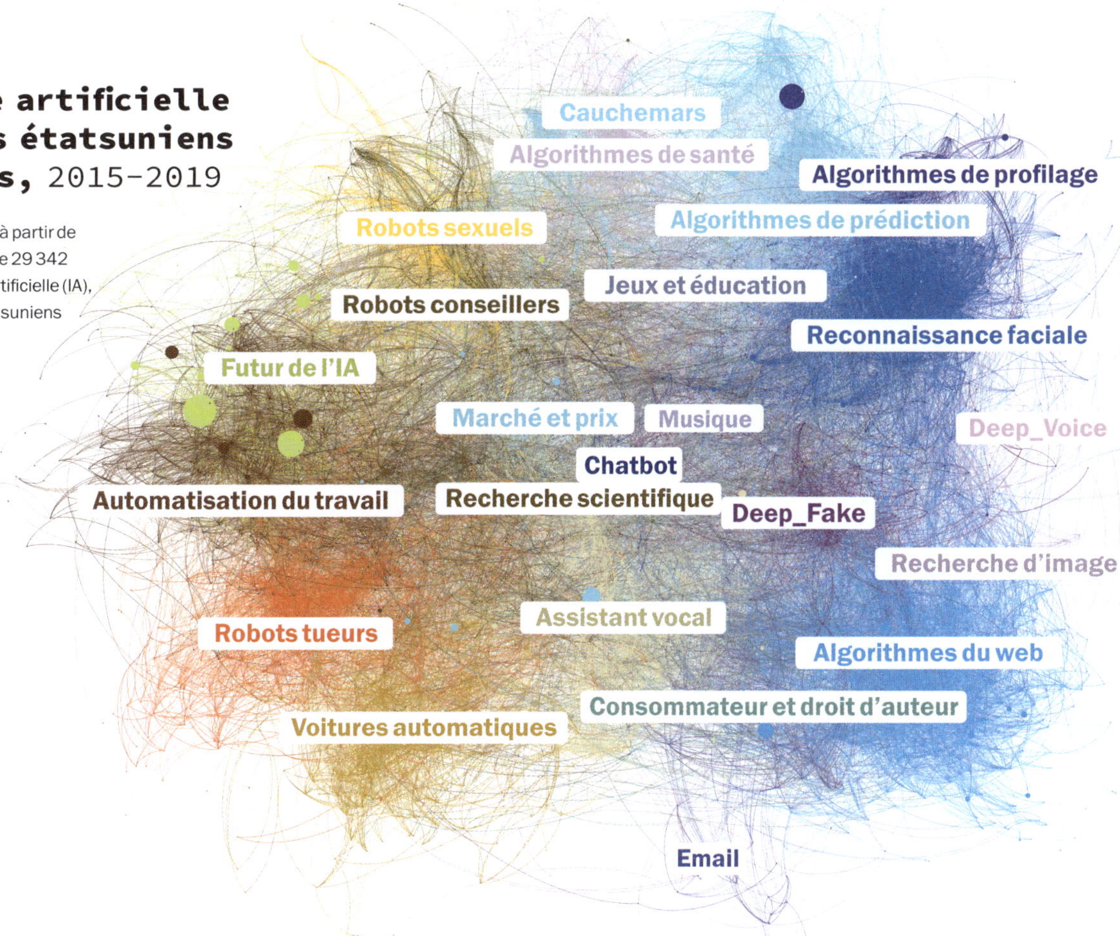

Fréquence relative des verbes associés à l'idée de troubles et des marqueurs de temporalités dans les articles selon la classification robot ou algorithme, 2015-2019

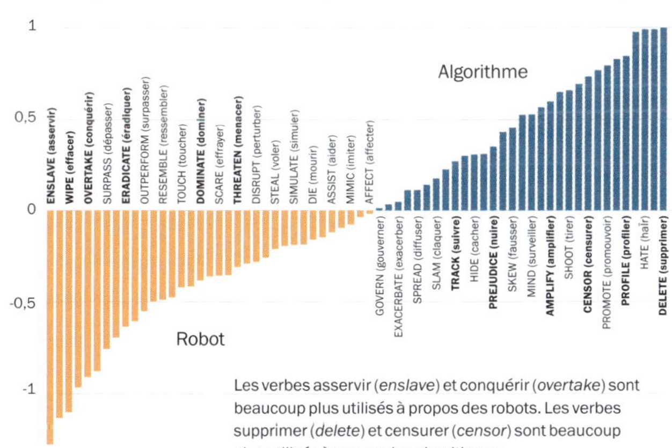

Les verbes asservir (*enslave*) et conquérir (*overtake*) sont beaucoup plus utilisés à propos des robots. Les verbes supprimer (*delete*) et censurer (*censor*) sont beaucoup plus utilisés à propos des algorithmes.

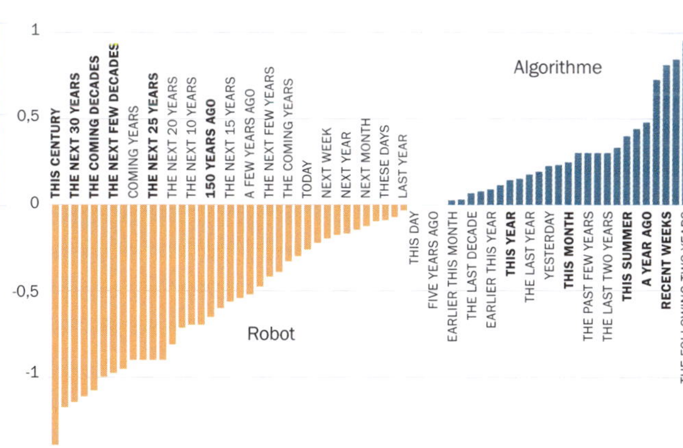

Source : Projet Algoglitch, medialab de Sciences Po © Nicolas Boeuf, Florine Lecomte/Presses de Sciences Po, 2023

La société numérique {

« **Floating data** », panneaux en aluminium anodisé découpés au laser réalisés par Laurie Frick en 2015 à partir d'un dessin créé en utilisant les données GPS de ses trajets enregistrés sur plusieurs années. L'œuvre est installée dans un bâtiment de l'entreprise Neustar à San Francisco.

<Ce que nous faisons du numérique, ce qu'il fait de nous/>

Poser le pouce et l'index sur l'écran puis les écarter pour zoomer : ce geste devenu machinal nous était totalement inconnu avant le milieu des années 2000. Un parmi tant d'autres, il ne dit rien de l'ampleur et de la rapidité avec lesquelles la conquête numérique remodèle l'ensemble de notre environnement matériel et social. Ainsi, la production des infrastructures numériques bouleverse les équilibres géopolitiques, car elle exige l'extraction de ressources minières dont l'extraction est très inégalement répartie à travers le monde. De même, l'empreinte énergétique du numérique ne cesse d'augmenter. Ses ravages environnementaux, qui deviennent chaque jour plus flagrants, n'ont rien à envier aux précédentes révolutions industrielles.

Les transformations sociales à l'œuvre ne sont pas moins saisissantes. Depuis le milieu des années 2000, l'essor très rapide des usages numériques s'est traduit par la massification de pratiques autrefois réservées aux franges les plus favorisées de la population mondiale. S'informer des faits et gestes de ses proches, consulter ses comptes bancaires, suivre des tutoriels, vendre et acheter des biens, etc., tout cela est devenu banal, non seulement pour une grande partie de la population occidentale, mais aussi pour un nombre croissant d'habitants de la planète. Les individus se sont très largement approprié les nouveaux espaces de visibilité et d'échanges en ligne, ce qui les encourage à se mettre continuellement en scène et à se construire des identités multiples selon les publics auxquels ils choisissent de s'exposer sur ces espaces. La propagation des informations s'opère désormais à très grande échelle, venant modifier la nature même des sujets d'attention et de discussion.

Loin de l'idéal d'ouverture et d'horizontalité porté par internet, la nouvelle cartographie sociale issue de l'observation des pratiques numériques révèle cependant de vastes inégalités de ressources et d'opportunités. La majeure partie des utilisateurs quotidiens d'internet réside dans les pays riches. À l'intérieur même de ces pays, les catégories les plus défavorisées n'ont qu'un accès dégradé au réseau et aux possibilités offertes par le numérique. De même, seule un infime minorité d'utilisateurs retirent de leur activité sur les plateformes l'essentiel de l'attention des internautes et de l'autorité sociale qui en découle, ce qui exclut de facto tous les autres. Les inégalités de genre se font particulièrement saillantes. Par exemple, les créatrices de contenus sur des plateformes comme YouTube ou Twitch sont systématiquement beaucoup moins visibles que leurs homologues masculins. Des pans entiers de la population se voient tenus à l'écart du nouvel espace public que constitue le web pour la simple raison qu'ils n'ont pas accès au numérique ou qu'ils ne disposent pas des ressources nécessaires pour y participer.

Plus largement, les usages varient grandement selon la position des individus dans l'espace social. Sans surprise, l'âge joue un rôle structurant, les plus jeunes étant de loin les plus actifs sur les réseaux sociaux. Cela ne tient pas tant aux compétences d'une génération née avec internet qu'aux contraintes spécifiques de la sociabilité juvénile, qui imposent d'être actif sous peine d'exclusion. Se dessine ainsi une grande diversité de pratiques, au point qu'il est permis d'oublier définitivement l'idée d'une séparation entre le monde numérique et le monde réel, c'est-à-dire la société et ses contraintes.

Énergivoracité

L'efficacité des technologies numériques rend leur usage exponentiel. Leur empreinte écologique, qui ne cesse de s'accroître, fait l'objet d'intenses débats contradictoires. Elle reste cependant très difficile à évaluer tant ces équipements sont désormais imbriquées dans toutes les activités humaines.

Selon une étude du *think tank* Shift Project, voix importante dans le débat sur la transition énergétique et sur l'économie post-carbone en Europe, le secteur du numérique contribue de manière significative aux émissions de gaz à effet de serre (3,5 % en 2019). L'explosion du volume de données produites et la multiplication quasi inéluctable des terminaux numériques (+ 26 % par an de trafic internet, + 40 % par an de données stockées dans les *data centers*, + 9 % par an de nouveaux smartphones) rendent impossible l'alignement du secteur sur l'objectif de contenir le réchauffement climatique à 2° C fixé par l'accord de Paris en 2015.

Bien que les technologies numériques se revendiquent comme des outils efficaces pour réduire la consommation d'énergie des activités humaines, l'impact positif de leur immatérialité paraît surestimé : il est largement contrebalancé par un phénomène d'effet rebond qui ne fait qu'accroître leur usage, et donc la consommation des ressources. Le numérique se retrouve ainsi au centre de débats politiques intenses mêlant des initiatives et des points de vue extrêmement hétérogènes et contradictoires, des *big tech* aux petites entreprises sociales, des ONG aux groupes d'activistes, portant parfois sur la définition même de la durabilité et de la soutenabilité environnementales. Un rapport de l'ONG The Engine Room, « At the Confluence of Digital Rights and Climate and Environmental Justice », souligne le caractère inextricable de ces débats en affirmant que les technologies numériques font partie à la fois du problème et des instruments nécessaires à une plus grande justice climatique et environnementale.

La consommation énergétique du numérique reste en outre difficile, voire impossible, à estimer. Cela tient, d'une part, à la très grande diversité des matériaux et des composants des technologies numériques et à leur imbrication dans toute sorte d'objets et de dispositifs, d'autre part, à la multiplicité de leur impact aux différents stades de production, d'utilisation et de mise au rebut. Les connaissances progressent toutefois grâce à des études multicritères et multi-étapes, comme celles de l'ADEME et de l'ARCEP qui intègrent notamment la consommation d'énergie et des émissions de gaz à effet de serre des terminaux, des réseaux et des centres de données (*data centers*) et qui cherchent à évaluer leur empreinte environnementale durant tout leur cycle de vie.

Impacts environnementaux des usages du numérique selon le profil des foyers français

Une étude de 2022, pilotée par l'Agence de la transition écologique (ADEME) et l'Autorité de régulation des communications électroniques, des postes et de la distribution de la Presse (ARCEP), *Évaluation environnementale des équipements et infrastructures numériques en France*, distingue trois foyers-types pour mesurer les impacts environnementaux des usages du numérique en France :
- ○ le **couple déconnecté** (2 adultes, classe moyenne inférieure),
- ● la **famille hyperconnectée** (2 adultes et 2 enfants, classe moyenne supérieure)
- ◆ **l'étudiant connecté** (1 adulte, bas revenu).

Le foyer moyen correspond aux impacts globaux pour les particuliers, divisés par le nombre de foyers en France.

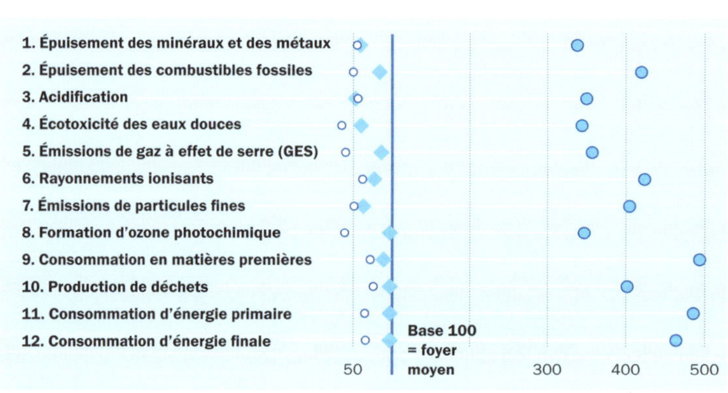

Détails des indicateurs :
1. Quantités extraites
2. Consommation d'énergie primaire issue de sources non renouvelables
3. Liée aux émissions de polluants acides et précurseurs d'ozone
6. Libérés par les activités humaines et industrielles
7. Inférieures à 10 microns
9. Indicateurs dits « MIPS »
10. Générés tout au long du cycle de vie
11. Soit celle prélevée dans la nature avant transformation
12. Soit celle utilisée sous forme d'électricité ou de carburant

Consommation d'énergie des activités du numérique en France, 2020

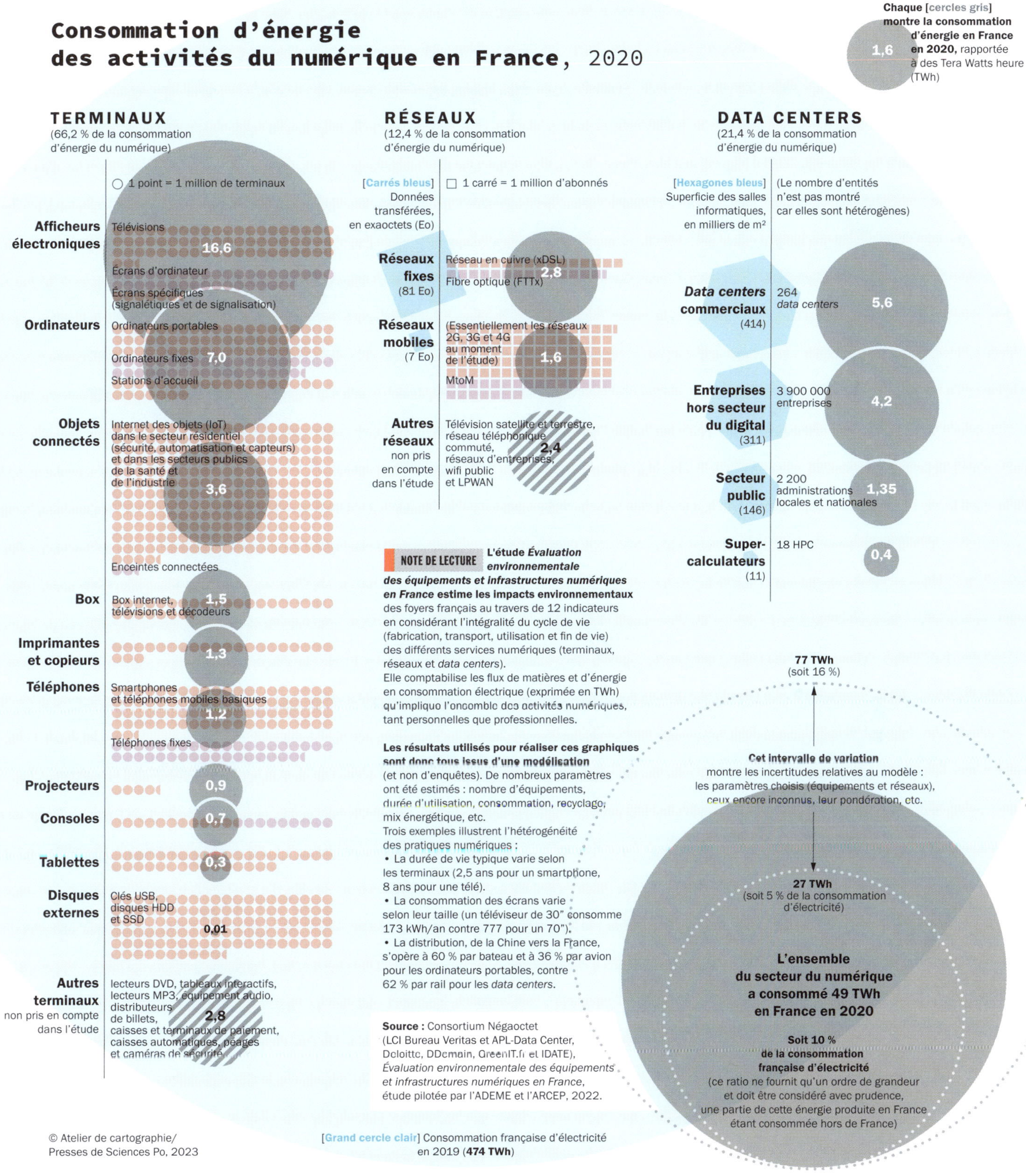

NOTE DE LECTURE **L'étude *Évaluation environnementale des équipements et infrastructures numériques en France* estime les impacts environnementaux** des foyers français au travers de 12 indicateurs en considérant l'intégralité du cycle de vie (fabrication, transport, utilisation et fin de vie) des différents services numériques (terminaux, réseaux et *data centers*).
Elle comptabilise les flux de matières et d'énergie en consommation électrique (exprimée en TWh) qu'implique l'ensemble des activités numériques, tant personnelles que professionnelles.

Les résultats utilisés pour réaliser ces graphiques sont donc tous issus d'une modélisation (et non d'enquêtes). De nombreux paramètres ont été estimés : nombre d'équipements, durée d'utilisation, consommation, recyclage, mix énergétique, etc.
Trois exemples illustrent l'hétérogénéité des pratiques numériques :
- La durée de vie typique varie selon les terminaux (2,5 ans pour un smartphone, 8 ans pour une télé).
- La consommation des écrans varie selon leur taille (un téléviseur de 30" consomme 173 kWh/an contre 777 pour un 70").
- La distribution, de la Chine vers la France, s'opère à 60 % par bateau et à 36 % par avion pour les ordinateurs portables, contre 62 % par rail pour les *data centers*.

Source : Consortium Négaoctet (LCI Bureau Veritas et APL-Data Center, Deloitte, DDemain, GreenIT.fr et IDATE), *Évaluation environnementale des équipements et infrastructures numériques en France*, étude pilotée par l'ADEME et l'ARCEP, 2022.

Mines de rien

Contrairement à ce qu'ont imaginé les pionniers de l'internet, l'équation technologies numériques = technologies propres n'existe pas. Comme au temps des révolutions fossiles, la révolution numérique puise abondamment aux ressources terrestres et redistribue les cartes géopolitiques.

Légèreté et dématérialisation : ces deux métaphores sont inévitablement convoquées à propos des technologies numériques. Nous nous connectons virtuellement, nous calculons dans le nuage (*cloud*), nous envoyons des contenus en temps réel. Pourtant, l'idée que la société numérique serait déconnectée de toute production à usage intensif de ressources masque la réalité des dépendances et des externalités matérielles de ces technologies et services. Nos achats *one click* et nos livraisons *next day* nécessitent des entrepôts, des camions, des bateaux et des avions. Pour citer les seuls États-Unis, sous l'effet du commerce en ligne la construction d'entrepôts a doublé et le trafic de marchandises a augmenté de 50 % entre 2017 et 2023.

Comme les deux précédentes révolutions industrielles, dues respectivement à l'invention de la machine à vapeur et celle du moteur à combustion, la révolution numérique se caractérise d'abord et avant tout par la matérialité et les ravages environnementaux et sociaux résultant de l'exploitation minière. Le *cloud* n'existerait pas sans une multitude de ressources minérales, du silicium à l'arsenic, du lithium à l'ytterbium. Il demande de prélever du sable, de produire de l'acier pour extraire le gaz naturel emprisonné dans le schiste, d'utiliser de l'argent et du sélénium pour obtenir de l'énergie solaire, etc.

Non seulement l'invention de nouveaux services et produits numériques requiert toujours plus d'extraction, de traitement, d'utilisation et d'élimination de ces éléments, mais, par un jeu complexe de symétrie, la découverte constante de nouvelles propriétés suscite à son tour des demandes d'extraction entièrement nouvelles. Au début du XXe siècle, quelques matériaux suffisaient à fabriquer les voitures. Aujourd'hui, connectées et électriques, elles nécessitent plus de trois douzaines de minéraux incombustibles, dont les fameuses terres rares. Pour prendre un seul exemple, depuis qu'en 1982, un scientifique de General Motors a exploité les propriétés singulières du néodyme pour inventer un aimant dix fois plus puissant que ses prédécesseurs, ce minerai est désormais l'une des 17 terres rares faisant partie intégrante de l'écosystème numérique.

Loin des yeux et des pensées des utilisateurs du numérique, les carrières, les sites miniers et les usines de traitement sont devenus les terrains de la géopolitique et de la bioéconomie. Jusqu'aux années 1950, la plupart des terres rares utilisées dans le monde provenaient de gisements de sable indiens et brésiliens, puis sud-africains. À partir des années 1980, la Chine est devenue leur principal producteur, avec plus de 95 % de l'offre mondiale. Pour éviter le risque de monopole chinois, des mines sont désormais exploitées en Amérique du Nord, en Californie, dans les territoires canadiens du Nord-Ouest (Thor Lake) ainsi qu'au Québec. Quant à l'Union européenne (UE), elle a présenté le 16 mars 2023 un projet de règlement sur les « matières premières critiques » destiné à la rendre plus autonome dans l'extraction, le traitement et le recyclage de 34 métaux et minéraux présentant un risque élevé de pénurie. Liés à des secteurs industriels stratégiques et à des technologies dites modernes et efficaces sur le plan environnemental, ces matériaux ne connaissent pas de substituts viables pour le numérique et leur offre reste dominée par un ou quelques pays producteurs. D'ici à 2030, l'UE devrait augmenter sa propre production et limiter son approvisionnement en provenance de pays tiers.

Ce projet de règlement européen incarne l'une des grandes contradictions contemporaines : afin de rendre son économie plus efficace mais moins préjudiciable à l'environnement, l'UE risque d'encourager l'exploitation minière locale – une perspective jusqu'alors impensable. Dans le même ordre d'idées, la Banque européenne d'investissement cherche à réduire sa politique de prêt aux industries fossiles tout en favorisant les investissements dans les projets miniers.

Matières premières critiques et technologies de l'information et de la communication (TIC), 2020

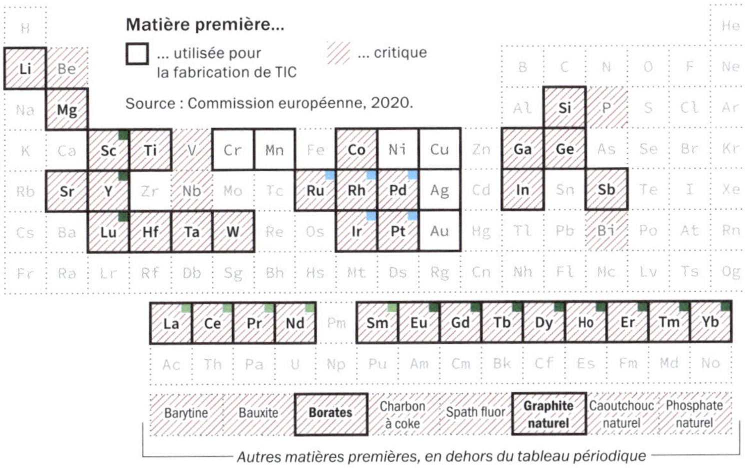

Groupes

Terres rares légères (LREE) — Terres rares lourdes (HREE) — Platine (MGP)

Description des symboles chimiques : Ag (Argent), Au (Or), Be (Béryllium), Bi (Bismuth), Ce (Cérium), Co (Cobalt), Cr (Chrome), Cu (Cuivre), Dy (Dysprosium), Er (Erbium), Eu (Europium), Ga (Gallium), Gd (Gadolinium), Ge (Germanium), Hf (Hafnium), Ho (Holmium), In (Indium), Ir (Iridium), La (Lanthane), Li (Lithium), Lu (Lutécium), Mg (Magnésium), Mn (Manganèse), Nb (Niobium), Nd (Néodyme), Ni (Nickel), P (Phosphore), Pd (Palladium), Pr (Praséodyme), Pt (Platine), Rh (Rhodium), Ru (Ruthénium), Sb (Antimoine), Sc (Scandium), Si (Silicium), Sm (Samarium), Sr (Strontium), Ta (Tantale), Tb (Terbium), Ti (Titane), Tm (Thulium), V (Vanadium), W (Tungstène), Y (Yttrium), Yb (Ytterbium).

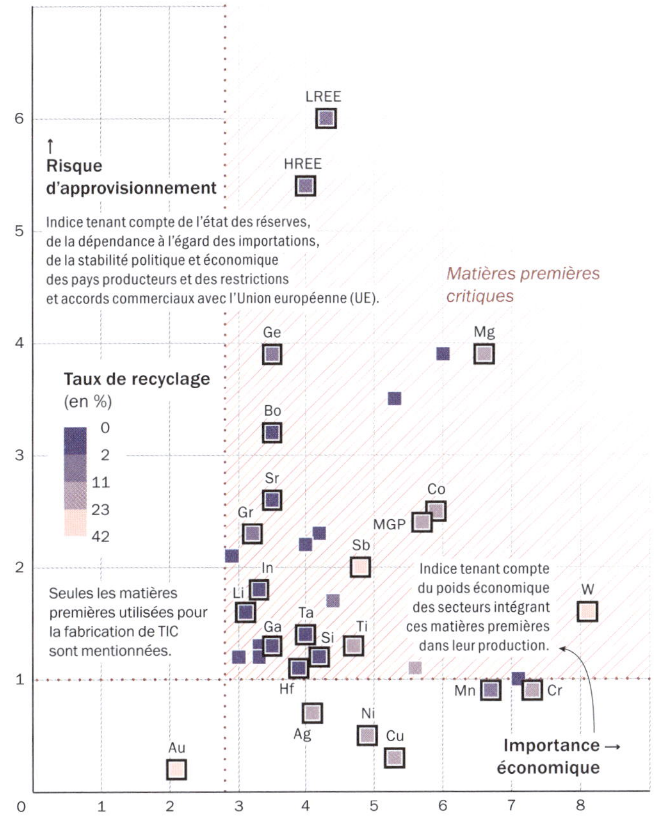

Les données prennent en compte le rapport de l'UE pour 2020. Mises à jour en mars 2023, elles incluent six nouvelles matières premières critiques par rapport à la liste de 2020 (Arsenic, Feldspath, Hélium, Manganèse, Cuivre et Nickel), et deux ont été retirés de la liste (Indium et caoutchouc naturel).

Origine des matières premières critiques utilisées par les TIC, 2020

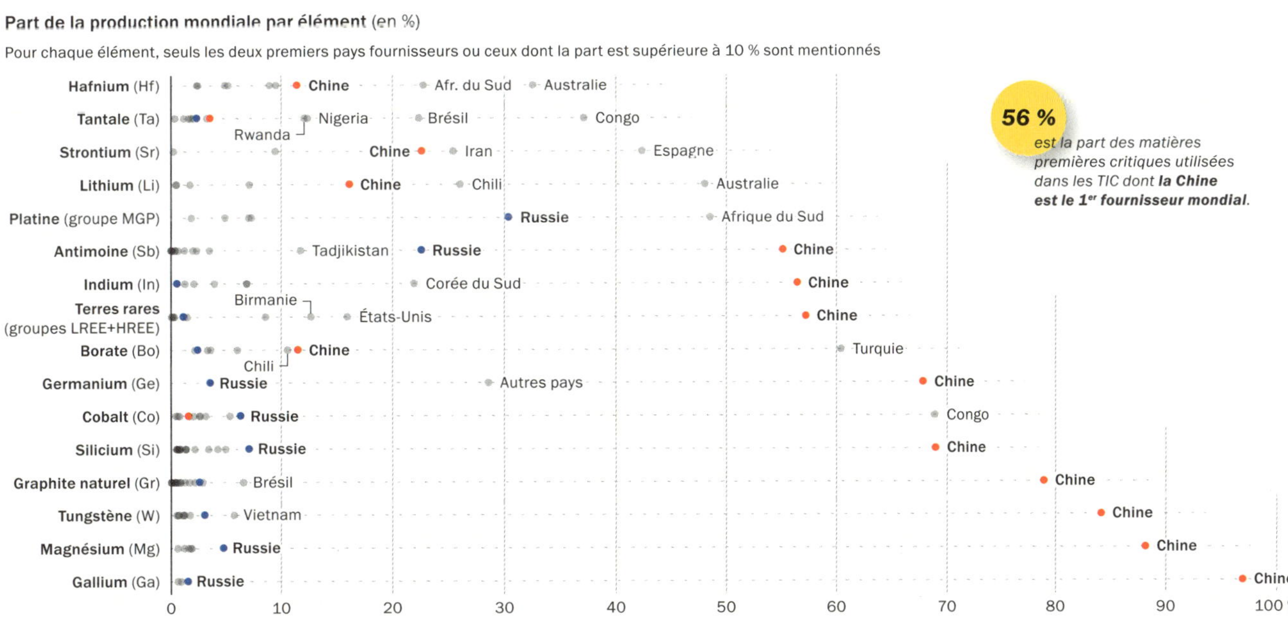

Source : USGS, *Commodity Statistics and Information*, 2022.

La technosphère

Le système global et interconnecté d'infrastructures matérielles et non matérielles qui définit l'Anthropocène s'enchevêtre de manière parasitaire avec les entités non humaines. Les technologies numériques participent pleinement de cette technosphère. Elles contribuent néanmoins à instaurer de nouvelles relations avec les autres réalités biologiques de la Terre.

La Terre peut être considérée comme un ensemble de sphères (litho-, hydro-, cryo-, atmo-, bio-sphère) qui ont toutes existé pendant la majeure partie de ses 4,6 milliards d'années de vie. Dans une durée qui, à l'échelle du temps géologique, correspondrait à un battement de cils, une nouvelle sphère s'est installée : la technosphère.

Matière à débats et à controverses, le concept de technosphère, élaboré par le géologue et ingénieur américain Peter Haff, désigne un monde global et interconnecté qui n'inclut pas seulement tous les objets technologiques fabriqués par l'homme, mais aussi tous les êtres humains et systèmes sociaux qui interagissent avec ces objets. Usines, routes, chemins de fer, aéroports, mines, carrières, champs de pétrole et de gaz, villes, rivières, réservoirs, bétail, récoltes, terres agricoles, universités, syndicats, banques, partis politiques, internet, etc., tout cela fait partie de la technosphère.

Enchevêtrée de manière quasi parasitaire avec la biosphère, la technosphère altère les conditions d'habitabilité de la planète. Elle accélère le rythme d'extinction des espèces et modifie le climat et la chimie des océans. Si les humains n'ont d'autres choix que de maintenir en état de marche une technologie devenue essentielle à leur existence collective, alors ils doivent aussi utiliser cette technologie pour évaluer et réduire les effets de leurs usages sur l'environnement.

Par exemple, bien que leur développement soit essentiel pour tenter de ralentir le réchauffement planétaire, les infrastructures d'énergie renouvelable menacent la biodiversité et poussent les populations animales à modifier leurs comportements et leurs déplacements. Cependant, les mesures imposées par les cadres juridiques nationaux ou internationaux pour atténuer leurs effets sur les êtres vivants interviennent bien souvent après qu'un site a déjà été sélectionné pour l'aménagement d'un équipement d'énergie durable, les études de faisabilité ayant tendance à privilégier la viabilité économique d'un projet et à négliger son impact environnemental.

Aussi est-il indispensable de détecter les changements de comportement et de déplacement des animaux afin de repérer les conflits possibles entre les infrastructures humaines et l'impératif de préservation des non-humains. Des dispositifs numériques tels que des caméras et des traqueurs VHF, satellite ou GPS ainsi qu'une nouvelle génération d'appareils alimentés par l'omniprésente intelligence artificielle sont aujourd'hui massivement installés sur les animaux. L'une des plateformes les plus importantes en la matière, Movebank, gère chaque jour plus de 3 millions de nouveaux enregistrements de données.

Bien que la technologie, en particulier numérique, soit désormais partie intégrante de nos modes de vie - au point que certains géologues spécialistes de l'Anthropocène la considèrent comme une nouvelle couche terrestre - la conceptualiser comme une sphère totalisante est très limitatif. Les technologies se manifestent et se déploient de maintes et diverses manières. Elles ont notamment le potentiel de créer de multiples relations situationnelles, localisées, distribuées et processuelles. Il suffit de prendre pour exemple les technologies de surveillance numérique, qui permettent à un large public d'amateurs et de passionnés d'observer des animaux sauvages à partir de leurs smartphones, de leurs ordinateurs ou d'autres appareils numériques.

Des relations différentes entre humains et non-humains émergent ainsi, qui ne relèvent plus du contrôle scientifique ou managérial, mais plutôt du soin et de l'attention. Elles ouvrent la place à de nouvelles configurations entre les infrastructures humaines et les autres réalités biologiques de la planète.

Vulnérabilité des oiseaux face aux éoliennes et aux lignes électriques : exemple d'infrastructures humaines qui perturbent le système Terre

1 454 parcours de 27 espèces d'oiseaux migrateurs ont été enregistrés entre 2006 et 2019 en Europe et en Afrique du Nord. Le croisement de ces parcours avec l'implantation d'éoliennes et de lignes électriques permet de définir un indice d'exposition au risque de collision.

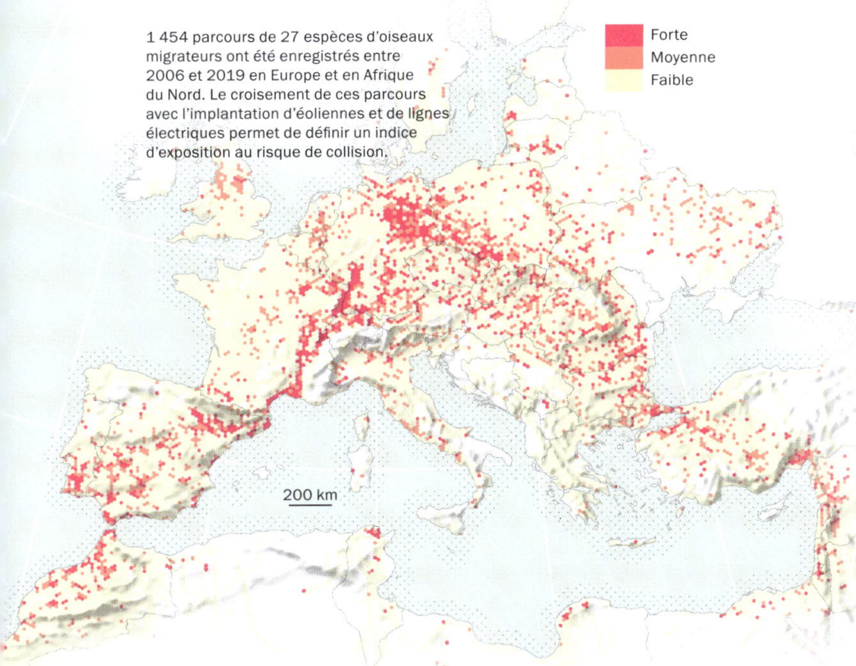

Suivi des oiseaux

Les parcours sont reconnus grâce à des balises fixées sur certains oiseaux, reliées par satellites aux systèmes GPS et Argos.

Indice d'exposition

Son calcul dépend des positions et altitudes moyennes des oiseaux ainsi que des hauteurs des infrastructures.

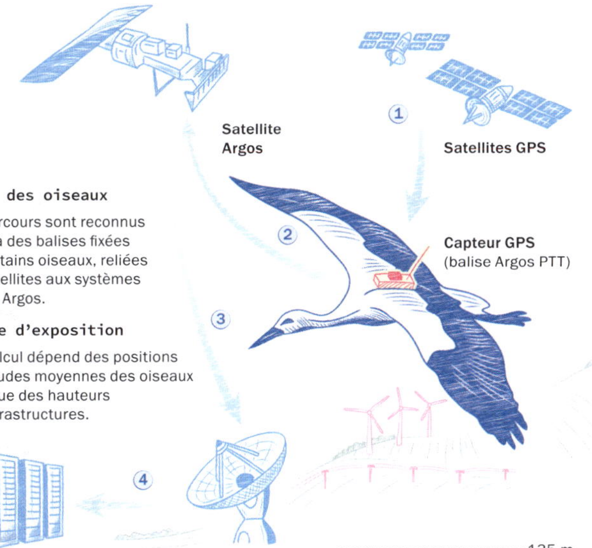

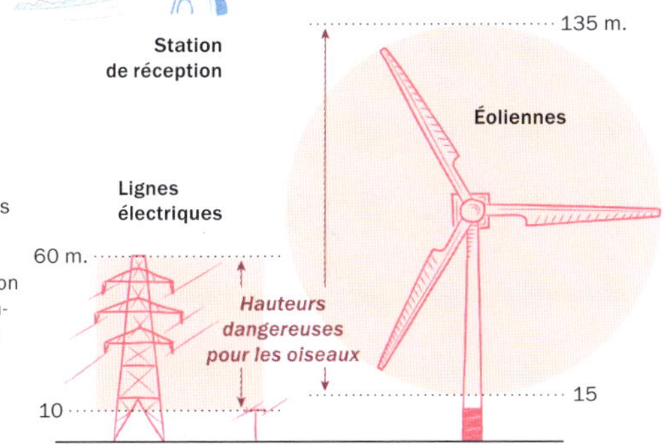

Sources : Jethro G. Gauld *et al.*, « Hotspots in the Grid : Avian Sensitivity and Vulnerability to Collision Risk from Energy Infrastructure Interactions in Europe and North Africa», *Journal of Applied Ecology*, 59 (6), 2022.

Variabilité géographique et chronologique des migrations : le cas des cigognes

Les cigognes migrent deux fois par an. Elles quittent l'Europe en août pour rejoindre l'Afrique en l'espace d'environ 25 jours. Elles sont de retour en Europe en moyenne vers le mois de mai, après un trajet d'environ 50 jours.

11 parcours de cigognes ont été retenus pour chacune des 6 périodes montrées ici afin qu'elles soient comparables.

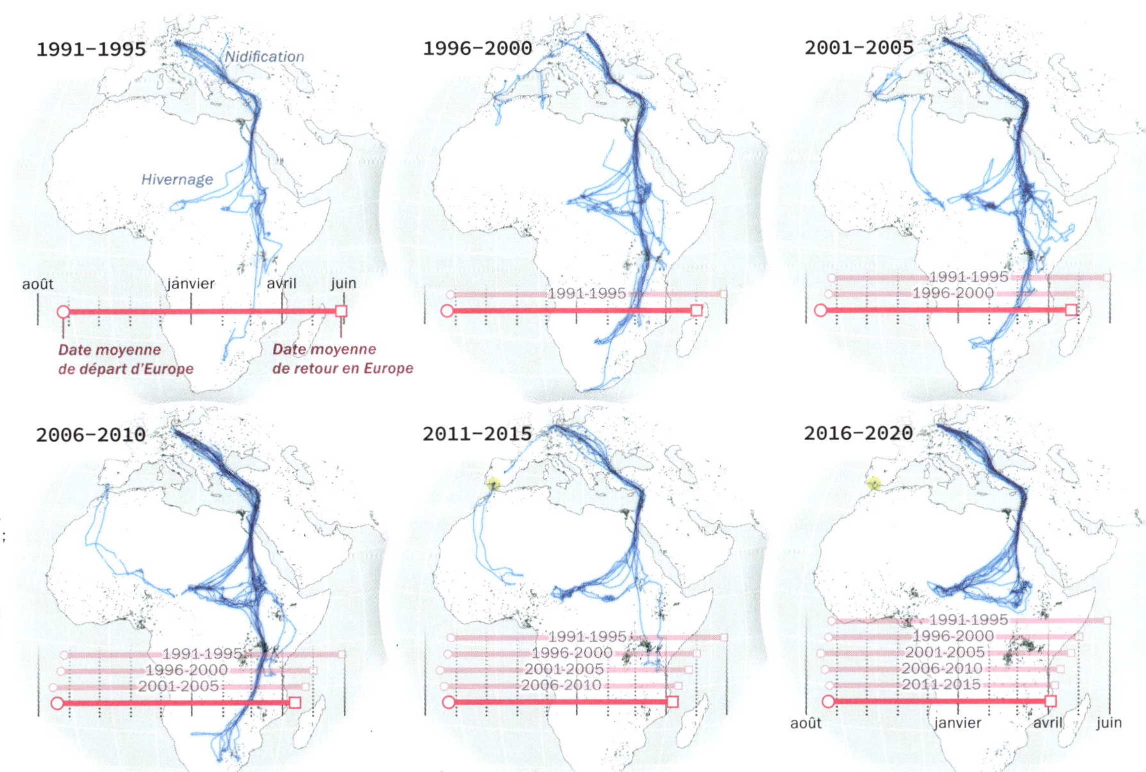

Parcours d'une cigogne

Sédentarisation observée

Zones urbaines
(à chaque fin de période)

Sources : Movebank, «MPIAB Argos White Stork Tracking (1991-2022)» ; Andrea Kölzsch *et al.*, «A Periodic Markov Model to Formalize Animal Migration on a Network», *Royal Society Open Science*, 5 (6), 2018 ; European Commission, JRC, Global Human Settlement.

Fractures numériques

Bien que l'immense majorité des humains se soient mués en internautes, de profondes inégalités persistent dans l'accès à la toile. Elles tiennent à l'hétérogénéité des modes de connexion et des infrastructures, qui varient grandement d'un pays à l'autre et à l'intérieur d'un même pays.

La part de la population connectée à internet atteint des niveaux très élevés, non seulement dans les pays les plus riches, où les taux dépassent souvent 90 % de la population, mais aussi dans les pays moins riches, où ils ne cessent de croître. Par exemple, 72 % des habitants du Moyen-Orient et d'Afrique du Nord se sont connectés régulièrement à internet en 2019. Une telle progression peut faire croire que les inégalités d'accès à internet ont disparu, du moins qu'elles se réduisent à un rythme rapide, notamment en raison de l'essor des réseaux mobiles. Elle laisse imaginer qu'à brève échéance les inégalités d'accès (« fracture numérique de premier niveau ») céderont la place aux seules inégalités d'usage (« fracture numérique de second niveau »), en d'autres termes, que les usages des services en ligne ne différeront plus que pour des raisons de compétences ou d'intérêt.

Ce constat doit être nuancé. Pour une part importante de la population mondiale, il reste difficile de disposer d'une grande variété de services en ligne. D'abord, parce que, dans beaucoup de pays (Somalie, Madagascar, Pakistan, etc.), l'immense majorité des habitants n'ont aucun accès à internet. Ensuite, parce que les modalités sont profondément inégalitaires du fait de l'hétérogénéité des débits de connexion et de la nature des terminaux utilisés pour se connecter. L'accès à l'information via un smartphone, en particulier, même connecté en 3G ou 4G, est beaucoup moins aisé que via un ordinateur portable connecté en haut débit, avec en outre pour effet d'accroître le phénomène de dépendance. Certains chercheurs vont jusqu'à désigner la dépendance au smartphone comme le propre d'une « sous-classe de l'internet ».

Les inégalités ne sont pas seulement géographiques, elles sont aussi profondément sociales à l'intérieur d'un même pays. Comme on le voit sur ces pages à propos de Chicago, les populations les moins favorisées économiquement et culturellement, en premier lieu les minorités, sont celles qui ont le moins souvent un accès de qualité à internet. Une telle inégalité tient à la fois aux politiques nationales et au poids du secteur privé dans l'élaboration et la maintenance des infrastructures d'internet aux États-Unis.

Internautes dans le monde, 2015-2020
(en % de la population nationale)

0 15 30 50 70 85 100

Absence de données

Moyenne monde : 53 %

Internaute : ici, toute personne qui a utilisé internet depuis tout type de lieu (maison, école, bureau...) au cours des 3 derniers mois.

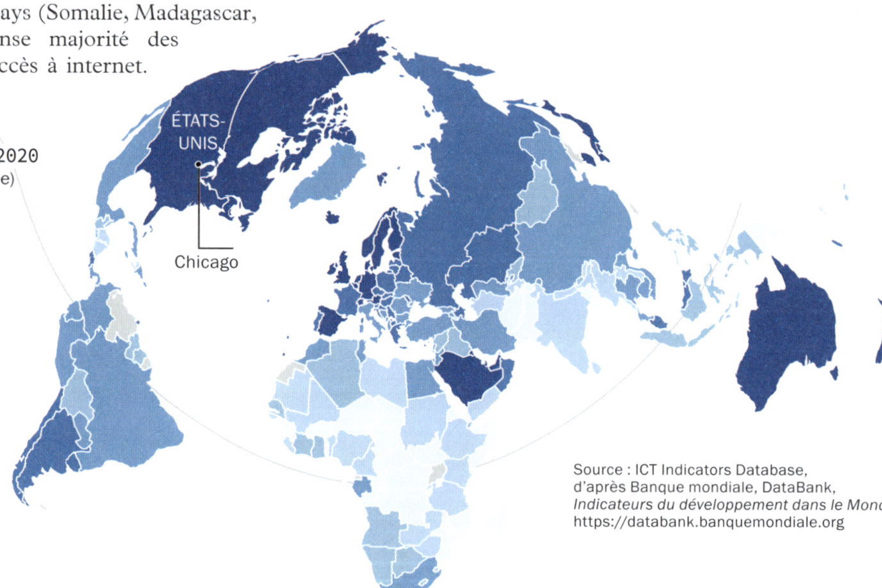

Source : ICT Indicators Database, d'après Banque mondiale, DataBank, *Indicateurs du développement dans le Monde*, https://databank.banquemondiale.org

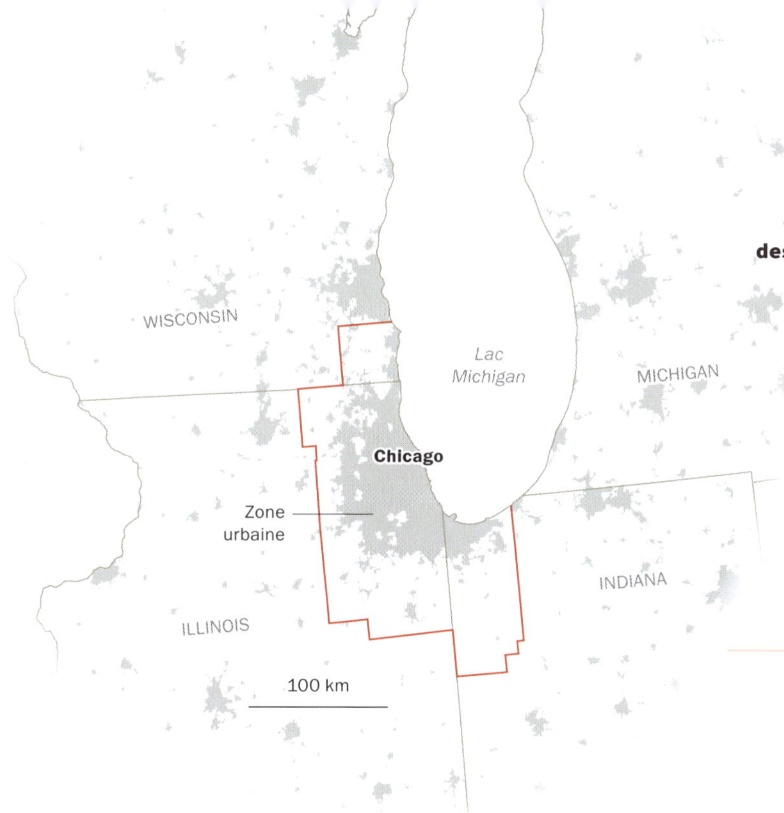

Accès au haut débit filaire selon les revenus des ménages à Chicago, 2019

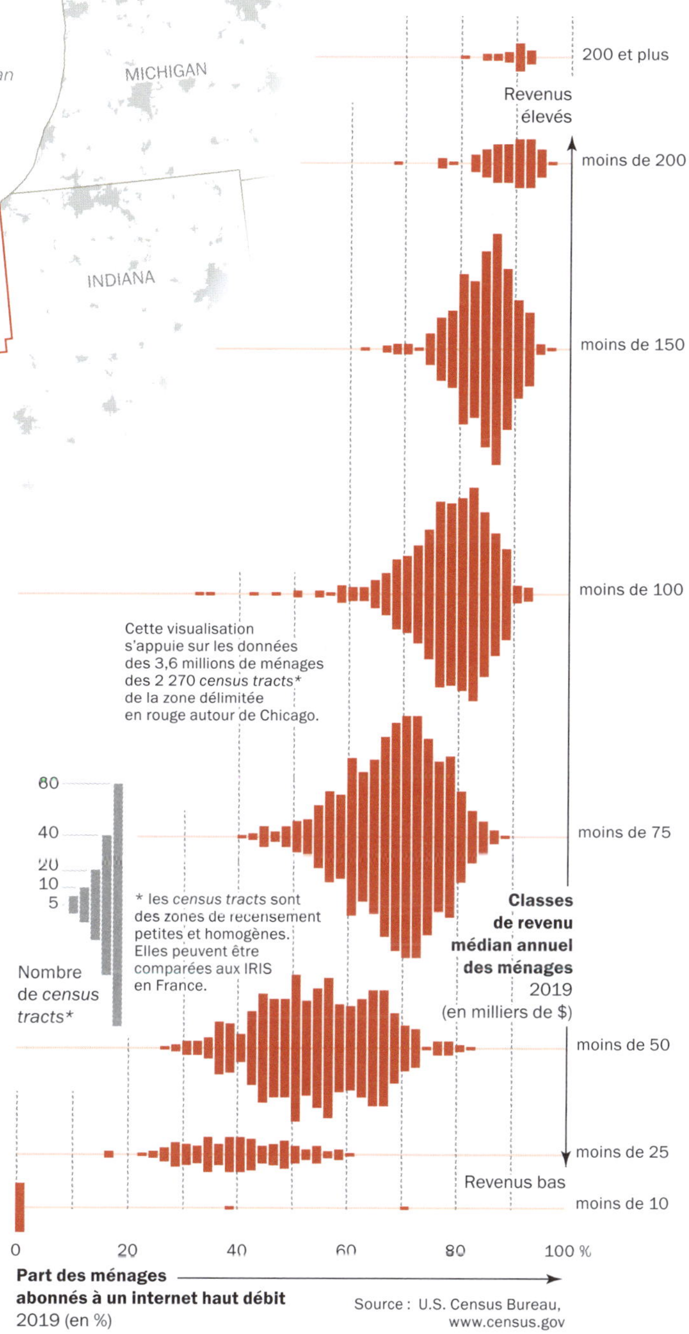

Source : U.S. Census Bureau, www.census.gov

Adultes utilisant internet uniquement via leur smartphone aux États-Unis, 2021

NOTE DE LECTURE Ce graphique, réalisé à partir des résultats d'une enquête menée début 2021 par le Pew Research Center auprès de 1 502 adultes américains représentatifs de la population totale (par sexe, race, origine ethnique, éducation, etc.), montre par exemple que **25 % des Hispaniques** accèdent à internet uniquement depuis leur smartphone.

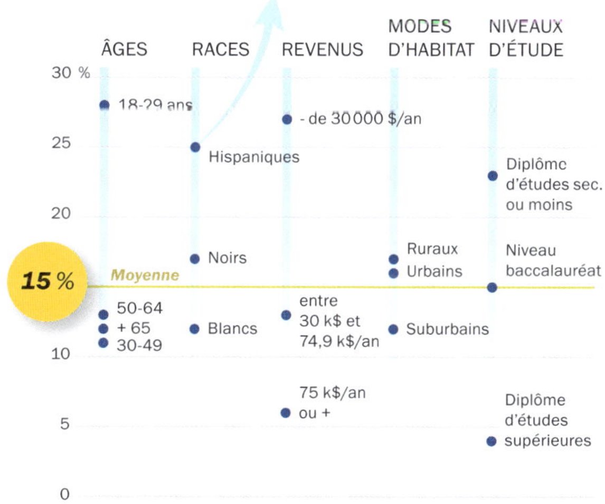

Source : Andrew Perrin, *Mobile Technology and Home Broadband 2021*, June 2021, Pew Research Center, www.pewresearch.org

Loi de puissance et effet Matthieu

Inégalité et verticalité sont consubstantielles au web. Seule une infime minorité d'individus et d'organisations ont les compétences et les ressources pour s'y montrer actifs et parviennent à concentrer l'attention de l'immense majorité des internautes.

L'idéal d'une participation à internet horizontale et égalitaire a accompagné son essor : n'importe qui serait en mesure de publier des contenus sur la toile, de faire entendre son opinion et de capter l'attention. À partir du milieu des années 2000, le succès croissant des réseaux sociaux, qui a abaissé le niveau de ressources et de compétences nécessaires à la participation des internautes, a pu renforcer cette croyance.

En réalité, de profondes différences marquent l'activité en ligne. De façon extraordinairement régulière, on constate non seulement qu'un petit nombre d'individus sont à l'origine de la vaste majorité des contributions, mais aussi que l'attention se porte sur très peu d'entre elles. Inégalité et verticalité seraient donc consubstantielles à internet, contrairement à ce qu'affirme le discours dominant.

Le constat n'est pas nouveau. Dès la fin des années 1990, la courbe de croissance du web est décrite comme obéissant à une « loi de puissance » : la plus grande part du contenu (mesuré en nombre de pages) émane d'un petit nombre de sites et les nouveaux liens pointent vers une minorité de sites déjà très visibles. Cette loi garde toute sa pertinence aujourd'hui. Par exemple, l'immense majorité des modifications apportées aux articles de Wikipédia est le fait de quelques rares internautes éditeurs. Cela vaut aussi pour les réseaux sociaux, en dépit de ce que ces derniers affirment dans leur communication publique : sur Twitter, 25 % des utilisateurs les plus actifs sont à l'origine de 97 % des messages publiés, tandis que 20 % des plus gros comptes accaparent la presque totalité des *followers*, des *retweets* et des mentions (*tags*).

Ce phénomène s'explique d'abord par un « effet Matthieu », en référence à l'Évangile de saint Matthieu (« Car on donnera à celui qui a, et il sera dans l'abondance, mais à celui qui n'a pas, on ôtera même ce qu'il a »). L'expression est utilisée en sociologie et en psychologie pour désigner le phénomène par lequel les personnes déjà avantagées sont encore plus susceptibles de l'être (et d'accroître ainsi leur hégémonie), tandis que les personnes les moins avantagées ont encore moins de chance de l'être. Sur internet, où les acteurs déjà reconnus dans un réseau donné tendent à l'être de plus en plus, cet effet se voit démultiplié par les algorithmes et les réseaux sociaux, qui favorisent systématiquement les individus les plus visibles et les plus reconnus.

La verticalité d'internet tient aussi à l'inégale distribution des ressources dans la société : ceux et celles qui disposent des compétences et de l'éducation requises ou qui peuvent obtenir l'aide de leur entourage sont les plus susceptibles de poster des photos, de contribuer à des forums, de partager leurs créations, etc. Il en va de même pour les organisations : celles qui possèdent les ressources les plus importantes en personnel et en budget sont aussi celles qui participent le plus fréquemment à l'activité en ligne et ont le plus de chances d'y rencontrer l'écho le plus important.

Un exemple célèbre en a été donné par le lanceur d'alerte Edward Snowden qui, en 2013, a révélé l'existence de programmes massifs de surveillance par les services secrets américains et britanniques. En 2023, le compte Twitter d'Edward Snowden détenait 5,7 millions d'abonnés, tandis que lui-même n'était est abonné qu'à un seul compte, celui de la National Security Agency (NSA) américaine.

Répartition de la production de tweets selon l'activité des utilisateurs, en pourcentage, 2023

Un quart des utilisateurs de Twitter les plus actifs produisent la vaste majorité des tweets aux États-Unis

Source : Colleen Mcclain, Regina Widjaya, Gonzalo Rivero et Aaron Smith, *The Behaviors and Attitudes of U.S. Adults on Twitter*, Washington DC, Pew Research Center, 2021.

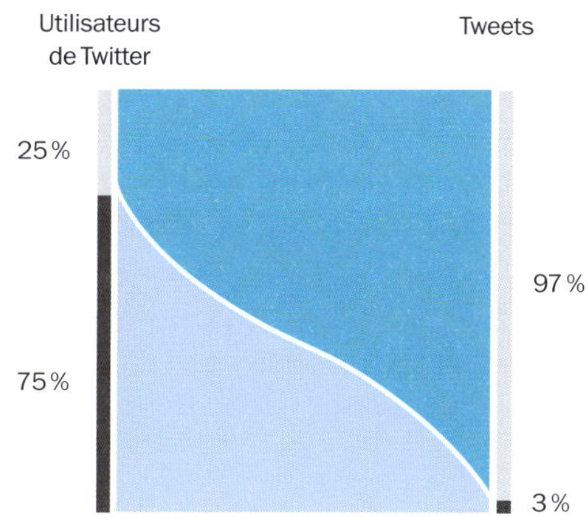

Distribution de l'attention sur Twitter, 2023

20 % des plus gros comptes Twitter (en nombre de *followers*) concentrent l'essentiel des interactions et de l'attention des autres utilisateurs

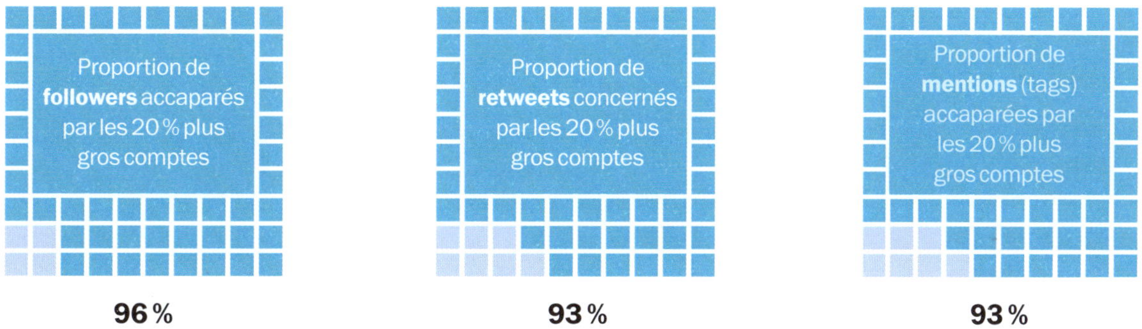

Source : Linhong Zhu et Kristina Lerman, « Attention Inequality in Social Media », Los Angeles, USC Information Sciences Institute, 2016.

Répartition des utilisateurs de Wikipédia selon le nombre de modifications sur les pages de l'encyclopédie, 2023

Un très petit nombre d'utilisateurs de l'encyclopédie en ligne Wikipédia produisent un très grand nombre d'éditions, c'est-à-dire interviennent sur des articles pour les modifier.

Un utilisateur étant intervenu une seule fois sur un article pour le modifier est déjà plus actif que 70 % des autres utilisateurs. Un utilisateur produisant 500 éditions est plus actif que 99,75% des autres.

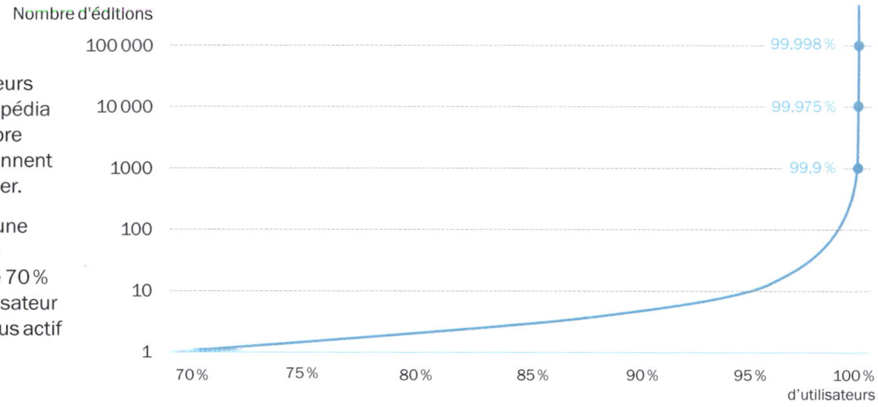

Ce graphique utilise une échelle logarithmique.

Source : wikipedia.org © Nicolas Boeuf, Florine Lecomte/Presses de Sciences Po, 2023

Des pareils aux mêmes

Internet n'a rien du village global rêvé par ses précurseurs. La vie sociale qui s'épanouit sur la toile obéit aux mêmes logiques que celles de la vie réelle, chaque internaute y privilégiant des réseaux d'échanges et sites d'information qui correspondent à ses centres d'intérêt et ses liens de proximité.

Qui se ressemble s'assemble : ce phénomène, que les sociologues appellent homophilie et qui gouverne aussi les relations sociales en dehors du numérique, caractérise les relations qui se nouent sur les réseaux sociaux contrairement à ce qu'avaient imaginé les pionniers d'internet : alors qu'ils ont la possibilité d'interagir avec une immense diversité d'individus, les utilisateurs des plateformes en ligne échangent le plus souvent avec ceux qui leur sont proches, que ce soit par l'âge, le genre, l'ethnicité, l'éducation, le métier, la classe sociale, la religion, les croyances ou les comportements.

La carte en réseau des chaînes du YouTube français ci-contre le démontre de manière frappante en dessinant des territoires thématiques très cohérents : les médias dits centraux (ou *mainstream*, soit les médias les plus établis en matière d'audience et de ressources) sont au nord ; les médias de gauche sont au nord-est ; les chaînes de droite et d'extrême droite sont dans les parties du centre et de l'est ; les chaînes centrées sur la culture pop sont au nord-ouest, etc. Elle n'a pourtant pas été construite à partir d'une analyse du contenu des chaînes ou des personnes qui les produisent, mais uniquement à l'aide des commentaires des utilisateurs : deux chaînes YouTube sont d'autant plus proches l'une de l'autre qu'elles sont commentées par les mêmes personnes. En d'autres termes, pour cartographier le YouTube français, il suffit de considérer qui commente quoi, car les individus qui partagent les mêmes goûts (et souvent les mêmes orientations politiques) regardent les mêmes chaînes, selon une homophilie que viennent encore amplifier les algorithmes de recommandation.

Les utilisateurs des plateformes interagissent avec ceux qui leur ressemblent d'abord parce qu'ils évitent ainsi la confrontation, toujours coûteuse, avec des individus qui ont des convictions différentes des leurs. Ils ou elles recherchent aussi un espace de discussion où ils ne subiront pas des échanges malveillants ou violents. Les personnes appartenant à des minorités, par exemple, en se limitant à des échanges avec leurs pairs, sont moins exposées aux risques d'agression. Cela les aide en outre à développer leur propre identité et à surmonter les difficultés qu'elles rencontrent dans une société marquée par le racisme. danah boyd l'a bien montré à propos des adolescents américains, qui cherchent prioritairement à interagir sur les réseaux sociaux avec d'autres adolescents de la même couleur de peau et de la même classe sociale.

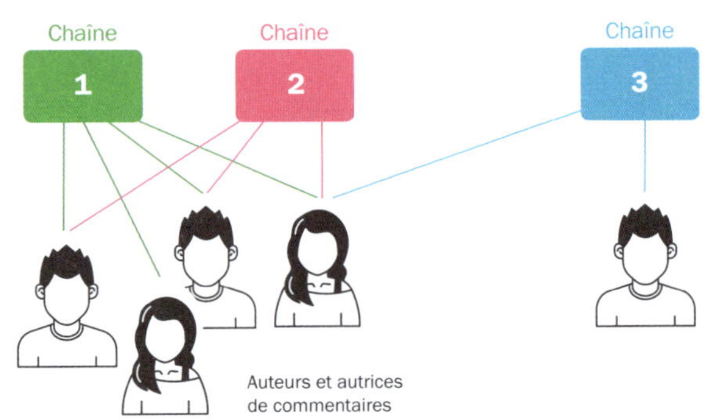

Cette carte réseau réunit 931 chaînes YouTube en langue française, chacune représentée par un point dont la grosseur est fonction de son importance dans le réseau. Des liens de proximité ont été établis à chaque fois que les vidéos de deux chaînes étaient commentées par une même personne. Une zone très dense en lien indique une forte homophilie.

Les chaînes YouTube en langue française selon les affinités politiques et culturelles, 2023

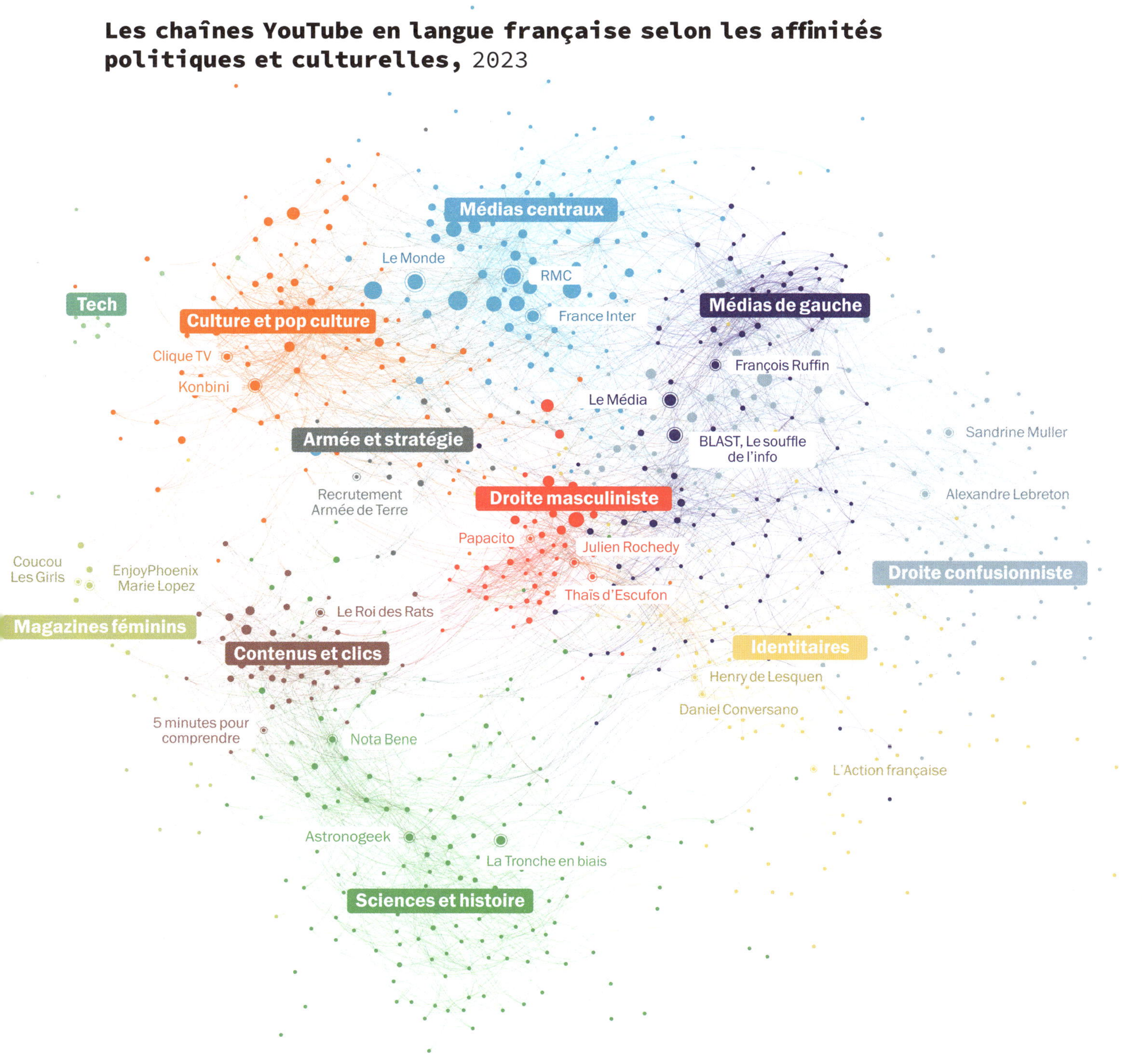

Source : Benjamin Tainturier, Charles de Dampierre, André Mogoutov, Dominique Cardon *et al.*, « Les discours de haine sur YouTube », rapport de la CNCDH, 2023.

Viralité

La capacité à propager une information très rapidement auprès d'une très grande diversité de publics est une propriété des réseaux sociaux que tentent d'exploiter de nombreux acteurs du marketing, de la politique, de la culture, etc.

Depuis la fin des années 1990, la notion de viralité est sortie du domaine de la médecine pour s'appliquer à des stratégies de communication fondées sur le bouche-à-oreille, ou « marketing viral », avant de qualifier un mode spécifique de circulation de l'information sur les réseaux sociaux à partir des années 2000. Une information y est dite virale si elle touche un grand nombre de personnes dans un intervalle de temps très court, selon un mécanisme par lequel chaque internaute décide de la diffuser à plusieurs autres personnes, qui elles-mêmes la rediffusent, ce qui produit une croissance exponentielle du nombre d'individus exposés à ce contenu. La viralité peut se définir comme une vitesse de propagation, soit en comptant le nombre d'individus atteints par le phénomène par unité de temps, soit en considérant la « distance » parcourue par l'information à travers des cercles sociaux : un contenu viral touche des réseaux d'affinité ou d'intérêt éloignés les uns des autres, c'est-à-dire rarement exposés aux mêmes informations.

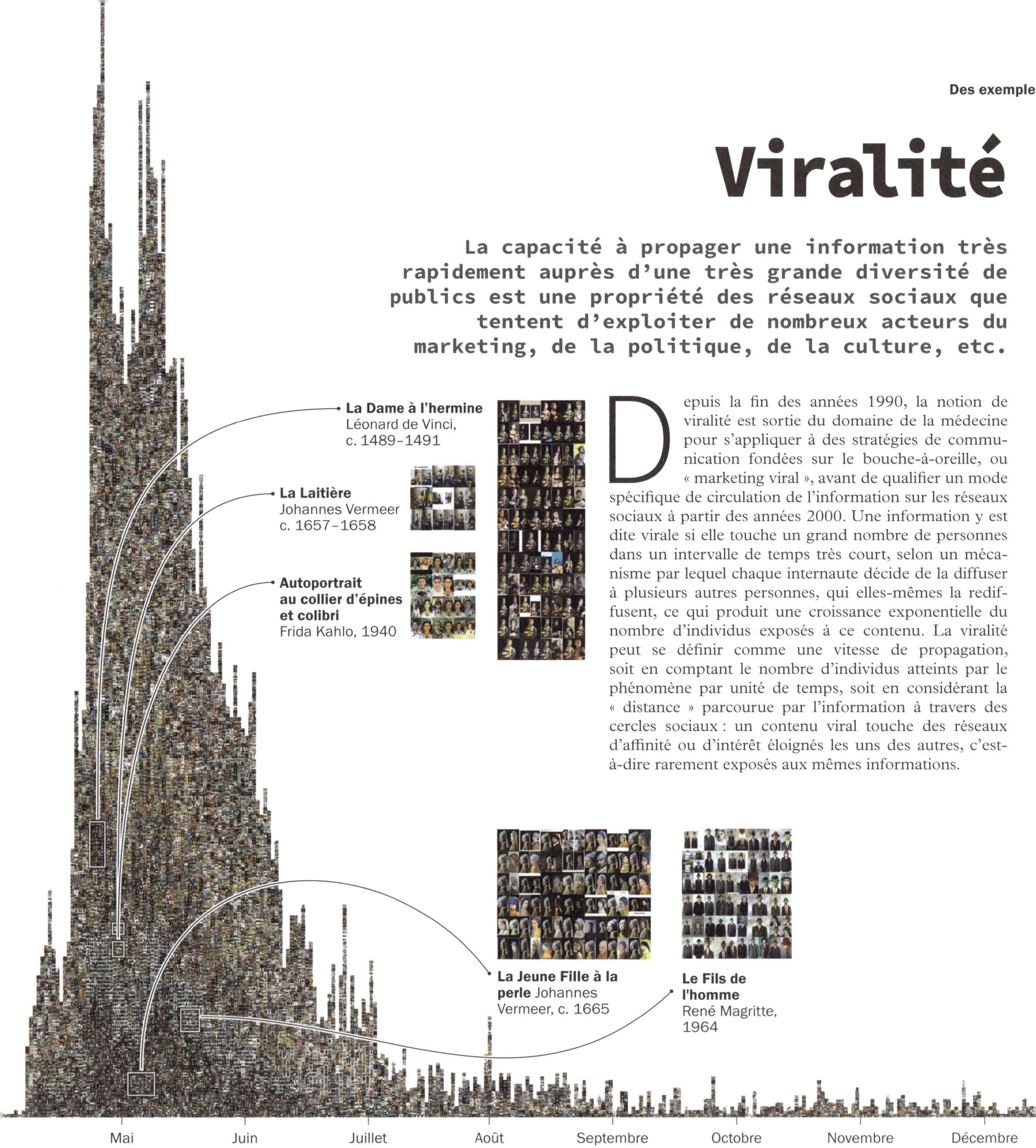

Au-dessus, une *timeline* des images publiées sur Instagram avec le *hashtag* #gettymuseumchallenge.

Les plateformes de réseaux sociaux se sont construites dans l'idée de développer ce phénomène. Beaucoup permettent l'emploi de *hashtags* ou d'autres marqueurs servant à rattacher un message à un contexte existant. Elles favorisent également la reprise à l'identique d'un message (Twitter), d'une image ou d'une vidéo (Instagram), d'une bande son (TikTok). Cependant, de nombreux phénomènes viraux se forment indépendamment de ces structures et se répandent sur plusieurs réseaux sociaux à la fois. C'est le cas du *selfie*, soit le geste consistant à se prendre en photo soi-même en tenant son téléphone portable à bout de bras pour partager l'image sur les réseaux sociaux. Ou encore de pratiques collectives telles que le « Harlem Shake » (2013), vidéo d'une personne dansant de façon loufoque sur le titre *Harlem Shake* de DJ Baauer et bientôt rejointe par tout un groupe, et le « Ice Bucket Challenge » (2014), défi consistant à se verser un seau d'eau froide sur la tête puis à inviter des proches à faire de même en les nommant. Dans un registre plus politique, le mouvement Me Too, lancé en 2017, encourage les femmes à témoigner d'agressions sexuelles à l'aide de #MeToo ou d'autres variantes locales du *hashtag*.

Permettant de toucher rapidement un très large public, les phénomènes viraux sont suivis de près par les professionnels du marketing, qui tentent régulièrement de s'inscrire dans une tendance existante, voire de lancer leur propre *hashtag*. Des entreprises s'efforcent de capitaliser sur la viralité d'une chanson ou d'une vidéo, comme les maisons de disques qui offrent des contrats d'exclusivité à des artistes ayant connu leur premier succès sur TikTok.

La courbe de diffusion reproduite sur ces pages retrace la viralité foudroyante d'un challenge lancé aux internautes par les services de communication de plusieurs musées pendant le premier confinement lié à la pandémie de COVID-19 en 2020 et connu sous plusieurs noms, notamment #tussenkunstenquarantaine et #gettymuseumchallenge. Il s'agissait de proposer au public de reproduire des œuvres d'art célèbres à l'aide d'objets du quotidien et de les diffuser sur les réseaux sociaux.

Groupes des images similaires par semaine

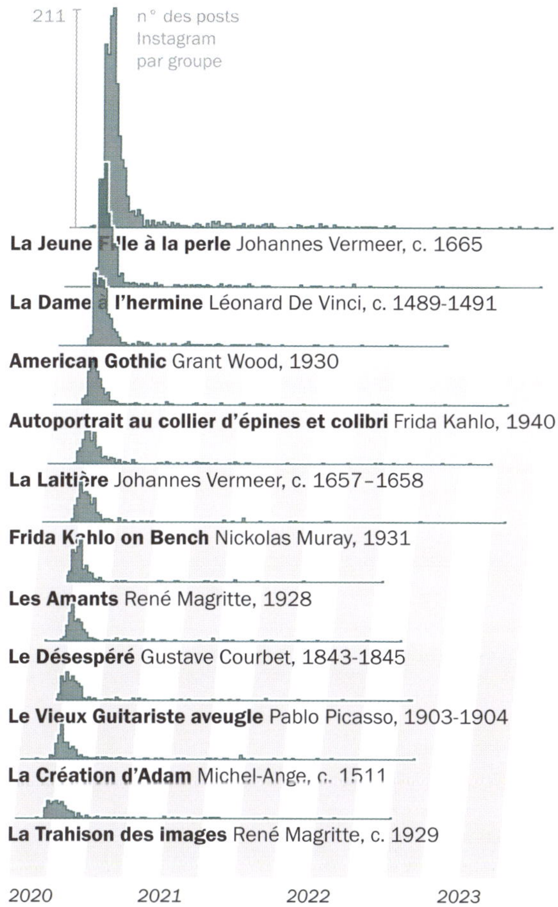

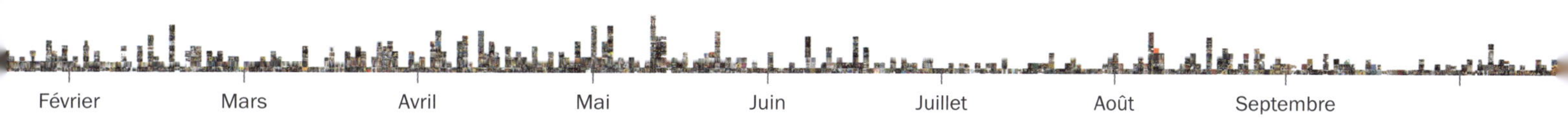

Usages, âges et ancrages

Encore plus que la qualité d'équipement individuel et le degré de compétence, l'âge et l'ancrage social sont deux facteurs déterminants des usages du numérique, qu'il s'agisse des réseaux sociaux ou des services en ligne.

Les usages du numérique ont longtemps été envisagés sous le seul angle de l'équipement (Dispose-t-on d'un bon accès à internet ? Possède-t-on un équipement informatique de bonne qualité ?) et de la compétence (A-t-on les connaissances pratiques nécessaires ?). Ces aspects comptent toujours, mais ils sont loin d'expliquer les profonds écarts d'usage que l'on observe aujourd'hui entre les groupes sociaux. À mesure que les technologies numériques se sont développées au sein des sociétés occidentales, ces écarts se sont creusés : les individus n'ont pas recours aux mêmes services, ne s'intéressent pas aux mêmes technologies et s'y engagent de façon très différente.

L'âge est un facteur important, notamment pour la fréquentation des réseaux sociaux qui est surtout le fait des plus jeunes. Comme on le voit ci-contre, le phénomène se vérifie de manière constante dans les pays européens, même si l'âge joue moins dans ceux où l'usage du numérique est le plus élevé (Islande, Danemark) que dans ceux où il est plus faible (France, Italie).

Les pratiques ne résultent pas tant de l'âge biologique que de la position dans le cycle de vie. Les jeunes utilisent plus les réseaux sociaux, non parce qu'ils sont « nés avec le numérique », mais parce que la communication entre pairs est cruciale pour eux. Être absent des réseaux sociaux expose à un risque élevé d'exclusion, alors que ce risque est plus faible pour les adultes d'âge moyen, et encore plus pour les personnes âgées qui n'utilisent pas les réseaux sociaux comme moyen de communication avec leurs amis. En d'autres termes, l'activité sur les plateformes ne s'accompagne pas du même impératif social pour toutes les tranches d'âge.

D'autres facteurs entrent en compte. Toujours dans les pays européens, le niveau d'éducation joue un rôle majeur dans le recours aux services en ligne, comme on le voit par exemple ici à propos des moyens de communication et des services bancaires. Le niveau de revenus interfère également, quoique de façon variable selon les pays. Les différences de pratique entre les hommes et les femmes, en revanche, sont globalement moins marquées, en dépit de quelques distinctions, par exemple entre des pays où les femmes peu diplômées utilisent plus les applications téléphoniques sur IP que les hommes peu diplômés (France, Suède) et d'autres où le phénomène s'inverse (Allemagne, Pologne). L'expérience que les individus font des technologies numériques varie donc principalemnt selon leur ancrage social (âge, genre, éducation, revenus).

Utilisation des réseaux sociaux par les Européens selon les âges, 2021

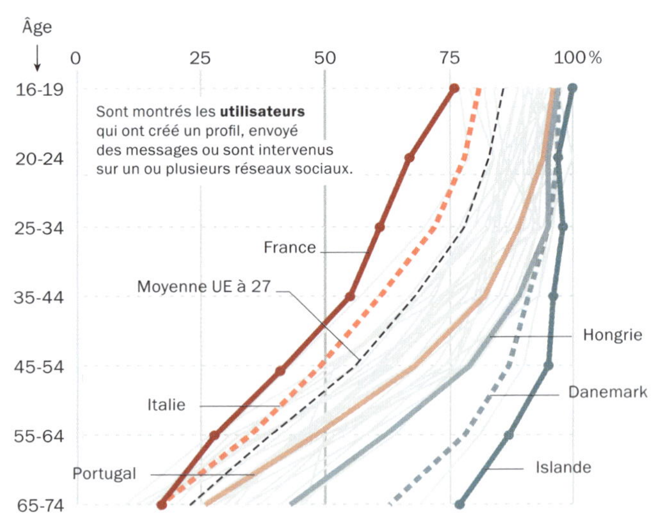

Source : Eurostat, https://ec.europa.eu

Deux exemples de pratique d'internet en Europe

Part de la **population totale** qui utilise en 2021...

2 57 70 77 96 %

Part des **internautes** selon leur **genre** et leur **niveau d'études**, 2021

Genre: F H
Niveau d'éducation*: Faible / Élevé

Part des **internautes** selon le **revenu des ménages**, 2020

Revenus (quartiles**) Modestes ● ● ● ● Élevés

... des appels téléphoniques et par vidéo via une adresse IP (Internet Protocol)

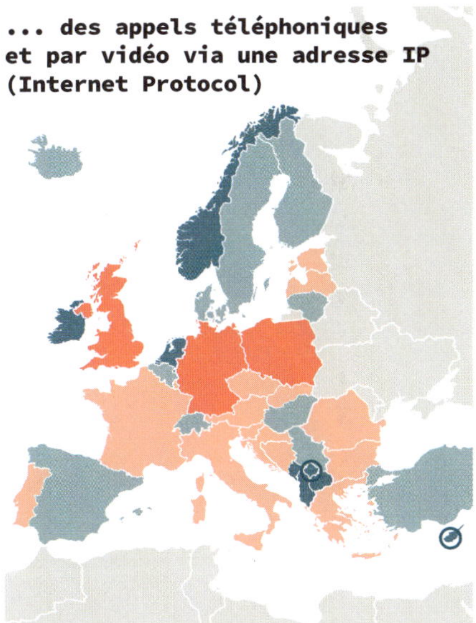

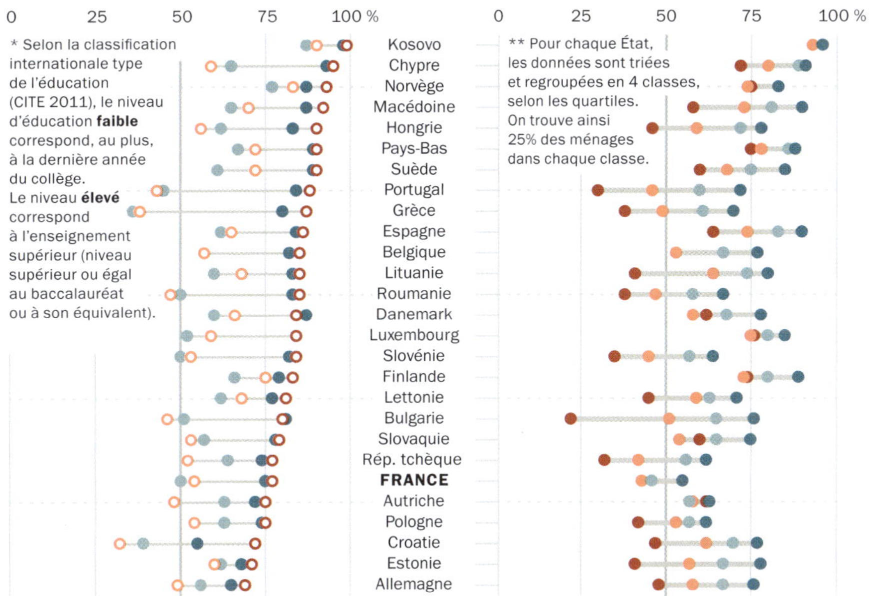

... des services bancaires

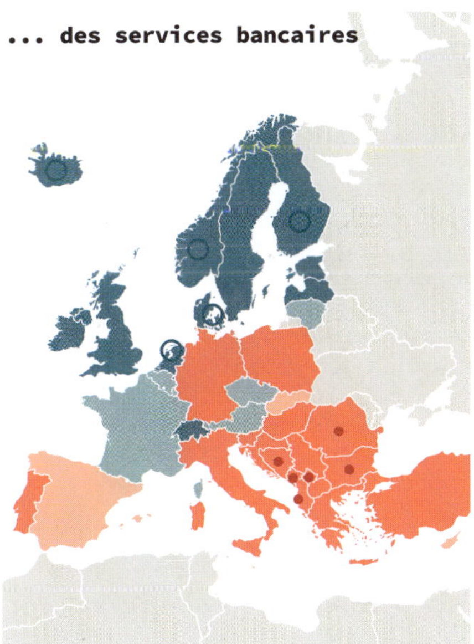

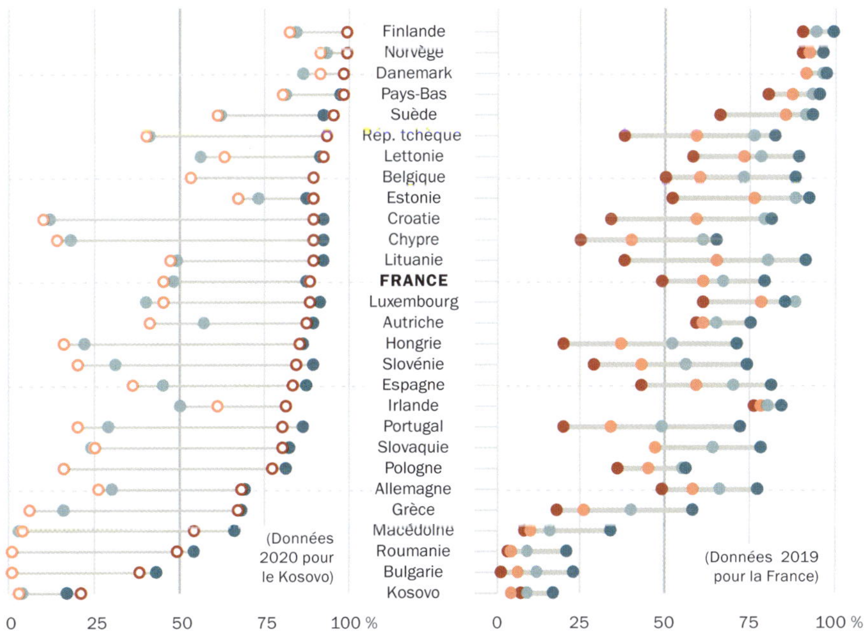

Notoriétés genrées

L'espace public numérique semble surtout investi par les hommes si l'on en juge par le cantonnement des créatrices de contenus dans certaines thématiques fortement genrées, par leur moindre audience et par le rôle pénalisant des algorithmes de recommandation.

L'essor des réseaux sociaux conjugué à la baisse des coûts d'accès aux nouvelles technologies a suscité l'espoir d'une meilleure répartition entre les femmes et les hommes parmi les créateurs de contenus diffusés sur les plateformes. Il n'en est rien : un déséquilibre en faveur des hommes se maintient et tend même à s'accentuer.

La discrimination est à la fois verticale et horizontale. Sur YouTube par exemple, les femmes sont minoritaires dans le classement des créateurs de contenus ayant le plus d'abonnés (en France, elles ne composent que 8 % du top 50) et elles se limitent en outre à certaines thématiques comme le *lifestyle* (vie quotidienne et style), tandis que les hommes s'investissent dans une plus grande diversité de sujets.

Ces inégalités connaissent toutefois une ampleur variable selon les plateformes. Comparé à Instagram et à TikTok, où les femmes sont plus nombreuses et mieux représentées parmi les créateurs de contenus qui enregistrent les plus fortes audiences, YouTube se révèle très inégalitaire : un tiers des chaînes diffusées sur cette plateforme traitent de jeux vidéo, et elles sont à 90 % tenues par des hommes. Les femmes ne dominent que dans deux catégories, les animaux et le *lifestyle*, sachant que, dans cette dernière, elles comptent pour 70 % des chaînes.

L'une des hypothèses émises pour expliquer la meilleure représentation des femmes parmi les créateurs de contenus les plus suivis sur Instagram et TikTok tient à la fréquentation majoritairement féminine de ces deux plateformes, suivies respectivement par 52 % et 56 % de femmes, contrairement à YouTube et Twitch où ces parts descendent à 40 % et 20 %. Cela peut aussi tenir à la plus grande accessibilité d'Instagram et de TikTok, qui offrent notamment des outils intégrés d'édition et de montage.

Le déséquilibre genré sur YouTube se constate aussi en matière de performances : non seulement les YouTubeuses cumulent proportionnellement moins de vues et moins d'abonnés que les hommes, mais l'essentiel de leurs vues s'effectue dans la catégorie *lifestyle*, tandis que les vues masculines se concentrent sur le jeu vidéo. La plupart des créateurs de contenus sur YouTube ne retirent pas, ou peu, de gain de leur activité, et les courbes de revenus sont relativement similaires entre les hommes et les femmes : les femmes sont certes plus nombreuses à en générer, mais les montants sont en moyenne plus faibles et, à l'exception des YouTubeuses du *lifestyle*, celles qui gagnent les sommes les plus élevées n'atteignent jamais le niveau des hommes. Or les contenus de cette catégorie, qui semblent offrir aux femmes à la fois le plus grand nombre de vues et la meilleure rentabilité, restent extrêmement genrés. Leurs sujets de prédilection sont le maquillage, la décoration, les vêtements, souvent présentés dans une perspective mercantile. On constate toutefois des évolutions au fil des ans et des tendances : les contenus *lifestyle* allient désormais développement personnel, astrologie, optimisation du temps, le plus souvent dans une perspective post-féministe et dépolitisée.

Les inégalités de genre sur YouTube tiennent d'abord à la crainte de la cyberviolence, qui empêche les femmes de se lancer dans la création de contenus. Cela se manifeste spécifiquement pour certaines thématiques à dominante masculine comme le jeu vidéo et les sciences, où le harcèlement contre les femmes est très présent. Il s'exerce à la fois en ligne, au travers de commentaires et de vagues de haine orchestrées, et au sein même des communautés de vidéastes, allant de l'ostracisation aux agressions physiques et sexuelles. Est ensuite pointé le rôle de l'algorithme de recommandation, qui renforce mécaniquement les inégalités : les femmes moins vues que les hommes, elles sont moins recommandées. Et les créatrices que l'algorithme de YouTube favorise relativement sont celles qui produisent les vidéos les plus marquées en termes de stéréotypes de genre. Les contenus du *lifestyle*, qui valorisent la féminité et encouragent à la consommation, sont ainsi particulièrement recommandés et bénéficient d'une large visibilité.

Comparaisons

[Cercle vert en fond]
Vidéo la plus vue sur YouTube,
Baby Shark (comptine pour enfants)
13 milliards de vues
dans le monde
depuis 2015

Productions françaises en France :

1er film en 2022, *Simone, le voyage du siècle*, d'Olivier Dahan
2,5 millions d'entrées dans les salles

1re audience télévisée en 2022, un épisode de *HPI* sur TF1
10,9 millions de vues

Visiteurs sur YouTube par jour,
18 millions en moyenne

1er YouTubeur français, Squeezie (divertissement)
18 millions d'abonnés

1er YouTubeur dans le monde Mr. Beast (États-Unis)
179 millions d'abonnés

Répartition femmes/hommes de l'audience des 50 premières chaînes en France

Audience en millions d'abonnés
Situation en juin 2023 sur les quatre principales plateformes
Un point représente une chaîne : Homme Femme Mixte (Les trois premiers sont entourés)

Part des femmes

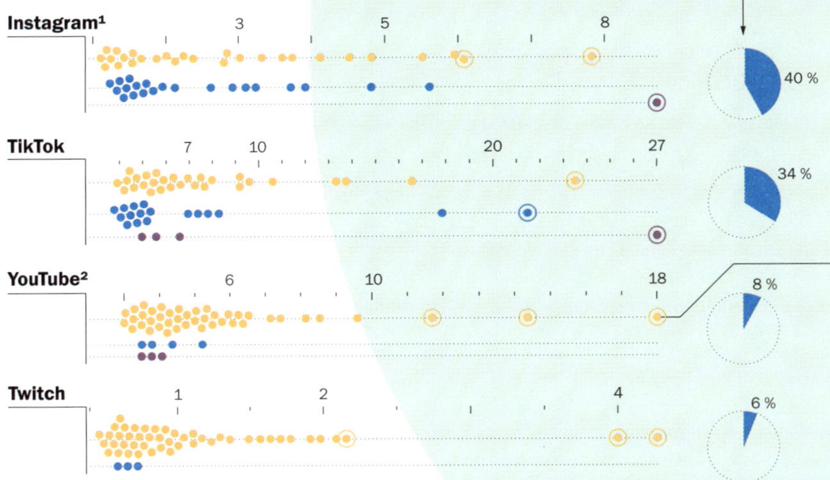

1. Hors comptes des marques et des sportifs
2. Hors chaînes de musique, de dessins animés, de marques et de replay

Sources : compilation des données et base de données (1 900 chaînes YouTube) élaborée par Emma Gauthier (LISIS, Université Gustave Eiffel)

Genre, notoriété et revenus des YouTubeurs français

À partir d'un échantillon aléatoire de 1 900 chaînes YouTube,
parmi les 30 000 chaînes françaises comptant plus de 1 000 abonnés selon l'agence Wizdeo.
Seules les chaînes personnelles sont comptabilisées (les chaînes de musique ou de marques sont exclues).

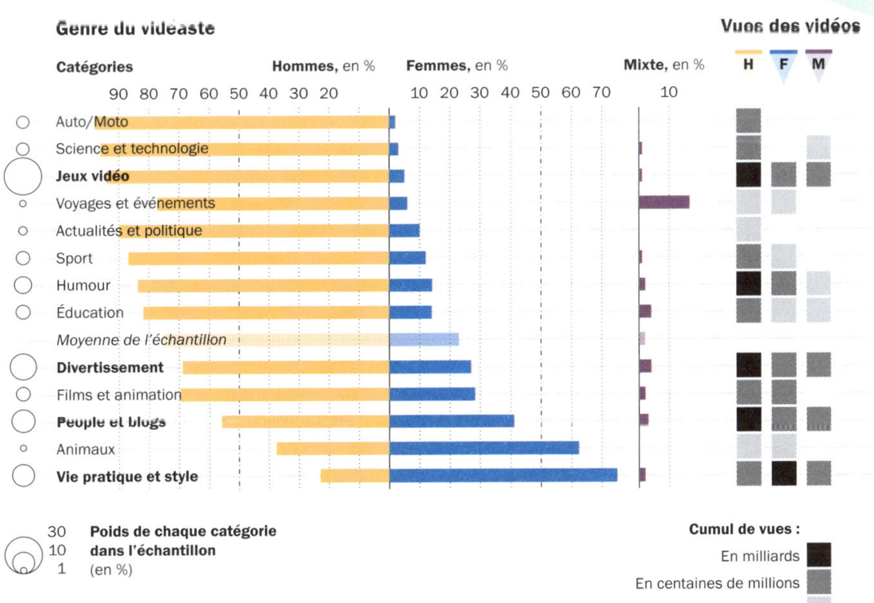

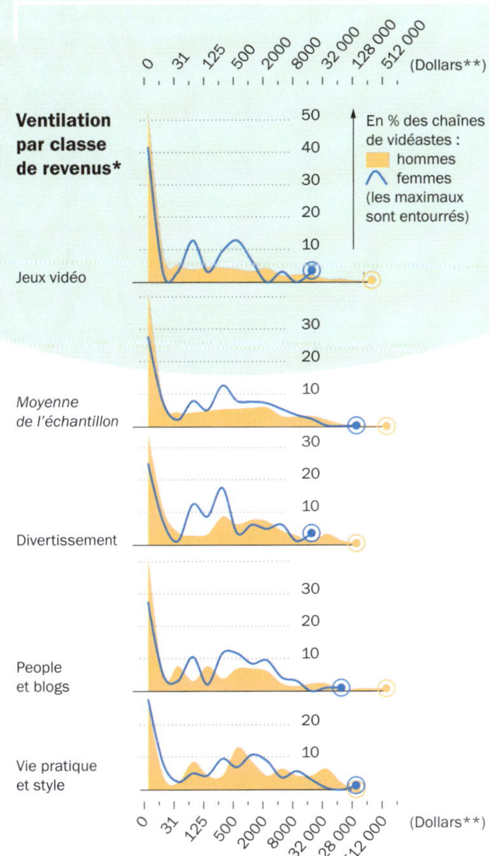

*Revenus générés, entre septembre 2020 et février 2022, par la monétisation des vues des vidéos (estimés par Wizdeo).
**Échelle logarithmique de base 2.

Expositions universelles

L'exposition en ligne de nos diverses identités personnelles constitue l'une des plus remarquables transformations suscitées par les réseaux sociaux numériques.

Rapide et massive, la généralisation de la fréquentation des réseaux sociaux numériques à partir des années 2000 a profondément modifié la manière dont les individus révèlent des informations personnelles. Bien que cette pratique soit beaucoup plus intense chez les jeunes, on observe une tendance générale à rendre publiques des informations qui étaient autrefois cachées ou réservées aux proches. Facebook, Twitter, Instagram, WhatsApp et beaucoup d'autres réseaux sociaux ont encouragé cette nouvelle manière de communiquer en partageant son identité numérique avec d'autres.

Il semble néanmoins que la plupart des internautes ne s'exhibent pas n'importe comment ni devant n'importe qui. Deux types de services rendus par les réseaux sociaux peuvent être distingués, selon la taille du public auquel on s'expose et le contrôle que l'on exerce sur sa communication. S'opposent alors des cercles restreints d'échanges entre proches, comme ceux qui existent sur Facebook, WhatsApp et Snapchat, et des grands réseaux comme Twitter et LinkedIn où les utilisateurs cherchent à élargir leur public pour acquérir de la popularité et de l'influence. Sur les premiers, qui ont connu le développement le plus spectaculaire dans nos sociétés, se sont instaurées des pratiques d'échange quasi continues. Sur les seconds, en revanche, s'est creusée une fracture entre un nombre élevé d'abonnés et une infime minorité de comptes très populaires. Bien qu'elle se soit démocratisée avec l'émergence d'une nouvelle génération de YouTubeurs et d'influenceurs, la quête de célébrité ne concerne en réalité qu'une toute petite part d'utilisateurs, ceux-là mêmes qui disposent déjà des ressources sociales et culturelles nécessaires à la professionnalisation de leurs activités.

La généralisation des réseaux sociaux s'est par ailleurs accompagnée d'une spécialisation fonctionnelle. Groupes professionnels, sites de rencontres, de voyage ou de cuisine, espaces virtuels imaginaires, etc. : un très large éventail de pratiques sociales ont adopté cette forme de communication, qui permet à tout un chacun de se connecter à des univers professionnels, amicaux, virtuels ou ludiques de plus en plus variés. Les réseaux sociaux sont en outre devenus l'une des principales façons de suivre l'actualité : quand hier les informations étaient sélectionnées par des médias à destination d'un public silencieux, aujourd'hui, en choisissant de s'abonner ou de suivre tel ou tel « ami » en ligne, chacun décide tout autant du genre d'informations qu'il va recevoir que de celles auxquelles il ne sera pas exposé.

Le succès des réseaux sociaux a, enfin, renforcé les processus réflexifs d'examen de soi. Ils associent la mise en scène de sa propre existence à la soif de reconnaissance et de réputation. Les utilisateurs, notamment les adolescents et les jeunes adultes, consacrent une attention parfois très soutenue à la construction de leur identité en ligne et sont sensibles aux réactions que suscitent leurs publications. La généralisation de ces pratiques déplace la frontière entre les sphères publiques et privées. Comme l'a déjà noté Norbert Elias, l'individualisation de nos sociétés conduit à un paradoxe : nous partageons avec les autres des traits de plus en plus intimes et personnels, mais l'exposition publique de ces traits singuliers contribue à les homogénéiser et, peut-être, à créer un certain mimétisme conformiste.

Nos multiples identités sur les réseaux sociaux

Identité civile

Traits identitaires ressemblants (réels), qui composent la forme objectivée de notre identité civile.

Identité agissante

Traits réalistes correspondant à nos centres d'intérêt et nos activités et qui composent notre identité agissante : ce que nous aimons et nous faisons, via nos textes, nos photos, etc.

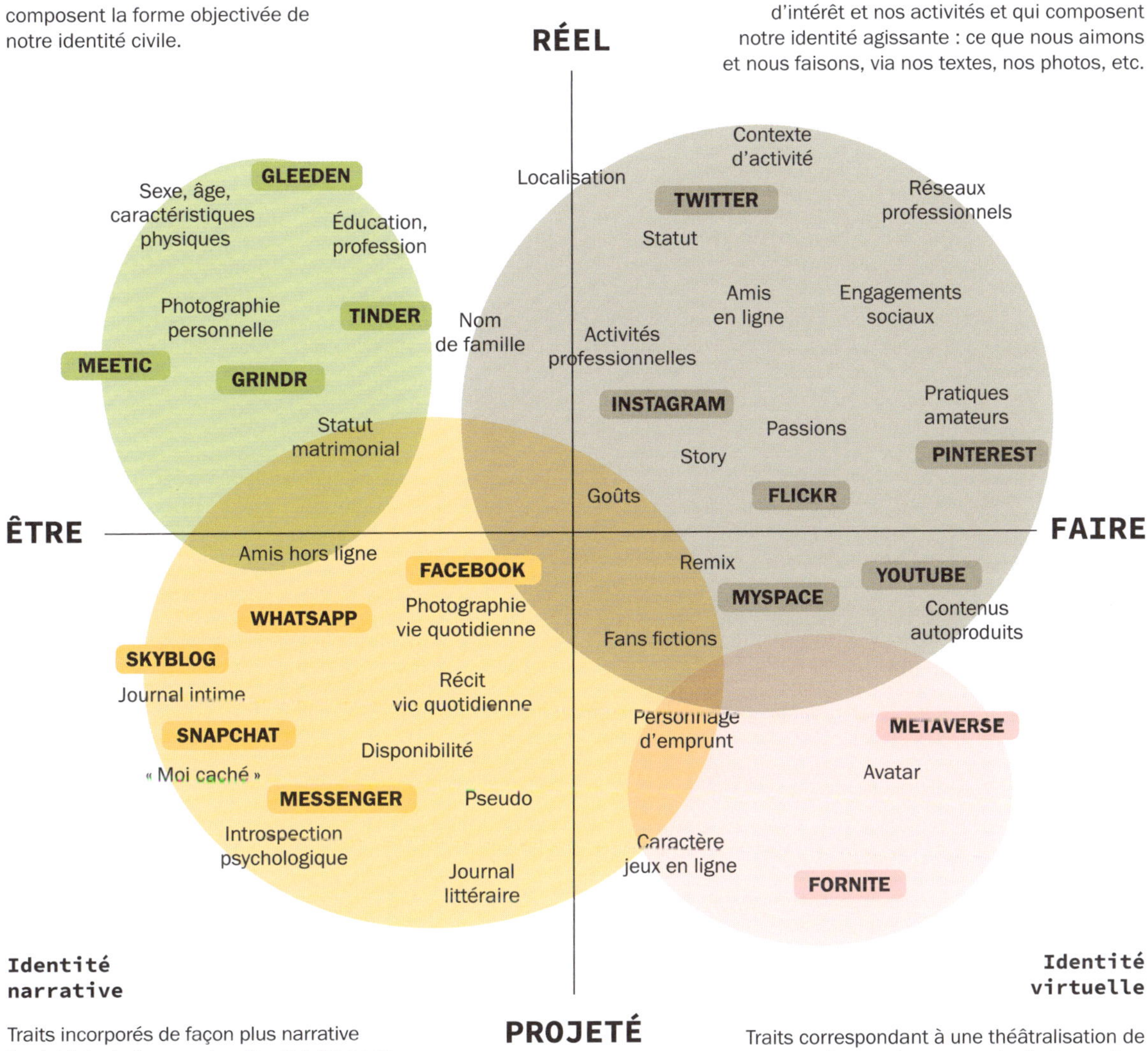

Identité narrative

Traits incorporés de façon plus narrative (projetée), via l'expression de notre humeur, le récit du quotidien, la blague, qui constituent les marques de l'intériorité, de la psychologie, des sentiments.

Identité virtuelle

Traits correspondant à une théâtralisation de nous-même, qui peut prendre la forme d'un avatar et qui compose notre identité virtuelle.

NOTE DE LECTURE Sur cette matrice les réseaux sociaux sont positionnés selon les différents aspects d'identité que nous y livrons. Dans la partie haute, figurent ceux où nous privilégions les aspects réels de notre identité (qui nous sommes, ce que nous faisons), dans la partie basse, ceux où nous inscrivons des projections de nous-même (ce que nous souhaitons valoriser).

Dominique Cardon, *Culture numérique*, Paris, Presses de Sciences Po, 2019

Le corps numérique

Les grands systèmes techniques façonnent des gestes et des postures qui leur sont propres. Il en est ainsi des outils numériques, qui contribuent à la fois à asseoir la société et à la mettre en mouvement.

Dans une célèbre conférence, l'anthropologue Marcel Mauss affirma que chaque société développait ses propres « techniques du corps », biologie et physiologie devant en permanence s'adapter à l'organisation des systèmes sociaux. Les ordinateurs, les téléphones et les tablettes ont ainsi donné naissance à un répertoire de gestes et de postures inédites qui constituent la signature corporelle de la société numérique. Des manières nouvelles de se tenir, de manipuler les objets et de se mouvoir sont apparues avec l'ordinateur et se sont diversifiées avec la portabilité et la miniaturisation des artéfacts.

Quand l'informatique s'est installée dans les bureaux et les foyers, la société a commencé par s'asseoir massivement derrière les écrans de machines fixes. Aujourd'hui, selon les types d'emploi, nous passons entre 50 % et 80 % de notre temps total de travail en position assise, et nos activités s'effectuent désormais presque toujours derrière un écran. La station assise peut engendrer des troubles visuels et musculosquelettiques. Le *tech neck*, ou *text neck*, par exemple, décrit la posture consistant à pencher la tête vers l'avant pour regarder son téléphone portable, envoyer des SMS, etc. Elle peut entraîner des douleurs aux vertèbres cervicales et aux épaules, des maux de tête et une hypercyphose thoracique.

Les technologies numériques ont ainsi contribué à faire de la posture assise, parfois même avachie ou allongée, une attitude centrale dans nos sociétés, dans le droit fil de la sédentarisation entamée à la fin de la seconde guerre mondiale avec l'essor du secteur tertiaire, du transport automobile et de la télévision. Paradoxalement, l'apparition du smartphone, en 2007, lors de la naissance de l'iPhone, a produit une dynamique inverse : elle a favorisé la mobilité connectée. Individuel, le smartphone est devenu un véritable couteau suisse : à la fois montre, miroir, enregistreur, agenda, réveil-matin, station météo, lampe de poche, porte-monnaie, il mémorise des aspects de plus en plus nombreux de notre identité. Il joue surtout le rôle d'un « actionneur », car il permet à chaque détenteur d'agir à distance sur le monde pour communiquer, commander, réserver ou prévoir. Organiquement attaché à nos corps, dans la poche, la main, sous forme de montre ou d'oreillette, il s'invisibilise de plus en plus tout en suscitant des gestes et des comportements jusqu'alors inhabituels : s'isoler dans un espace sonore propre, parler seul en marchant, scroller tout en participant à une conversation, partager un écran avec des proches, s'endormir avec le portable sous l'oreiller, etc.

Ces nouveaux gestes constituent à la fois une servitude et un langage. Ils témoignent de l'emprise qu'exercent les infrastructures numériques sur nos manières de nous tenir en société, et participent d'un ensemble d'attitudes et de traits qui se renforcent : la consultation frénétique, l'attente impatiente d'un appel, la compulsion photographique, l'accélération des rythmes de la vie sociale. En public, non sans accrocs, ces nouveaux comportements induisent un ajustement des civilités, des normes sonores, de l'orientation des regards et de ce qu'Erving Goffman a appelé l'inattention civile, ce regard qui glisse pour ne pas importuner celui qui est ici tout en étant ailleurs… de l'autre côté de l'écran.

En s'imposant dans nos vies, le terminal du smartphone est tantôt agissant, tantôt agi. Il surveille et guide, active et détourne, explore et capte, surprend et bloque. Il serait vain de chercher à fixer le rapport de force du côté de l'utilisateur ou du côté de la machine. La polyvalence des pratiques peut tout autant rendre passif le propriétaire de smartphone en le soumettant à des mécanismes opaques que l'entraîner vers des activités curieuses et exploratrices.

Source : d'après les travaux de Nicolas Nova.
Merci à Lisa, Anna et Marius,
qui ont servi de modèles pour ces dessins.

Des mondes en transition {

Un spectateur distrait par son smartphone passe devant une sculpture de données de Refik Anadol Studio, « **Artificial Realities : Corals** », réalisée à l'aide des méthodes d'apprentissage automatique et utilisant une base de données d'environ 100 millions d'images de coraux dans le but de sensibiliser au changement climatique à travers l'art et présentée au Forum économique mondial de 2023.

<Les grandes manœuvres de la conquête numérique/>

habitants modestes écartés des centres-villes historiques, livreurs précaires sillonnant les rues sans protection sociale, travailleurs épiés en temps réel dans le moindre de leurs gestes, répartition bouleversée des revenus du secteur culturel, etc. On pourrait multiplier à l'envi les exemples illustrant à quel point les mondes sociaux et les secteurs d'activité sont affectés par une vaste transition numérique dont les effets sont encore mal connus en dépit de quelques manifestations spectaculaires.

Le moteur de toutes ces transformations est d'ordre économique. Une forme nouvelle et originale de capitalisme s'installe, qui accentue certains traits hérités du siècle dernier (tendance au monopole, surveillance des travailleurs, division du travail) et en bouscule de nombreux autres en court-circuitant les intermédiaires marchands traditionnels et en contournant les régulations nationales qui assurent la protection des travailleurs et la juste répartition des revenus.

Dominé par les GAFAM (Google, Apple, Facebook, Amazon, Microsoft), NATU (Netflix, Airbnb, Tesla, Uber) et autres BATX (Baidu, Alibaba, Tencent et Xiaomi), ce nouveau capitalisme à tendance oligopolistique combine des ressources financières considérables avec un nombre d'emplois relativement réduit. Il a pour phénomène emblématique l'émergence des plateformes, dont les plus célèbres sont Uber, Netflix et Airbnb, et qui s'imposent désormais comme les acteurs centraux dans de nombreux secteurs. Déstabilisant les régulations marchandes en place, elles doivent en partie leur succès à la promesse de s'adresser aux consommateurs et aux travailleurs de façon personnalisée. Elles s'appuient pour ce faire sur la collecte massive de données, dans l'objectif non seulement de suivre au plus près les préférences des individus, mais aussi d'accroître les profits tirés de l'exploitation de leurs données.

L'économie numérique bouleverse le travail lui-même, bien que la nature et l'ampleur des changements varient beaucoup selon les secteurs, les métiers et les contextes juridiques et culturels. L'automatisation du travail est sans doute l'aspect le plus marquant. Elle touche certains emplois peu qualifiés (dans la logistique par exemple), en épargne d'autres (les services à la personne) et améliore parfois les emplois qualifiés auxquels elle permet de libérer du temps pour des activités plus créatives. De nouvelles formes de travail non régulées et mal rémunérées sont en outre apparues, avec pour effet d'approfondir encore la division du travail propre au capitalisme. Généralement recrutés dans des pays où la main-d'œuvre est peu coûteuse, ces « travailleurs du clic » s'acquittent de micro-tâches parcellaires (vérification de données, annotation d'images pour l'apprentissage des intelligences artificielles, etc.) qui ont peu de sens pour eux et dont ils retirent des rémunérations dérisoires.

Certains secteurs d'activité sont particulièrement touchés par la transformation numérique, au premier chef ceux des médias et de la culture. L'abondance des contenus disponibles a déprécié la valeur économique et sociale de l'information d'actualité, provoquant un niveau élevé de défiance à l'égard des médias, spécialement en France. L'irruption de nombreux médias en ligne indépendants, certains professant des opinions extrémistes, a affaibli le monopole dont jouissaient hier les organes d'information établis. En dépit d'évolutions technologiques comparables, des différences très marquées s'observent toutefois d'un pays à l'autre dans le niveau de confiance que le public accorde aux médias d'information et le degré de polarisation médiatique, ce qui tend à confirmer l'importance des contextes culturels.

D'autres domaines, moins connus, connaissent des mutations très spécifiques à cause des technologies numériques. Dans le champ académique, depuis le début des années 2000, les humanités numériques élaborent des protocoles de recherche novateurs qui permettent par exemple l'accès, l'analyse et la visualisation de textes littéraires numérisés. La mise en calcul des œuvres dans le but de mieux les comprendre et de les étudier autrement est une illustration captivante des possibilités transformatrices et réflexives du numérique.

GAFAM, NATU, BAXT et les autres

Capitalisation boursière, 2001-2023

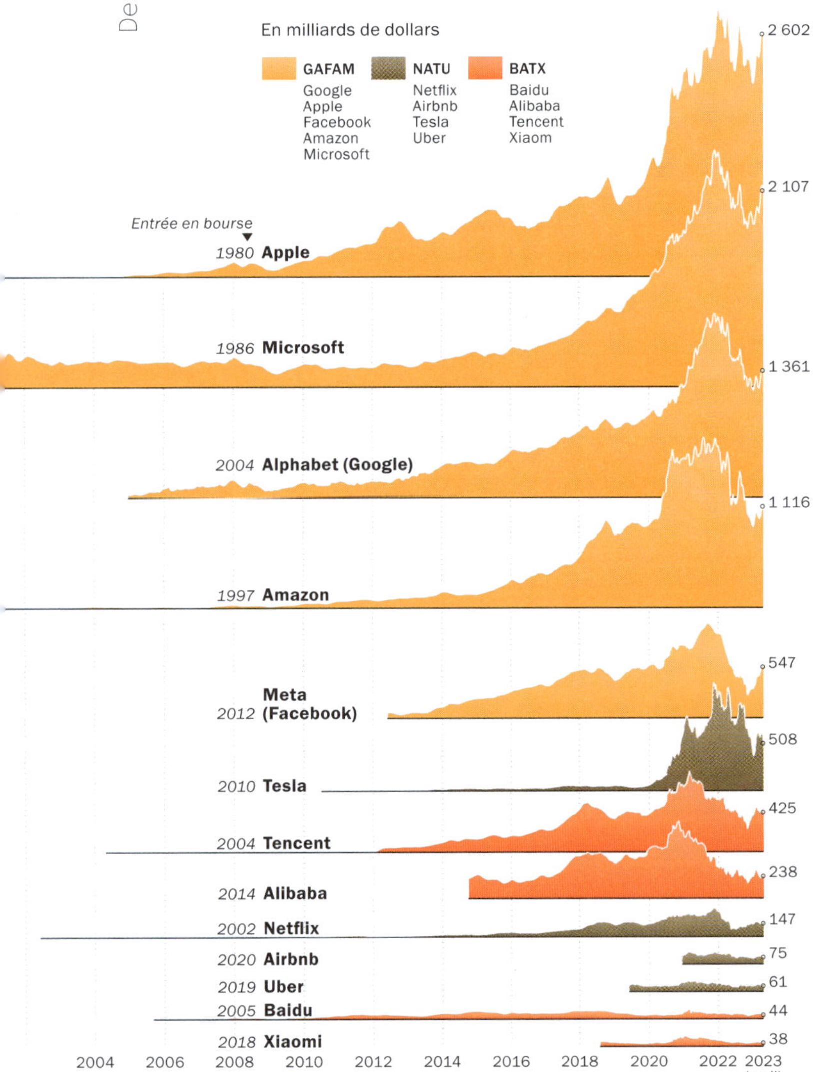

Source : https://companiesmarketcap.com

La nouvelle économie numérique est dominée par quelques géants, principalement américains et chinois. Le quasi-monopole que détiennent ces entreprises mondialisées sur les marchés numériques, favorisé par des effets de réseau, stérilise peu à peu l'innovation.

En permettant la dématérialisation d'un grand nombre de biens et de services, la numérisation a favorisé la délocalisation et la mondialisation de l'économie. Ce phénomène a contribué à faire apparaître, principalement aux États-Unis, de grands acteurs transnationaux qui ont acquis, en très peu de temps, une position dominante, voire monopolistique, sur les marchés engendrés par les pratiques numériques.

Créé au début des années 2000, l'acronyme GAFAM évoque les cinq géants de l'économie numérique nés dans la Silicon Valley californienne : Google (aujourd'hui Alphabet), Apple, Facebook (aujourd'hui Meta), Amazon et Microsoft. Ils ont été rejoints par de nouveaux groupes d'acteurs, les uns également nés aux États-Unis comme les NATU (Netflix, Airbnb, Tesla, Uber), d'autres en Chine comme les BATX (Baidu, Alibaba, Tencent et Xiaomi).

Ces entreprises exercent leur domination de manière variée. Si, par exemple, Google et Facebook offrent un service gratuit et vivent principalement de revenus publicitaires, Apple et Microsoft tirent l'essentiel de leurs bénéfices de la vente de produits comme les téléphones et les ordinateurs ou la vente de services comme les logiciels et la connectivité au réseau. Il a ainsi été montré que l'économie numérique encourageait l'occupation de situations dominantes – même si cela ne se produit jamais de façon absolue – par un très petit nombre d'entreprises, notamment en raison des effets de réseau qui invitent à s'abonner à un service pour ne pas perdre la connectivité avec les autres.

Après avoir été très innovants, les géants du numérique tendent aujourd'hui à freiner l'innovation en profitant de leur position de force pour racheter très rapidement les jeunes concurrents qui pourraient les menacer, comme l'a fait Facebook avec WhatsApp en 2014 et Instagram en 2021. Cette état de fait conduit les institutions, notamment européennes, à tenter d'imposer des règlements plus contraignants à ces nouveaux empires économiques afin de rééquilibrer les marchés et de relancer une dynamique d'innovation.

Acquisitions des GAFAM, 1975-2022

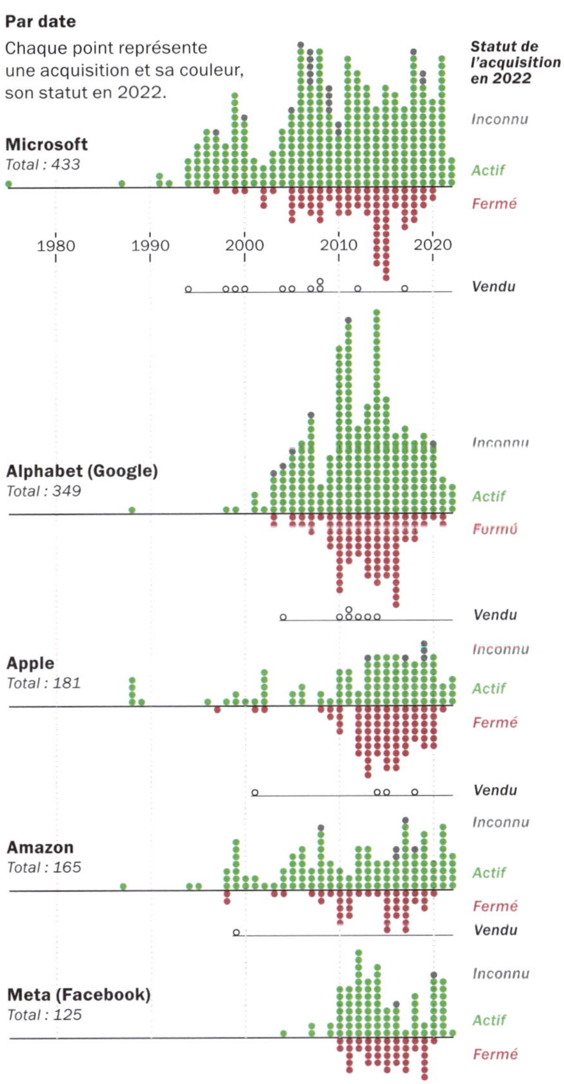

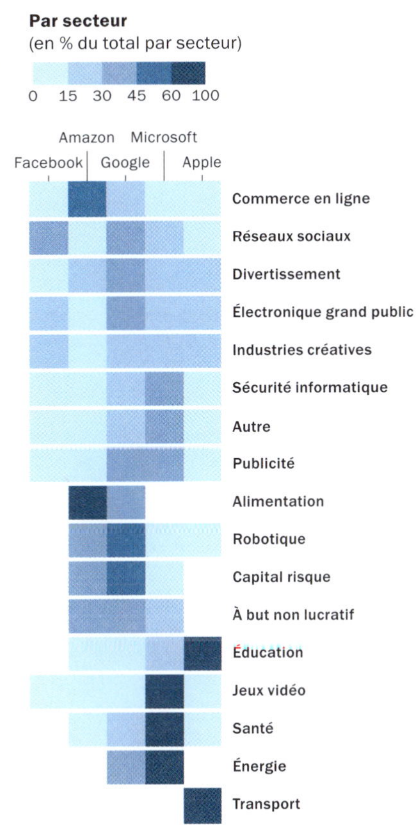

Source :
DensityDesign Lab et Tactical Tech, « GAFAM Empire », https://gafam.theglassroom.org

Travailleurs, travailleuses du clic

La numérisation a su tirer parti de l'intelligence et de la créativité humaines, mais elle a aussi nécessité l'apparition d'une série de micro-tâches parcellaires, distribuées et précaires. S'est ainsi forgée, dans l'indifférence générale, une nouvelle manière d'exploiter le travail des masses, qui constitue l'une des faces cachées de la prospère économie numérique.

Les technologies numériques transforment presque toutes les activités professionnelles. Les prêtres assurent des services de confession en ligne, les agriculteurs anticipent par satellite les dates de récolte et l'intelligence artificielle interprète les radios et les scanners des patients. En outre, les mondes numériques ont favorisé le développement d'activités spécifiques, qui exploitent les potentialités d'une foule de micro-travailleurs dispersés à travers le monde. Est ainsi apparue une nouvelle manière, numérique, d'exploiter le travail des masses.

Il convient toutefois de bien distinguer ces nouveaux « travailleurs du clic », dont les activités et les statuts varient grandement. Très particulière, une première forme de « travail » est apparue avec les vastes communautés d'internautes connectés qui, guidés par leur passion et par les gratifications offertes par la participation à un collectif, ont entrepris, sans rémunération, de consacrer un temps souvent considérable à la réalisation d'activités partagées. C'est le cas des développeurs de logiciel libre, des personnes engagées dans la rédaction d'articles pour Wikipédia et de nombreux collectifs de passionnés réunis en ligne autour d'une activité. Les participants en tirent des rétributions symboliques, mais non monétaires, et les grandes plateformes numériques profitent quant à elles du travail bénévole des foules.

Un deuxième type de travail numérique concerne un ensemble de micro-tâches ingrates, répétitives et parcellaires, exécutées moyennant une rémunération souvent très faible. Il peut s'agir de saisie ou de vérification de données, de correction d'erreurs de saisie, d'annotation d'images pour l'apprentissage des intelligences artificielles, de contrôle de processus automatiques, etc. Autant d'actions qui ne peuvent être entièrement automatisées et qui nécessitent donc une armée de travailleurs pour les effectuer. Ces pratiques sont largement externalisées vers des pays proposant une main-d'œuvre bon marché ou offertes à des internautes disposés à réaliser un travail très mal rémunéré.

Le terme *crowdsourcing* a été inventé pour désigner ce processus consistant à confier à une masse d'individus travaillant de façon solitaire des tâches simples et rapides qui sont unifiées en ligne. Cette nouvelle forme de tâcheronnage connaît un développement certain mais elle ne constitue pas, comme on a pu le soutenir hâtivement, le futur du travail dans l'économie numérique.

Un troisième type de bouleversement se produit dans le secteur des services, où la connectivité d'internet permet de court-circuiter les intermédiaires traditionnels entre l'offre et la demande. Le service Uber en est la figure la plus visible. L'entreprise prétend ne pas gérer un personnel de conducteurs, mais se contenter de mettre en relation des offreurs de conduite et des demandeurs de déplacement. Or, dans de nombreux pays, dont la France, cette activité est de plus en plus souvent requalifiée comme un travail salarié par les tribunaux. Le processus de désintermédiation des marchés est néanmoins à l'œuvre dans de nombreux domaines, et il est grandement facilité par la célérité et l'immédiateté de la connectivité numérique.

Le marché numérique du travail dans le monde, 2000-2020

Types de plateforme

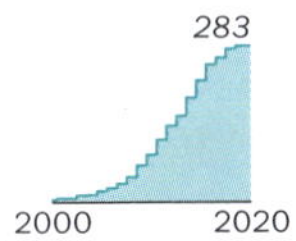

TRAVAIL EN LIGNE

Nombre de plateformes

Plateformes de **mise en relation entre des clients et des indépendants/freelance** (traduction, services financiers et juridiques, graphisme et analyse de données, etc.).

Plateformes organisant des **appels d'offres et des concours** essentiellement dans le domaine du design et de la programmation pour leurs entreprises clientes.

Plateformes de **micro-tâches** qui permettent aux entreprises clientes d'obtenir la réalisation d'un projet (nettoyage des données, catégorisation, balisage, analyse des sentiments, création et modération de contenu, transcription vidéo et audio, etc.) en le décomposant en une myriade de petites tâches distribuées à des micro-travailleurs.

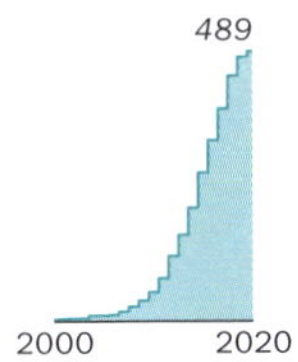

TRAVAIL LOCALISÉ

VTC - services de chauffeurs privés à la demande.

Livraison - services de livraison de repas ou de courses.

Le prix de la course ou de la livraison est déterminé par la plateforme à l'aide d'algorithmes basés sur des facteurs tels que la distance, le coût du carburant, le type de véhicule ou encore la capacité financière des clients à dépenser dans une zone géographique particulière.

Source : OIT, *Le Rôle des plateformes numériques dans la transformation du monde du travail*, 2021, www.ilo.org

Online Labour Index, 2016-2023

Cet indicateur économique mesure l'offre et la demande dans le secteur du travail en ligne.

Les données sont le résultat d'une collecte journalière du nombre de projets publiés auprès de cinq grandes plateformes anglophones de travail en ligne représentant au moins 70 % du trafic du marché.

Catégories de tâches demandées

En part du total sur la période juillet 2016-mai 2023

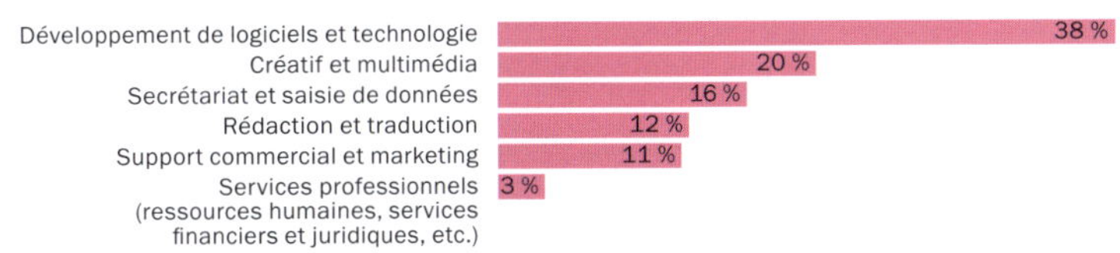

Pays des entreprises

En part du total sur la période juillet 2016-mai 2023

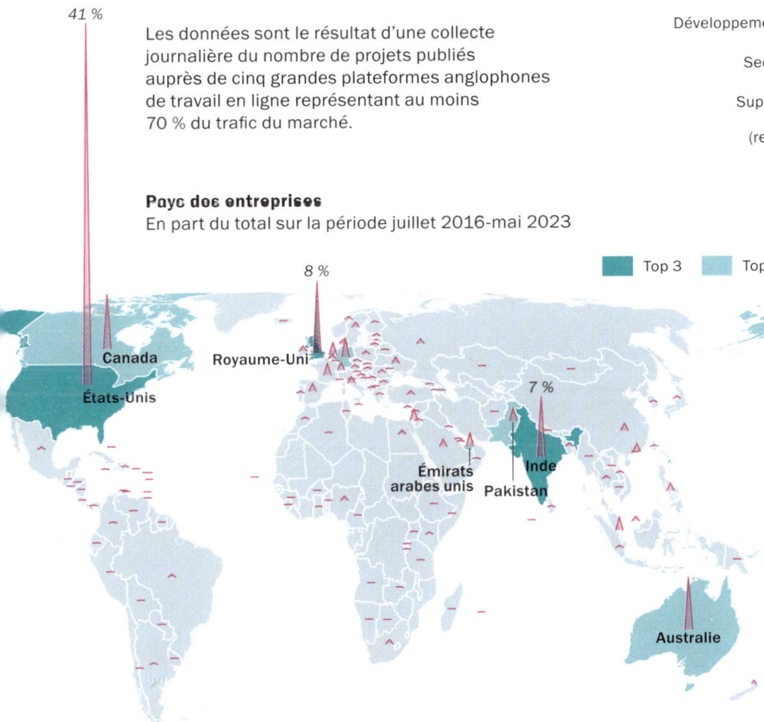

Top 3
Top 10

Pays de résidence des travailleurs

En part du total sur la période juin 2017-mai 2023

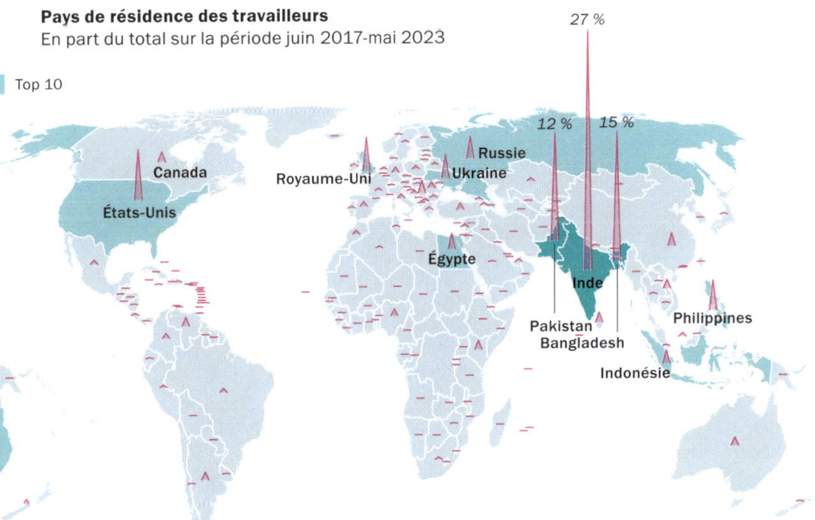

Source : Fabian Stephany, Otto Kässi, Uma Rani et Vili Lehdonvirta, « Online Labour Index 2020 : New Ways to Measure the World's Remote Freelancing Market », 2021, http://onlinelabourobservatory.org

Automatisations

Alors que le progrès technologique a engendré des gains de productivité dans tous les secteurs de l'emploi après la seconde guerre mondiale, la révolution numérique a des effets de destruction et de recomposition du travail dont l'ampleur et la portée sont encore difficiles à évaluer.

Les technologies informatiques, en particulier celles liées à l'intelligence artificielle (IA) et à la robotique, ne font que relancer les peurs, les mouvements sociaux et les débats suscités par les processus d'automatisation du travail depuis les débuts de la révolution industrielle.

Parmi la profusion d'études consacrées à ce sujet, un rapport du consultant américain McKinsey estime qu'entre 400 millions et 800 millions d'emplois pourraient être voués à disparaître d'ici à 2030. D'après les statistiques de l'OCDE mises en exergue sur ces deux pages, la conquête numérique contemporaine aurait, jusqu'à présent, surtout porté atteinte aux emplois intermédiaires dans les entreprises, participant ainsi d'une polarisation du marché du travail. L'OCDE estime, en revanche, que les professions les plus exposées à l'automatisation pilotée par l'IA seraient des emplois hautement qualifiés, soit près de 27 % de la main-d'œuvre de ses 38 pays membres – une évaluation qui, si elle est avérée, pourrait placer les principales économies du monde à un point de bascule. Selon d'autres études, dont celle très controversée des professeurs de l'université d'Oxford Carl Frey et Michael Osborne, les postes requérant des compétences en dextérité, en créativité et intelligence sociale sont au contraire loin de l'obsolescence : la substitution de la main-d'œuvre humaine par des machines se produirait surtout dans les métiers impliquant des tâches routinières reposant sur des règles explicites.

Ces diverses positions s'insèrent dans deux grandes lignes de pensée en matière d'innovation. L'une, défendue par la plupart des économistes, tente de dissiper les préoccupations concernant les pertes d'emplois, en soulignant que le progrès déclenche divers mécanismes de compensation. Elle soutient par exemple que les innovations ne se contentent pas de remplacer les travailleurs dans les industries utilisant de nouvelles machines, mais créent également des emplois dans celles qui les produisent. L'autre école, dans une tradition marxiste, estime peu probable qu'un nombre suffisant d'emplois soient créés chez les producteurs de nouvelles technologies.

Aujourd'hui émergent des positions, parfois radicales et provocatrices, qui tendent à renouveler le débat sur l'automatisation du travail. Dans *Inventing the Future*, par exemple, Nick Srnicek et Alex Williams appellent à saisir le moment contemporain de sophistication technologique croissante pour imaginer un avenir où nous ne serions plus forcés d'être des travailleurs, où la production et la distribution seraient démocratiquement déléguées à une infrastructure automatisée. En bref, un futur où l'automatisation ne serait pas combattue, mais au contraire invoquée.

Répartition des emplois en fonction des risques face à l'automatisation, 2017

- Risque fortement d'être automatisé
- Risque de connaître de profondes transformations
- Préservé

Risque fortement d'être automatisé : au moins 70 % de chance d'être automatisé.
Risque de connaître de profondes transformations : entre 50 % et 70 % de chance d'être automatisé.

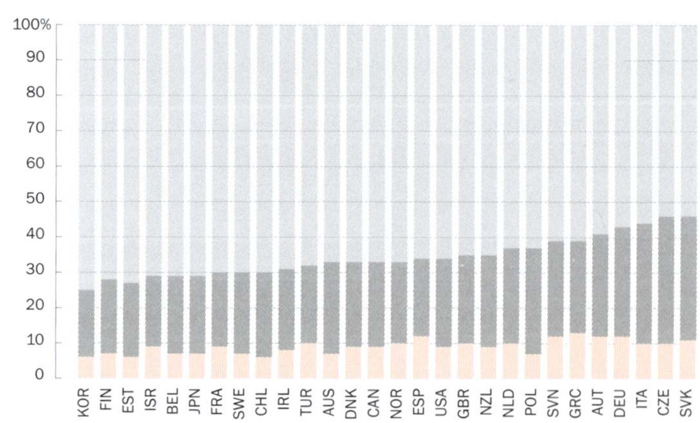

Évolution des emplois dans les pays de l'OCDE selon le niveau de qualification, 1995-2015

Dans les pays de l'OCDE, en l'espace de vingt ans, la part des emplois moyennement qualifiés a baissé au profit des emplois très qualifiés et peu qualifiés.

Changement en point de pourcentage (sur une base 100 en 1995) de la part dans l'emploi total entre 1995 et 2015 par pays

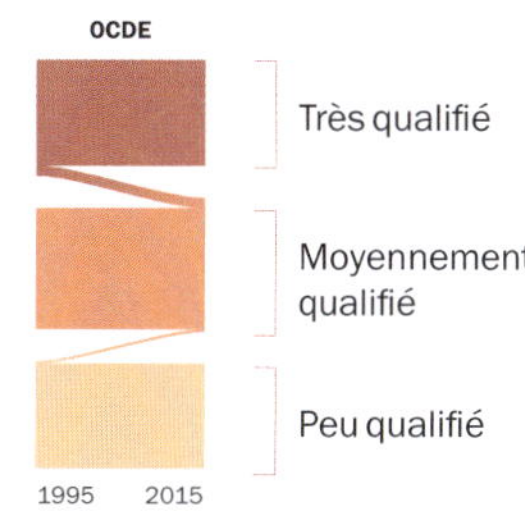

Évolution du ratio entre les 9ᵉ et 1ᵉʳ déciles de salaires, 2000-2010

La baisse des emplois moyennement qualifiés contribue à accroître l'écart entre les salaires les plus hauts et les plus bas dans beaucoup de pays.Ce phénomène n'est pas observable dans les pays où les salaires les plus élevés n'ont pas augmenté (Japon, Italie) et ceux dans lesquels les salaires les plus bas ont été revalorisés (Espagne, Portugal, Hongrie).

En 2000, en Norvège, les plus hauts salaires étaient 2 fois supérieurs aux plus faibles salaires. En 2010, ils étaient 2,55 fois supérieurs.

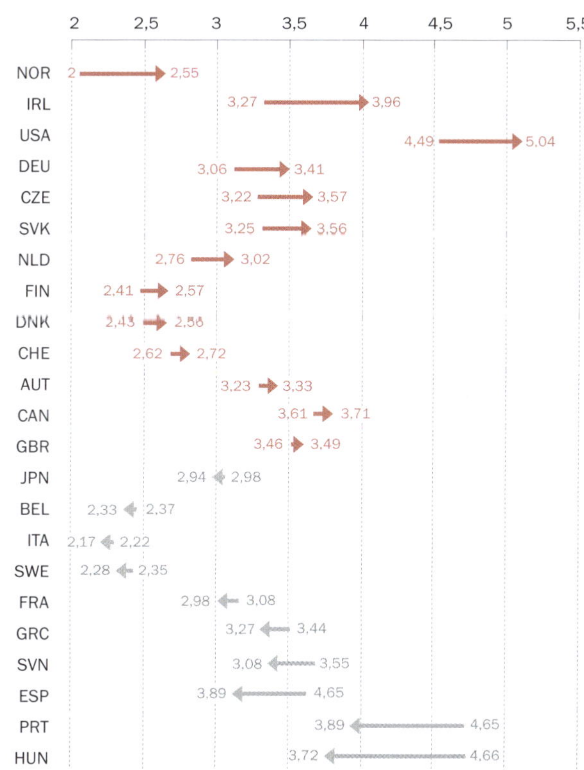

Les pays sont triés par ordre décroissant de différence en % de ratio des salaires entre 2000 et 2010.

Source : rapport *Perspective de l'emploi de l'OCDE 2017* © Nicolas Boeuf, Florine Lecomte/Presses de Sciences Po, 2023

Mauvaises nouvelles pour les médias

Parmi les nombreux effets paradoxaux d'internet, on observe une défiance grandissante du public vis-à-vis des informations d'actualité, alors même que ces dernières n'ont jamais été aussi abondantes et faciles d'accès. Cela tient en grande partie aux réseaux sociaux, qui se substituent aux médias dans le rôle de pourvoyeurs d'information, ainsi qu'à une polarisation politique croissante.

L'abondance d'informations, le plus souvent gratuites et d'une grande pluralité de sources, disponibles sur le web et les réseaux sociaux, s'accompagne, paradoxalement, d'un déclin de l'intérêt pour l'actualité et d'une défiance croissante vis-à-vis des médias. Le phénomène est très prégnant en Grande-Bretagne, en Espagne, en France, aux États-Unis. Dans ces deux derniers pays, moins d'un tiers de la population dit faire confiance aux informations d'actualité.

Cela s'explique notamment par le changement profond qui s'est opéré dans les modes de consommation de l'actualité. Bien que les médias audiovisuels, principalement la télévision, restent prépondérants dans de nombreux pays (dont la France), les médias numériques y occupent une place grandissante. Or ces derniers perdent progressivement le contrôle de la diffusion de contenus informationnels, car ils sont de moins en moins suivis directement sur leurs sites web et leurs applications et de plus en plus via les réseaux sociaux. Cette manière de s'informer, qui relève essentiellement de la conversation entre amis et touche surtout les publics jeunes, réduit le temps consacré à la lecture des informations et rend plus difficile leur hiérarchisation par les intéressés. Par exemple, selon l'enquête « Digital News Report 2023 » du Reuters Institute for the Study of Journalism, au Royaume-Uni, la consultation des sites web des médias d'information par les 18-24 ans a chuté de 52 % en 2015 à 24 % en 2023, au profit des réseaux sociaux. Il convient de souligner qu'elle est beaucoup moins répandue dans les pays du nord de l'Europe, où la confiance dans les médias reste forte et où domine la consultation directe des sites et des applications de médias.

La défiance vis-à-vis des informations d'actualité tient aussi à leur caractère répétitif. Internet a longtemps nourri l'espoir de contenus plus riches, plus divers et plus représentatifs de la diversité des opinions et des points de vue. Ce rêve s'est en partie réalisé avec l'essor d'un secteur protégé du marché offrant une information de grande qualité. Toutefois, pour contrebalancer la chute des revenus publicitaires à laquelle ils sont confrontés, la majorité des médias produisent désormais une information répétitive et de faible qualité, ce que les lecteurs apprécient peu. Le rejet est notable en France, où les sondages révèlent une critique croissante de la sélection journalistique, jugée superficielle et insuffisamment pluraliste.

À tous ces facteurs s'ajoute une forte politisation, particulièrement aux États-Unis, qui conduit les lecteurs à ne plus prêter attention à certaines informations qui ne correspondent pas à leurs opinions (par exemple les informations liées à la crise climatique pour les lecteurs républicains). Cela nourrit le phénomène dit « d'évitement de l'actualité », qui ne cesse de s'amplifier à travers le monde, une part grandissante du public préférant se tenir à l'écart d'une actualité perçue comme trop négative ou pouvant susciter des tensions dans les discussions quotidiennes. Quels que soient les contextes nationaux, tous ces facteurs concourent à une forte dévaluation de l'expérience quotidienne de consommation d'actualité, alors même que celle-ci n'a jamais été aussi facile d'accès.

Pratiques d'accès aux informations d'actualité et confiance dans les médias, 2023

Les données présentées sur cette page proviennent d'une enquête annuelle du Reuters Institute for the Study of Journalism et de l'université d'Oxford, « Digital News Report 2023 ». L'enquête 2023 a été réalisée auprès de 93 000 consommateurs d'informations d'actualité dans 46 pays, soit un échantillon représentant la moitié de la population mondiale.

Moyen d'accès à l'actualité privilégié par pays

Proportion de répondants accédant à l'actualité directement par les sites de journaux, par les réseaux sociaux ou par la recherche et les agrégateurs (exemple : Google News)

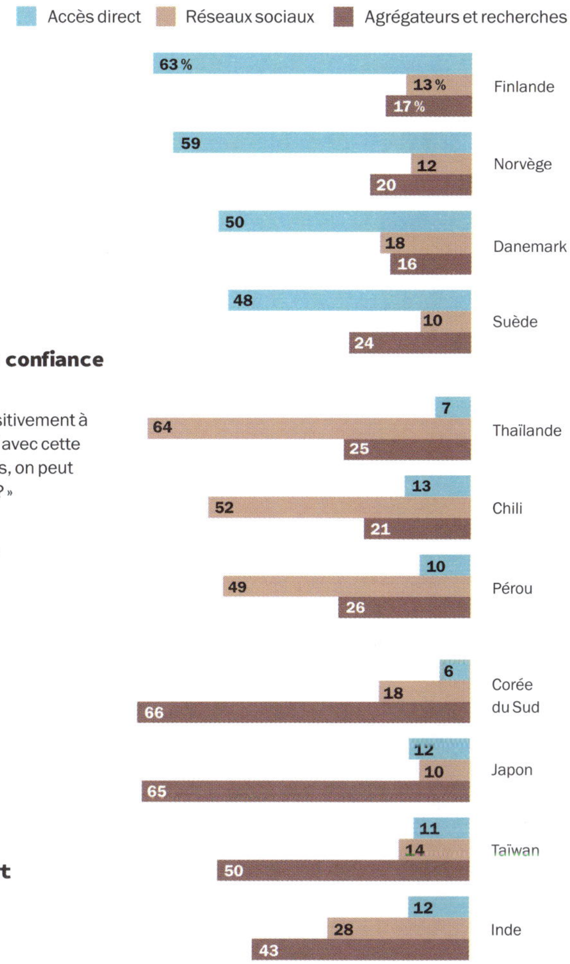

Part de la population faisant confiance aux informations d'actualité

Proportion de répondants ayant répondu positivement à la question : « En général, êtes-vous d'accord avec cette affirmation : je pense que la plupart du temps, on peut faire confiance aux informations d'actualité ? »

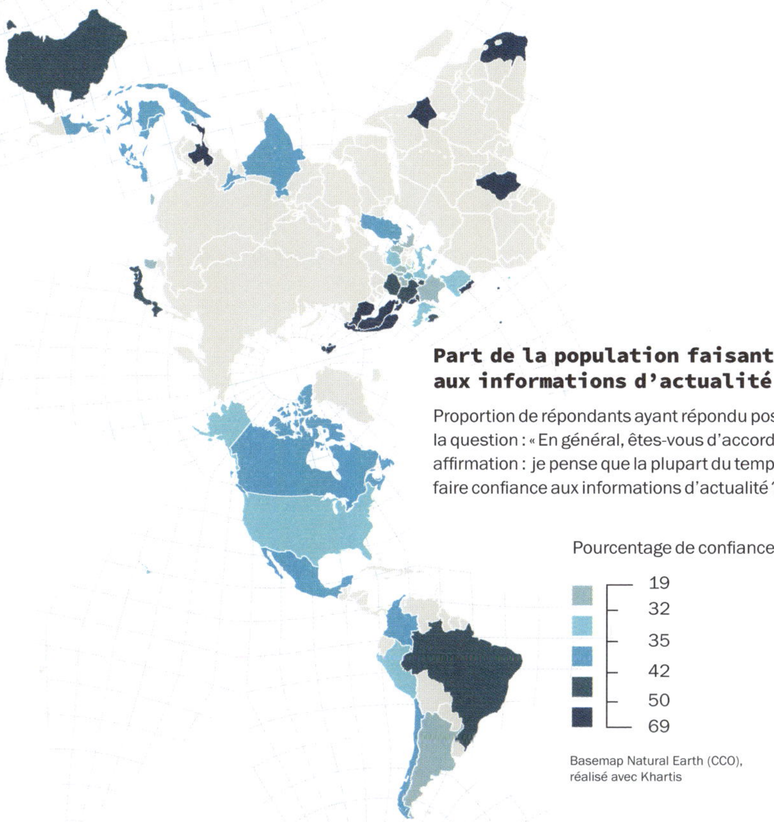

Basemap Natural Earth (CCO), réalisé avec Khartis

Proportion de répondants évitant volontairement le sujet de la guerre en Ukraine dans l'actualité

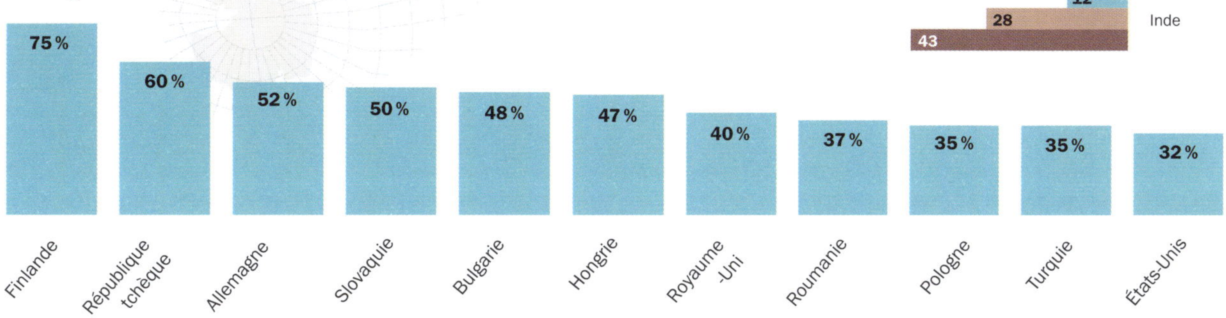

Source : Reuters Institut for the Study of Journalism et université d'Oxford, « Digital News Report 2023 ».

Cœurs de cible

Nouveau Graal des annonceurs, la publicité personnalisée utilise l'historique des clics et des requêtes des internautes pour aller au-devant de leurs désirs et de leurs intentions d'achat. Son atout maître est le cookie, qui permet d'automatiser le ciblage individuel des annonces publicitaires.

Dans la plupart des pays occidentaux, les recettes de la publicité en ligne surpassent désormais très largement celles des médias traditionnels (presse, radio, télévision). Transformation plus importante encore, le modèle publicitaire en vigueur depuis les années 1950, dans lequel les annonceurs payent les médias pour s'adresser aux consommateurs, est concurrencé par un nouveau modèle fondé sur la personnalisation : au lieu de diffuser un même message à de vastes populations sur la base de caractéristiques socio-économiques définies à gros traits, la publicité s'efforce désormais de cibler chaque individu.

Largement automatisée, la publicité personnalisée permet d'apparier utilisateurs et annonces de manière particulièrement efficace et novatrice. Google lui doit d'être devenue l'une des sociétés les plus rentables du monde. En 1999, le moteur de recherche californien entreprend de vendre aux annonceurs les mots-clés associés aux requêtes des internautes suivant un mécanisme d'enchères. L'initiative repose sur une intuition simple : les requêtes trahissent les intentions précises des internautes, en particulier les intentions d'achat susceptibles d'intéresser des annonceurs. Les infrastructures de calcul très sophistiquées rendent ce système d'autant plus convaincant que les annonceurs ont dès lors la possibilité de payer Google en fonction des clics des utilisateurs sur leur publicité et non plus de simples vues de leurs annonces comme c'est le cas pour la publicité dans les médias traditionnels. Google prétend ainsi détenir une connaissance robuste des centres d'intérêt des individus, connaissance qu'il lui est possible de combiner avec des données comportementales captées sur les différents sites et applications de sa galaxie de sociétés (regroupées sous le nom d'Alphabet depuis 2015). L'entreprise californienne peut valoriser ce que Shoshana Zuboff appelle le surplus comportemental.

Les cookies sont les éléments clés du ciblage publicitaire sur le web. Conçus en 1994 pour un tout autre usage (stocker des informations pour faciliter la navigation), ils endossent une fonction publicitaire à la fin des années 1990, quand des acteurs du web se spécialisent dans leur collecte auprès des sites et les exploitent dans le but de vendre des espaces publicitaires. Les cookies deviennent progressivement les briques avec lesquelles s'édifie une partie importante du marché de la publicité en ligne : grâce à la connaissance des parcours de navigation et des intérêts des internautes qu'ils fournissent, les publicités peuvent se personnaliser sous forme de bannières, de publications sponsorisées et de vidéos. Aujourd'hui, une grande part de la publicité dite programmatique – c'est-à-dire dans laquelle l'achat des espaces publicitaires s'effectue de manière automatisée – repose entièrement sur les cookies. Lorsqu'un internaute consulte une page web contenant un espace publicitaire, celui-ci est mis aux enchères auprès d'un ensemble d'annonceurs, et une publicité s'affiche en quelques dixièmes de seconde. S'il se rend par exemple sur un site commercial et s'intéresse à une paire de chaussures, les jours suivants il sera automatiquement exposé à des annonces pour la même paire de chaussures lorsqu'il visitera un autre site ou une application sur son mobile. Le règlement général sur la protection des données (RGPD) adopté par l'Union européenne en 2016 n'a pas mis fin à ces pratiques de collecte d'informations sur les individus à des fins publicitaires. Bien souvent, les internautes n'ont d'autre choix que d'y consentir lorsqu'ils visitent un site.

Malgré la sophistication de la publicité en ligne, la personnalisation reste une promesse opaque vendue aux annonceurs. Elle procède encore largement d'un acte de foi pour la majorité des publicitaires, qui continuent d'ailleurs à raisonner en termes de groupes socio-économiques.

Recettes publicitaires des médias, France, 2022 et 2019

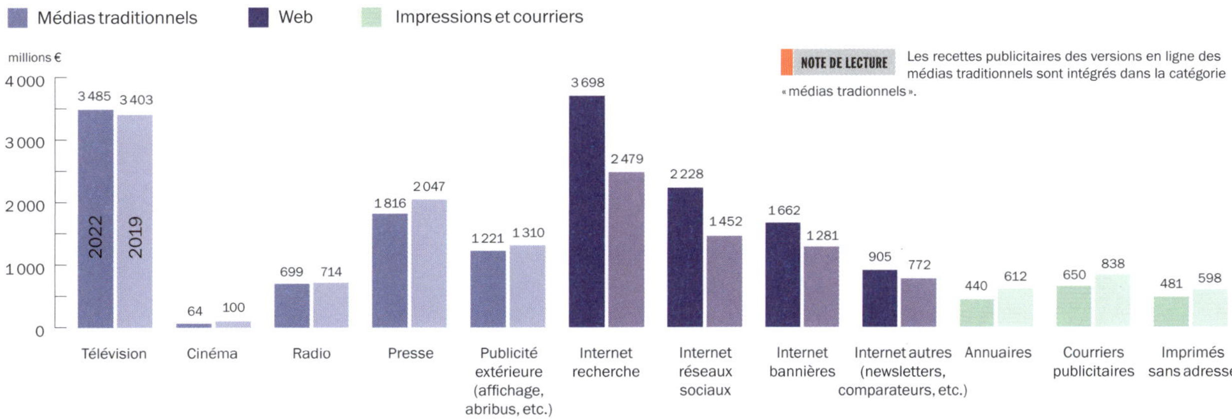

Source : Baromètre unifié des marchés publicitaires, « Le marché publicitaire 2022 et prévisions ».

Représentation schématique du marché aux enchères de la publicité programmatique personnalisée en ligne

0,1 seconde à 0,5 seconde

est la durée totale du processus d'enchères, durée considérée comme acceptable car imperceptible pour l'internaute.

Source : Kevin Mellet et Thomas Beauvisage, « Cookie Monsters. Anatomy of a Digital Market Infrastructure », *Consumption Markets & Culture*, 23 (2), 2020

Polarisation médiatique

Avec le web et les réseaux sociaux, des médias indépendants et radicaux accèdent à une visibilité auparavant inatteignable. La tendance à la désinformation qui en résulte, observée aux États-Unis depuis les élections présidentielles de 2016, n'épargne pas la France, même si les médias les plus reconnus conservent une place centrale dans l'espace médiatique.

Jusqu'au milieu des années 2000, un petit nombre de médias jouissaient d'un quasi-monopole dans la production de l'actualité et de son interprétation. Aujourd'hui, une multitude de médias indépendants ou alternatifs ont droit de cité grâce au web et aux réseaux sociaux. Un tel bouleversement des circuits classiques de l'information n'est pas sans soulever des questions : les médias dits centraux (*mainstream*), soit les journaux, magazines, radios et télévisions les plus reconnus et disposant des ressources et des audiences les plus importantes, ont-ils perdu leur influence ? Ceux qui diffusent des contenus radicaux ou qui propagent de fausses informations influencent-ils le débat public ?

Dans de nombreux pays, des médias extrémistes en ligne disposent d'une visibilité déconcertante sur les réseaux sociaux. Lors de l'élection présidentielle de 2016 aux États-Unis, des sites tels que Breitbart et The Gateway Pundit ont été aussi présents sur Twitter que Fox News et le *New York Times*. En 2022, le site français d'extrême droite FdeSouche.com était le deuxième le plus cité en volume sur Twitter en 2022, derrière BFMTV et devant *Le Monde*, *Le Parisien* et *Le Figaro*.

La carte de l'espace médiatique français ci-contre, élaborée en 2019 à partir des co-citations des médias, soit la fréquence à laquelle l'un cite l'autre au moyen d'un lien hypertexte, montre que les médias centraux conservent une certaine autorité : ils occupent l'hyper-centre et le centre de l'espace car ils sont de loin les plus cités par tous les autres, tandis que ceux qui se rattachent à la sphère de la contre-information (extrême droite, anti-islam, santé alternative, nationaux-révolutionnaires, etc.) ne sont quasiment jamais cités par les médias centraux, alors qu'ils les citent eux-mêmes fréquemment.

L'espace médiatique français semble ainsi relativement préservé de la désinformation, à la différence des États-Unis où l'on observe une forte polarisation. Dans ce pays, les médias orientés à droite, et surtout à l'extrême droite, citent très peu ceux orientés au centre et à gauche. Les théories du complot initialement propagées par des médias relativement confidentiels se trouvent plus souvent relayées par des médias *mainstream* tels que Fox News, ce qui donne une ampleur sans précédent à la désinformation. Il ne faudrait pas en conclure trop rapidement que la France reste à l'abri d'un tel phénomène. La formation d'un groupe médiatique positionné à l'extrême droite (CNews, Europe 1, *JDD*, etc.) y fait planer la menace d'une polarisation accrue.

Flux de citations entre grandes catégorie du réseau

L'espace médiatique français est très hiérarchisé : les variations de densité des flux font ressortir la catégorie des médias centraux, que la plupart des autres médias citent majoritairement et qui se citent presque uniquement entre eux.

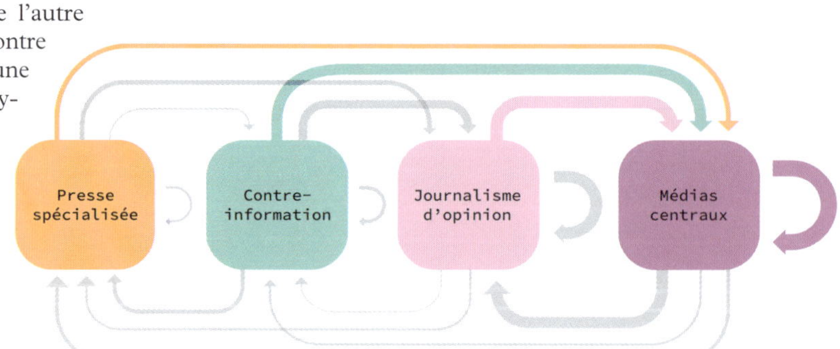

L'espace médiatique français structuré par ses co-citations

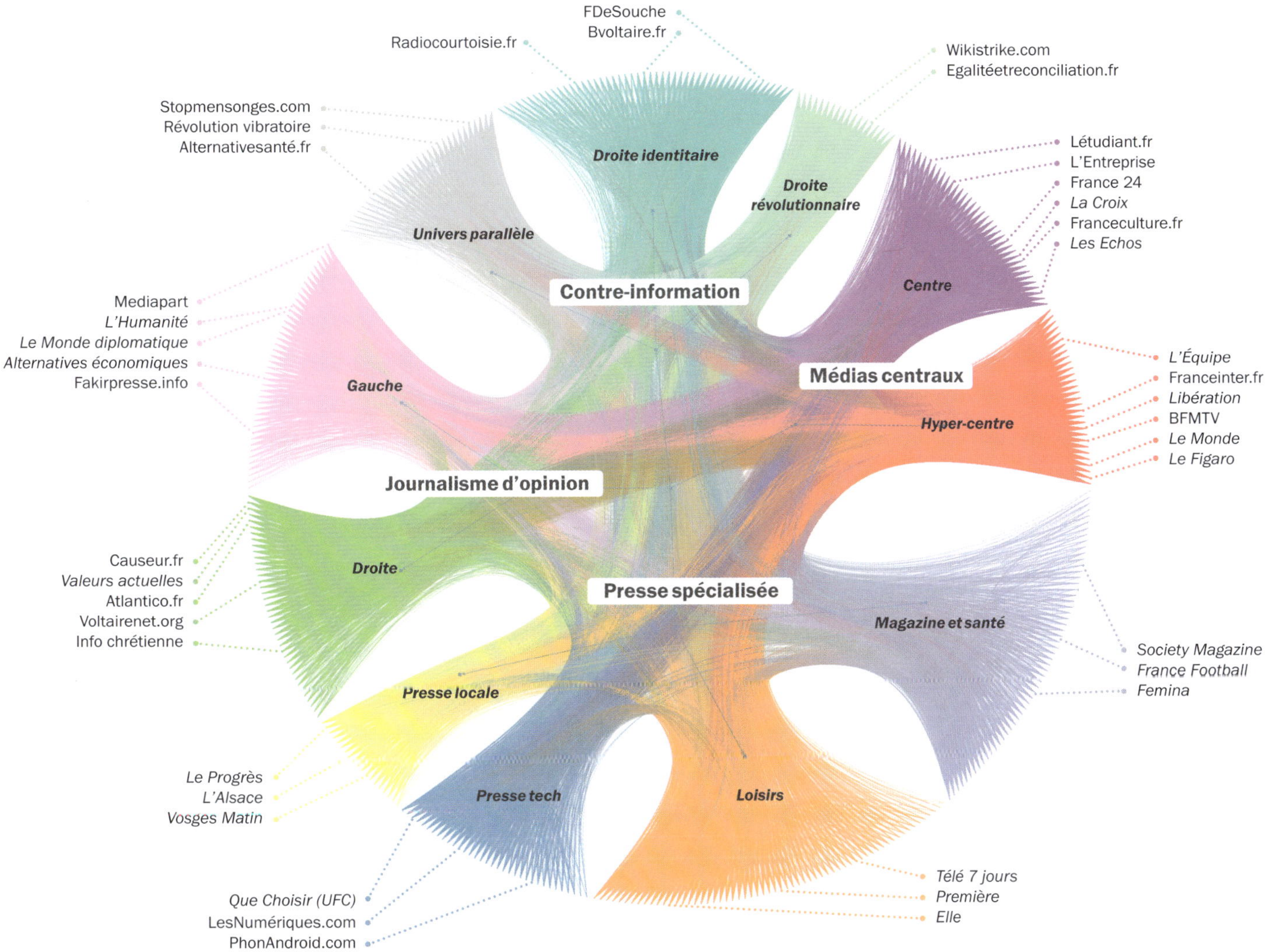

NOTE DE LECTURE Cette représentation de l'espace médiatique français a été réalisée à partir de l'analyse des flux de citations des médias entre eux (citation d'un article d'un autre média via son lien hypertexte). Les différentes catégories représentées sur cette roue ont été créées automatiquement avec la méthode SBM (modèle à blocs stochastiques).

Dominique Cardon, Jean-Philippe Cointet et Pedro Ramaciotti Morales, « Ordres et désordres de l'espace public médiatique français », medialab Sciences Po, 2022

Les fake news

Source grandissante d'inquiétude du fait de leur viralité, les *fake news* ne capturent en réalité qu'une faible part de l'attention des internautes et sont surtout le fait de minorités extrémistes en marge de l'espace politique.

Contrairement à ceux des médias traditionnels, les contenus diffusés sur les réseaux sociaux ne sont pas préalablement filtrés par des *gatekeepers*, soit des professionnels de l'information (journalistes, éditeurs, *fact-checkers*, etc.) tenus de se conformer à des normes déontologiques. Cette dérégulation du marché de l'information n'est pas sans susciter des craintes dans le débat public, où l'on pointe régulièrement la crédulité des internautes : incapables de discerner le vrai du faux en raison de leurs biais cognitifs, ils seraient responsables de la propagation de myriades de fausses informations, ou *fake news,* par les millions de *likes*, partages et commentaires qu'ils produisent sur les réseaux sociaux.

À l'occasion d'événements comme l'élection de Donald Trump en 2017 et la pandémie de COVID-19 en 2020-2021, quantité d'articles de presse ont alerté l'opinion publique sur la viralité des *fake news*. À première vue alarmants, les chiffres les concernant doivent être relativisés en les comparant avec la masse des contenus qui circulent sur les réseaux sociaux, photos de chats et vidéos humoristiques comprises. De multiples études réalisées dans différents pays confirment qu'elles occupent une place minime dans la consommation médiatique de la plupart des internautes. En France, entre 2018 et 2020, à peine 0,01 % des utilisateurs de Twitter ont partagé un contenu identifié comme une *fake news* par des *fact-checkers*.

Il convient également de relativiser les effets des *fake news* sur les internautes, et de tenir compte de leur capacité à ne pas mettre sur le même plan toutes les informations qu'ils reçoivent sur les réseaux sociaux. Une étude américaine a par exemple montré que si tous les Américains ont été exposés a au moins une *fake news* pendant la campagne présidentielle de 2016, ils n'ont été que 8 % à y croire. Une autre a révélé que, durant la même élection, 65 % des *fake news* ont été consultées par 10 % de l'électorat le plus favorable à Donald Trump, ce qui tend à prouver que les internautes les plus exposés aux *fake news* sont souvent des personnes déjà convaincues.

Qu'en est-il en outre des relayeurs de fausses informations ? Ont-ils des particularités qui les distinguent des autres internautes ? Les études menées en France montrent qu'ils tendent à se situer aux extrêmes de l'échiquier politique, notamment à l'extrême droite, et à adopter des positions anti-élites. Elles révèlent surtout que, comparés à un groupe d'utilisateurs similaires, c'est-à-dire des personnes ayant exactement les mêmes caractéristiques politiques, ils se démarquent par leur hyperactivité sur Twitter et par des pratiques informationnelles partisanes, sans que leurs tweets ne trahissent des capacités de raisonnement plus faibles. Autrement dit, le partage de *fake news* serait lié à des motivations politiques plus qu'à un manque d'esprit critique.

Sans se limiter à la seule image que les relayeurs de fausses informations renvoient via leur profil Twitter, il convient aussi de s'interroger sur la façon dont ils se comportent dans d'autres contextes, notamment lorsque leur identité n'est pas masquée par un pseudonyme. Les réseaux sociaux n'offrent en effet qu'une représentation partielle, si ce n'est déformée, de leurs utilisateurs. Une enquête qualitative menée en France en 2022 auprès de quelques relayeurs de *fake news* montre qu'ils prêtent une plus grande attention à la qualité des informations qu'ils transmettent lorsque leur réputation est en jeu. Afin de ne pas être critiqués par leurs opposants ou sanctionnés par les électeurs, les élus évitent par exemple de tenir certains propos en public et de propager des informations contestables, à l'inverse d'individus non encartés dans un parti et situés en marge de l'espace politique qui encourent moins de risque à le faire.

Caractéristiques des internautes qui partagent des *fake news* sur Twitter en France

Entre 2020 et 2022, une série d'études combinant des méthodes quantitatives et qualitatives ont été menées pour déterminer les caractéristiques des internautes qui relaient des *fake news* sur la twittosphère française. À partir d'une liste de contenus évalués comme tels par des *fact-checkers*, **plus de 30 000 comptes** ont été identifiés parmi un ensemble de **3,6 millions d'utilisateurs Twitter**. Des **analyses quantitatives** ont tout d'abord permis de comparer un échantillon de relayeurs de *fake news* avec un groupe d'utilisateurs non relayeurs de *fake news* mais ayant exactement les mêmes caractéristiques politiques.
Ensuite, des **observations ethnographiques** ont été réalisées sur environ cent cinquante comptes afin de dresser des portraits plus fins et détaillés des relayeurs de *fake news*.
Enfin, une quinzaine d'**entretiens semi-directifs** ont été conduits pour étudier les comportements des relayeurs de *fake news* dans d'autres contextes que Twitter.

Portrait type d'un relayeur de *fake news*

En France, comme aux États-Unis, le partage de fausses informations est **peu fréquent** et émane d'une **minorité d'utilisateurs** ayant la particularité de se **situer aux extrêmes** de l'échiquier politique et d'adopter des positions **anti-élites**.

99,99 % Autres utilisateurs de Twitter en France

0,01 % Relayeurs de *fake news*

L'étude quantitative a permis d'identifier les **variables principales** distinguant les **relayeurs de *fake news*** d'autres utilisateurs, indépendamment de leur position politique.

- **Identité** masquée sous un pseudonyme
- **Nombre de tweets par jour** très élevé
- **Informations** partisanes
- **Expression** d'émotions négatives

Différents profils selon leur degré d'intégration dans l'espace politique

L'enquête qualitative a permis d'analyser les variations des comportements et des prises de parole des relayeurs de *fake news* selon différents **contextes sociaux**, plus ou moins régis par des **contraintes réputationnelles**.

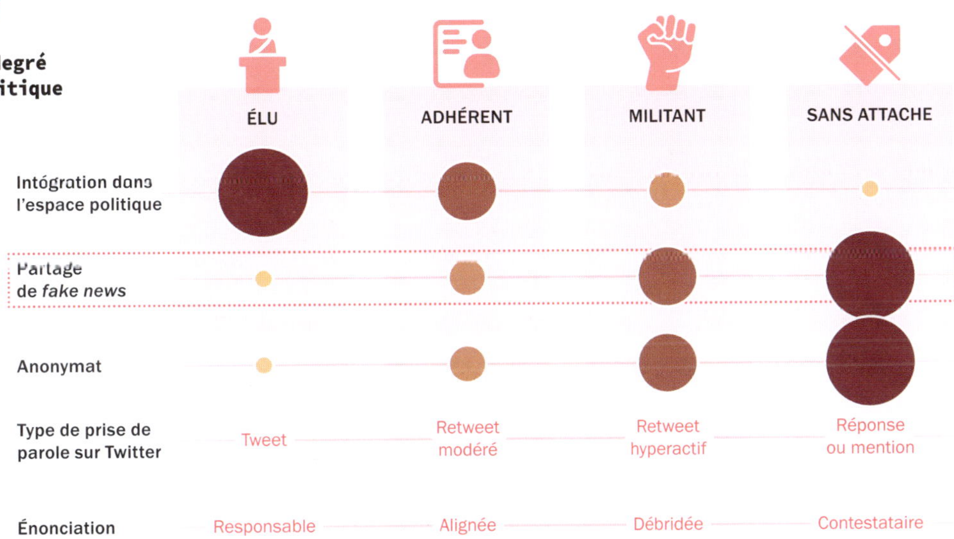

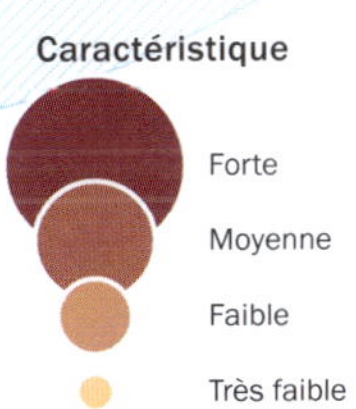

Élu
- Rôle de représentant politique
- Prise de parole en public
- Risque de sanction en cas de dérapage

Adhérent
- Encarté dans un parti
- Pas de rôle à endosser dans l'espace public…
- … mais devoir de rester aligné avec les discours du parti

Militant
- Pas de carte d'adhésion…
- … mais engagement important en ligne et hors ligne
- Évitement du politique au cours des interactions sociales

Sans attache
- Très politisé mais en marge de l'espace politique français
- Ne se reconnaît dans aucun parti
- Usage de Twitter pour faire entendre une voix dissidente

Source : d'après les travaux de recherche de Manon Berriche.

La longue traîne de la culture

L'offre pléthorique de contenus culturels en ligne n'a pas inversé la tendance dans la consommation, mais au contraire accru sa concentration sur un nombre réduit de contenus, créant un phénomène que l'on qualifie de longue traîne.

En 2020, alors qu'une enseigne comme la Fnac dispose d'un catalogue musical d'environ 25 000 albums, une plateforme comme Spotify propose plus de 70 millions de titres en *streaming*. Une telle abondance de contenus culturels, qu'il s'agisse de musique, de films ou de livres, invite à s'intéresser à ses conséquences pour la consommation culturelle. En 2004, Chris Anderson, économiste et rédacteur en chef du magazine *Wired*, invente le terme de « longue traîne » pour décrire les effets de l'offre pléthorique de produits culturels en ligne. La courbe verte qui s'étire au bas de ces deux pages illustre le phénomène. Réalisée à partir de la consommation des titres diffusés par la plateforme Deezer, elle montre qu'un petit nombre de titres concentrent le plus grand nombre d'écoutes (à gauche), tandis qu'un très grand nombre de titres sont très peu écoutés (à droite). Pareille distribution de la consommation se manifeste dans tous les secteurs culturels.

Au début des années 2000, on a pourtant l'espoir que, grâce aux systèmes de recommandation, les consommateurs découvriront des contenus de niche qui leur corresponderont et délaisseront les plus populaires. La multiplication des catalogues en ligne permet certes à un plus grand nombre d'œuvres de toucher un petit public, mais l'exemple de Deezer montre que la consommation

Effet longue traîne : nombre d'écoutes par artiste sur la plateforme de *streaming* musical Deezer, 4-11 janvier 2023

Une barre (|) = nombre d'écoutes (ou *streams*), en milliers, pour un artiste.
Pour une raison d'échelle, seuls les artistes comptabilisant au moins 10 000 écoutes sont affichés sur ce graphique.

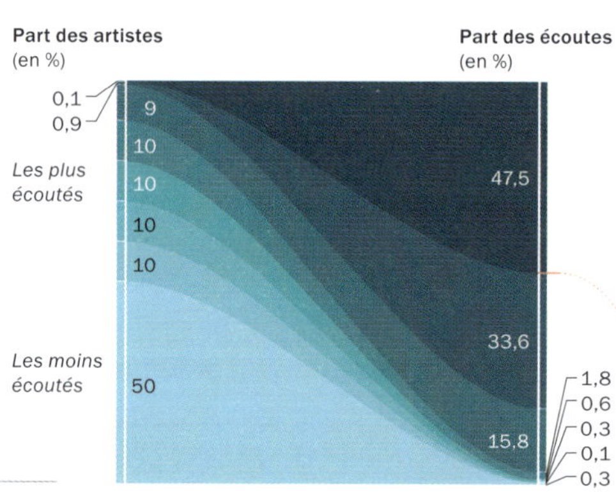

Source : Manuel Moussallam, Deezer Research, 2023.

Revenus de l'industrie musicale dans le monde, 1999-2021

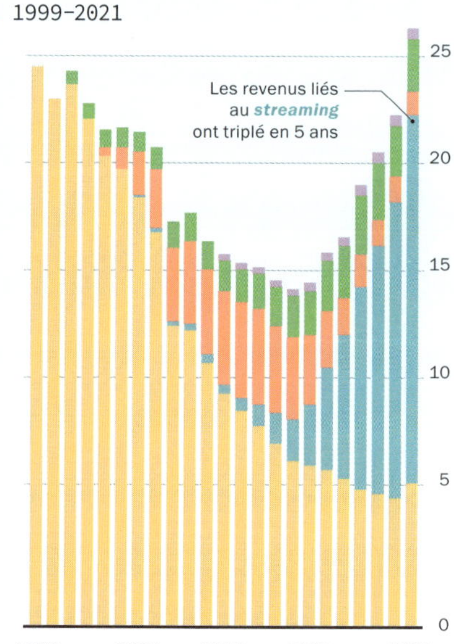

* Utilisation pour la publicité, le cinéma, la télévision ou les jeux vidéo

Source : Fédération internationale de l'industrie phonographique, *Global Music Record*, 2022.

culturelle reste très ciblée sur un éventail restreint de contenus *mainstream*. Certains produits superstars voient même leur succès s'amplifier, avec pour conséquence un recul des succès moyens, notamment dans les secteurs du livre et de la musique.

En revanche, et contrairement à ce que laisse entendre le discours promotionnel des plateformes de *streaming*, la recommandation algorithmique ne gouverne pas la consommation. Comme l'illustre le graphique ci-dessous, réalisé à partir de l'analyse des pratiques d'écoute de 8 600 utilisateurs de Deezer, une vaste majorité écoute des morceaux qui n'ont pas été suggérés par les algorithmes, mais plutôt conseillés par leur entourage ou par des médias. Seule une minorité suit surtout les recommandations algorithmiques des plateformes. Selon l'hypothèse privilégiée par les chercheurs, cette écoute spécifique correspond à des contextes d'écoute particuliers (travaux ménagers, activités sportives, situations exigeant de la concentration).

Écoute quotidienne de musique par tranche d'âge en France, 1973-2018

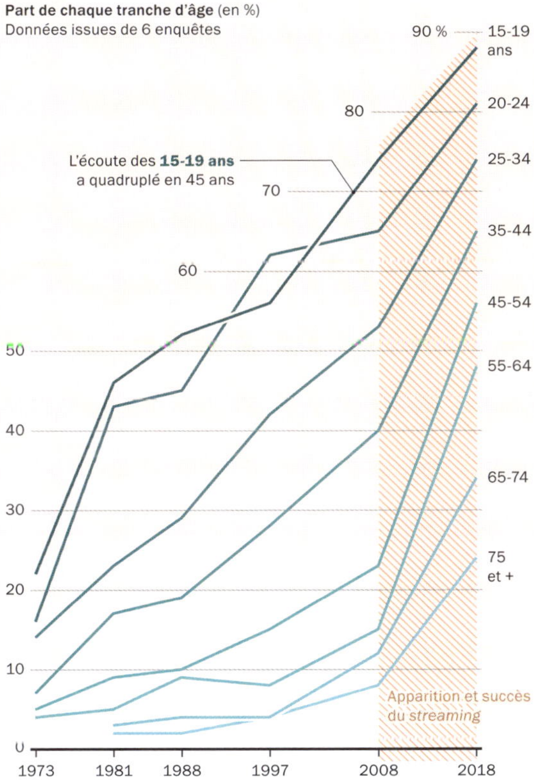

Source : ministère de la Culture, *Enquête sur les pratiques culturelles, 1973-2018*, 2020.

Utilisation de recommandation musicale sur la plateforme Deezer, 2021

Différents parcours sont possibles pour lire un titre : via une **recherche** ou via des **recommandations** avec des listes de lecture.

Ces recommandations sont soit **éditoriales** (créées par des humains et souvent focalisées sur des artistes à succès), soit **algorithmiques** (personnalisées automatiquement selon les habitudes d'écoute de l'utilisateur).

En 2021, une étude fondée sur un échantillon d'environ 8 600 individus a permis d'identifier des **types d'utilisateur** selon l'utilisation ou non de ces recommandations et d'analyser une **diversité des pratiques**.

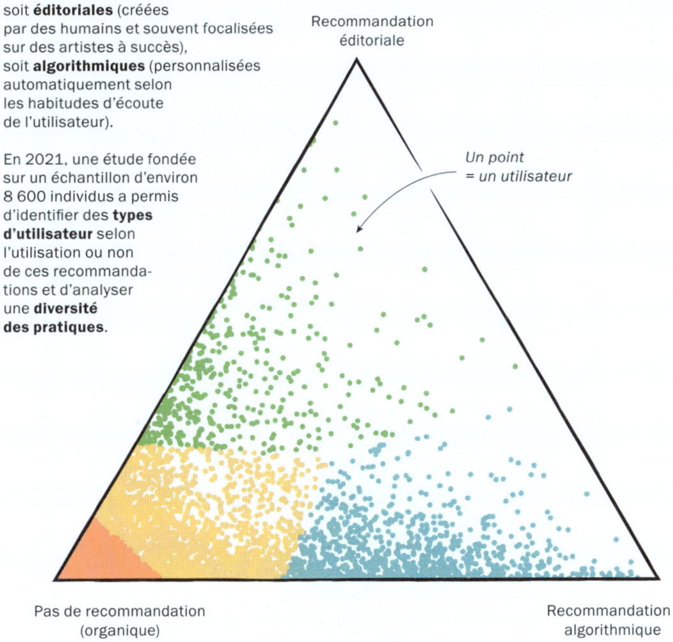

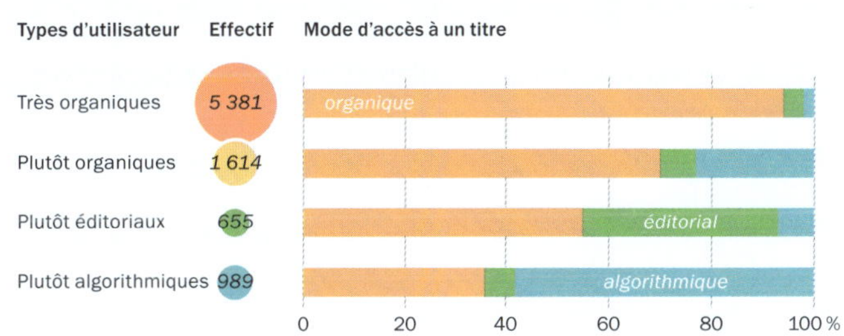

Source : Quentin Villermet *et al.*, « Follow the Guides : Disentangling Human and Algorithmic Curation in Online Music Consumption », *Proceedings of the 15th ACM Conference on Recommender Systems*, 2021.

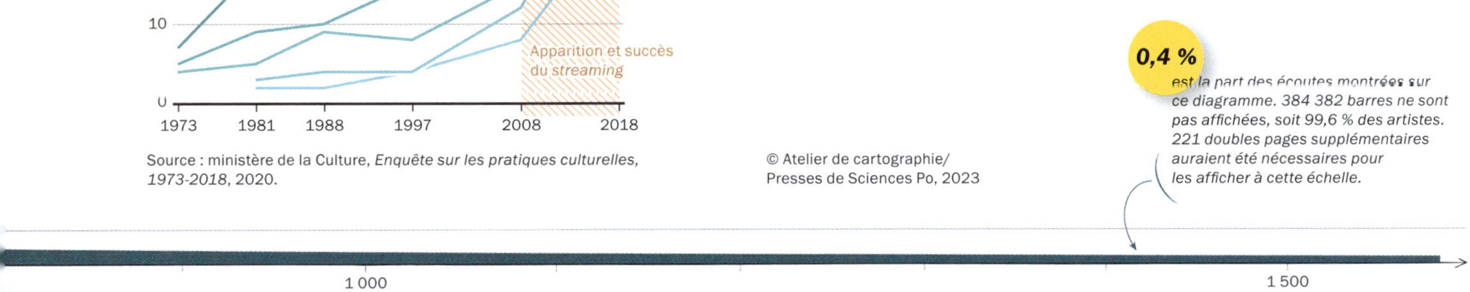

Ludicisation

Hier frappé d'illégitimité culturelle et de réprobation sociale, le jeu vidéo investit quantité de domaines, depuis son arrivée en ligne au tournant des années 2000.

Longtemps regardé comme source de comportements violents et addictifs, et de ce fait ramené à un problème public, le jeu vidéo voit son statut évoluer à partir des années 2000, après l'éclatement de la bulle internet auquel il contribue et dont il subit les effets. En France, la filière se restructure en profondeur : elle renforce la cohésion de ses multiples acteurs par la création d'associations professionnelles nationales et de *clusters* régionaux, facilite leurs échanges avec les collectivités territoriales, etc. Le jeu vidéo se voit progressivement reconnu comme une industrie culturelle à part entière et devient même un objet de recherche pour les sciences humaines et sociales.

Ce processus de légitimation est à mettre en parallèle avec la massification des pratiques, fruit d'une diversification des usagers (genre, classe, âge), des usages (jeux *hardcore* ou *casual*, jeux dits « triple A » ou indépendants, amateurs ou professionnels) et des supports (console portable ou de salon, tablette, smartphone, ordinateur familial ou *gaming*). Le succès rencontré par les jeux de rôle en ligne multijoueurs (Massively Multiplayer Online Role-Playing Game, MMORPG) dès les années 2000 puis par ceux du type « Battle Royale » deux décennies plus tard renforce encore la dimension sociale de ce médium. Être amateur ou amatrice de jeux vidéo n'est plus réductible à la seule pratique de jeu, mais peut aussi relever du visionnage en *streaming* de parties de *Fortnite Battle Royale*, d'échanges par *chat* avec d'autres spectateurs et spectatrices, de la diffusion et du commentaire d'extraits sur les réseaux sociaux.

Le jeu vidéo s'inscrit désormais dans la trame des activités quotidiennes et participe de la ludicisation de situations jusqu'alors dénuées d'une telle portée. On assiste notamment à un rapprochement avec les logiques du travail : mises en scène émotionnelles de joueurs devenus vidéastes sur la plateforme de *streaming* Twitch ; recours à des jeux dits sérieux (*serious games*) dans un cadre scolaire ou professionnel ; marchandisation de certaines activités vidéoludiques comme le *modding* (ajout d'une modification à un jeu vidéo existant) et le *gold farming* (collecte et revente d'items à des fins lucratives) ; professionnalisation des joueurs et joueuses de compétition (*esport*) ou encore participation au processus de développement, de test et de promotion des jeux.

De la Dreamcast à Twitch, les grandes dates du jeu vidéo en ligne

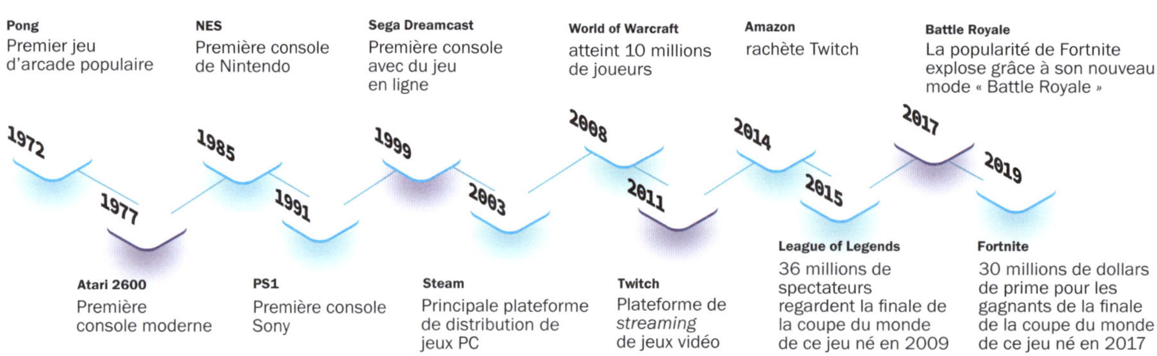

Nombre moyen de spectateurs simultanés dans le monde sur la plateforme Twitch ?

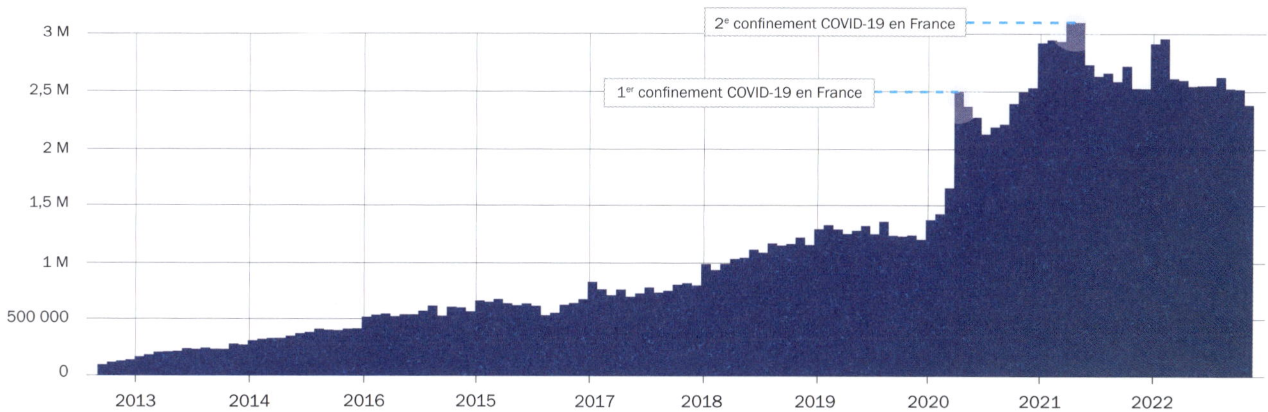

Source : Twitchtracker

Répartition du nombre moyen de spectateurs simultanés par mois sur Twitch entre les 4 jeux de type « Battle Royale » les plus populaires (en %), 2016-2022

« Battle Royale », un type de jeu très populaire en *streaming*

Dans les jeux de type « Battle Royale » un nombre défini de joueurs (jusqu'à 100) s'affrontent sur la zone de jeu (ou carte) jusqu'au dernier survivant. Au fil du jeu, les participants acquièrent des armes, remportent des victoires ou sont éliminés.

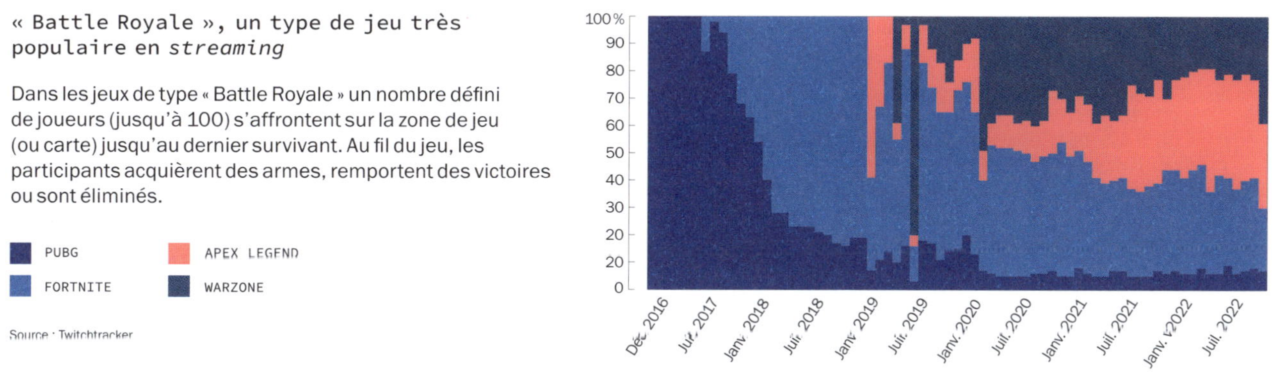

Source : Twitchtracker

Séquençage d'une partie de Fortnite sur Twitch en fonction de l'activité du joueur

NOTE DE LECTURE Une partie de *Fortnite Battle Royale* se décompose en plusieurs phases, parfois très intenses lorsque le joueur engage un combat ou très calmes lorsqu'il n'a pas d'ennemi autour de lui. Pendant ces temps faibles, les *streamers* commentent leur propre partie, parlent de tout autre chose avec leurs spectateurs et parfois jouent en silence alors qu'il ne se passe pas grand-chose.

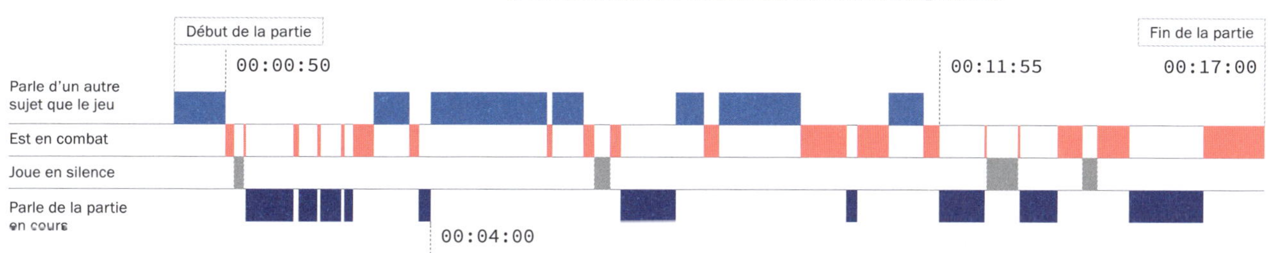

Source : Partie de Fortnite diffusée sur Twitch par le streamer Ninja le 23 août 2022 © Nicolas Boeuf, Florine Lecomte/Presses de Sciences Po, 2023

Explorer de loin

Une nouvelle manière d'explorer le monde est offerte par les outils numériques. À l'étude au plus près d'un phénomène ou d'un objet, les humanités numériques substituent l'art de réfléchir à partir de milliards de données et de leurs possibilités illimitées de calcul.

Vertigineuses et exaltantes. Ainsi Johanna Drucker décrit-elle les expériences menées par les humanités numériques (*digital humanities*), soit la rencontre entre les disciplines liées aux existences humaines – histoire, littérature, philosophie, sociologie, arts, etc. – et celles associées aux technologies numériques et informatiques – exploration et visualisation de données, *information-retrieval*, statistiques, cartographie et édition numérique.

Dans le droit fil de projets entamés depuis les débuts de l'informatique, tel l'*Index Thomisticus*, répertoire des concordances entre tous les écrits de Thomas d'Aquin, les humanités numériques se demandent par exemple comment transformer une collection de millions de photographies (*selfies* ou versions numériques d'œuvres d'art) en un objet qui pourra être vu, lu, analysé et interprété ; comment retracer les évolutions thématiques et stylistiques d'un auteur à travers un corpus numérisé de tous ses écrits ; que comprendre de l'histoire ou de la culture d'un pays à partir d'une vaste compilation de recettes de cuisine, etc.

Au risque d'une simplification excessive selon David M. Berry, deux lignes distinctes de travaux ont émergé au fil des ans. D'un côté, les activités de numérisation de corpus textuels et d'images, avec une attention spécifique aux problèmes d'indexation, de résolution, d'archivage, de partage et de propriété intellectuelle. De l'autre, la conception et la mise en œuvre de protocoles de recherche qui permettent l'accès, l'annotation, la visualisation, la manipulation et la transformation de ces archives numériques. Ces projets, d'envergure et de portée diverses, ont pris pour certains une dimension industrielle, ce qui ne va pas sans susciter des critiques du fait de la logique néolibérale et entrepreneuriale qui les sous-tend, du rôle des *big tech*, de l'hégémonie anglophone et du Nord global, sans parler des risques dus au caractère éphémère et vulnérable de toute activité utilisant les technologies numériques.

Plus fondamentalement, l'avènement des humanités numériques a créé un choc épistémologique : le caractère désormais calculable d'objets autrefois seulement interprétables a confronté les pratiques intellectuelles classiques (l'art de lire attentivement, de traduire, de comparer les textes, de retracer les influences, de suivre les idées et leur lien avec des contingences historiques) à celle de la quantification et de l'objectification.

Introduit par Franco Moretti en 2005, le *distant reading*, posture consistant à observer un agrégat de textes, en est un exemple, qui a conduit à la création du Stanford Literary Lab en 2010. Un autre est fourni par les *cultural analytics*, sous l'impulsion de personnalités telles que Lev Manovich, qui tentent d'observer et de comprendre la culture contemporaine à l'échelle des millions d'artéfacts partagés quotidiennement sur les réseaux sociaux.

La maturité venant, les humanités numériques expérimentent de nouvelles manières rhétoriques et poétiques d'engager la réflexion des publics, savants et non savants, plutôt que de les convaincre par l'objectivation ; de « performer » des actions computationnelles plutôt que de simplement les produire ; de jouer avec l'ambiguïté et l'incomplétude des données plutôt que de revendiquer leur précision absolue. Émergent ainsi des espaces de *slow surfing* comme DivineComedy.digital, qui retrace l'influence de l'œuvre de Dante Alighieri sur le patrimoine artistique, ou encore des espaces transdisciplinaires novateurs comme le *Feral Atlas*, abrité par l'université de Stanford et illustré ci-contre.

Conçu comme une expérience pour l'étude transdisciplinaire et extradisciplinaire de l'Anthropocène, ce site interactif s'intéresse aux entités non humaines qui, sous l'effet des infrastructures humaines, sont devenus férales (de même que sont dites férales les espèces domestiques retournées à l'état sauvage) et qui échappent désormais à tout contrôle humain. Jouant sur la forme et le contenu, l'atlas exploite les possibilités esthétiques et expressives du numérique pour mettre en relation une pluralité de registres épistémiques tout en permettant aux visiteurs d'y mêler leurs expériences personnelles. L'espace numérique se présente ici comme une nouvelle manière de produire de la théorie, d'élargir les conversations académiques et de contribuer à des discussions publiques urgentes.

Feral Atlas, une exploration numérique des mondes proliférants de l'Anthropocène

Site dirigé par Anna L. Tsing, Jennifer Deger, Alder Keleman Saxena et Feifei Zhou, le *Feral Atlas* se présente comme une invitation à explorer une multitude de paysages terrestres, maritimes et aériens à l'époque de l'Anthropocène. Il incite à réfléchir aux questions que pose une nature devenue « monstrueuse » du fait des activités humaines, qui ont entraîné la prolifération d'entités échappant à tout contrôle.

Ces entités apparaissent sur la page d'accueil du site sous la forme d'images « flottantes ». Elles peuvent être animales (fourmis argentines, rats, crabe poilu de Shanghai, élevages bovins, grenouille verte, etc.), végétales (maladie de l'orme, mort subite du chêne, myrtilles radioactives, jacinthe d'eau, etc.) ou autres (antibiotiques, coronavirus, polystyrène, brouillards toxiques, plastique marin, mégafeux, pesticides, déchets de Fukushima, etc.).

Bubble, drain, dam, pour
  Why doesn't the river flow into the sea?

Dig, blast, inject, core
  My kitchen tap drips flames:

Pipe.

À chaque entité est associée l'une des quatre grandes phases de la transformation anthropocénique : invasion (grandes découvertes), empire (conquêtes coloniales), capital (révolution industrielle), accélération (Trente Glorieuses).

Lorsque le lecteur fait glisser le curseur sur l'une d'elles apparaît une illustration réalisée par un collectif d'artistes, évocatrice des nouvelles écologies résultant des activités humaines. Ici, par exemple, la pollution plastique des océans (ci-contre), le bouleversement des paysages naturels (ci-dessous) et les infrastructures portuaires du commerce international (en bas).

Quatre entités férales sont montrées sur cette page, de gauche à droite : les insectes radioactifs (accélération), les feux (capital), la grenouille verte (invasion) et le roseau commun (capital).

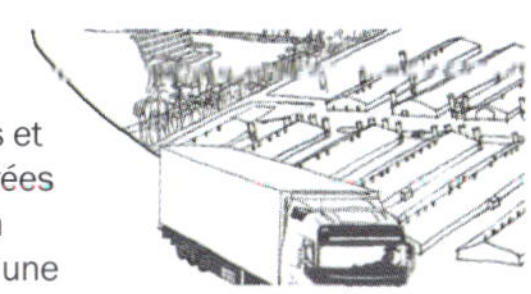

Sur chaque illustration, une série de points noirs et rouges donnent accès à des vidéos. Sont montrées ici la capture d'écran d'une vidéo consacrée à la sensation de foule (ci-dessus à droite) et celle d'une vidéo portant sur l'héritage des plantations des colonies européennes (ci-contre à gauche).

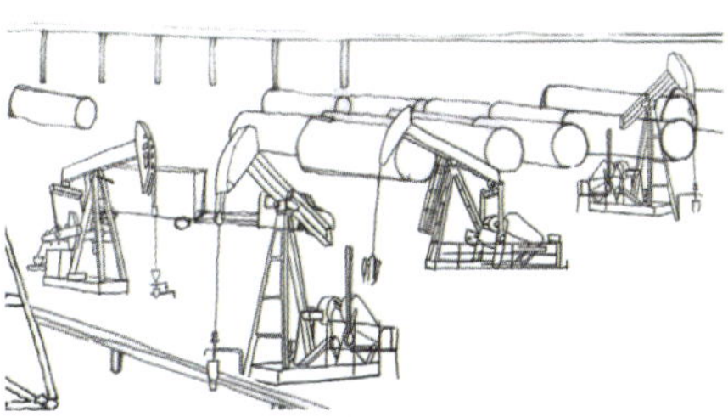

Chaque page du site dispose d'un « tiroir » (*drawer*), qui ouvre sur une série de lectures retraçant les connaissances et concepts liés à l'Anthropocène.

Source : Anna L. Tsing, Jennifer Deger, Alder Keleman Saxena et Feifei Zhou. Feral Atlas : *The More-Than-Human Anthropocene*, Stanford University Press, 2021, http://doi.org/10.21627/2020fa

De l'originalité

La notion d'original a-t-elle un sens dès lors que tout type d'œuvre culturelle peut être reproduit indéfiniment à l'aide des technologies numériques ?

Pour n'être pas nouvelles, les questions d'authenticité et de propriété intellectuelle posées par la conservation des œuvres sont devenues un sujet de débat public, non pas tant du fait des techniques d'impression en 2D et 3D, mais plutôt d'événements environnementaux, politiques et sociaux. Aujourd'hui, des autorités nationales, des musées et des communautés locales mobilisent toute une série d'acteurs pour produire des fac-similés d'œuvres patrimoniales détruites ou endommagées. CyArk, le Digital Humanities Laboratory de l'École polytechnique fédérale de Lausanne et le Google Arts & Culture Initiative ont ainsi construit les répliques des attractions de Mossoul en Irak (dont la mosquée al-Nouri, détruite en 2017 par ISIS), restauré une partie des monuments de Katmandou après le tremblement de terre d'avril 2015, créé une réplique de la grotte sacrée de Kamukuwaká dans le Mato Grosso détruite après que Jair Bolsonaro a mis fin aux mesures de protection des territoires indigènes.

Bien que la plupart de ces expériences établissent une distinction claire entre un original perdu et sa réplique produite à l'aide des technologies numériques, certaines remettent en question les concepts mêmes d'original et de copie. Tel est le cas du projet « Content Aware Studies » d'Egor Kraft, une série de modèles 3D réalisés à l'aide de l'intelligence artificielle, dans lesquels des fragments de statues gréco-romaines sont « complétés » par un algorithme montrant que la technologie peut non seulement restaurer un original, mais aussi le déformer ; ou encore de la collaboration entre des laboratoires et des artistes au Brésil, qui ont utilisé les cendres de certains objets du Museu Nacional de Rio de Janeiro détruits par un incendie en 2018 pour fabriquer leur copie en impression 3D.

Ces répliques ne s'affichent pas comme des substituts aux originaux perdus, mais comme de nouveaux objets ayant une relation discursive et matérielle avec leurs prédécesseurs. Comme l'expliquent Adam Lowe, directeur de l'atelier multidisciplinaire qui a mis au point la technologie nécessaire à la numérisation de la tombe de Séti Ier (Factum Arte), et le philosophe Bruno Latour, les technologies numériques font évoluer la notion d'original : d'« authentique » ou de « vrai », elle devient « origine », au sens des débuts d'une trajectoire faite d'appropriations, d'utilisations, de jouissances, de copies et de reproductions.

1 ACQUÉRIR LES DONNÉES...

Trois dispositifs, connus des topographes ou inventés pour l'occasion, aident à l'acquisition d'une grande quantité de données variées : volumes, reliefs, coloris, etc.

Technologie LIDAR
Un scanner couplé à une caméra couleur permet d'obtenir une reconstitution tridimensionnelle de 70 scènes représentées dans la tombe grâce à l'enregistrement de 2 132 millions de points de référence.

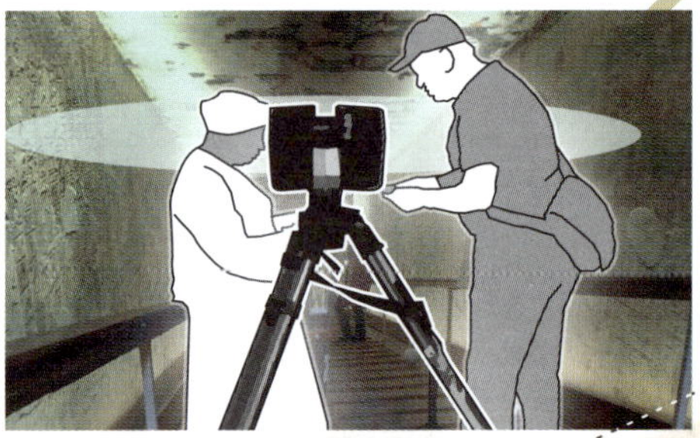

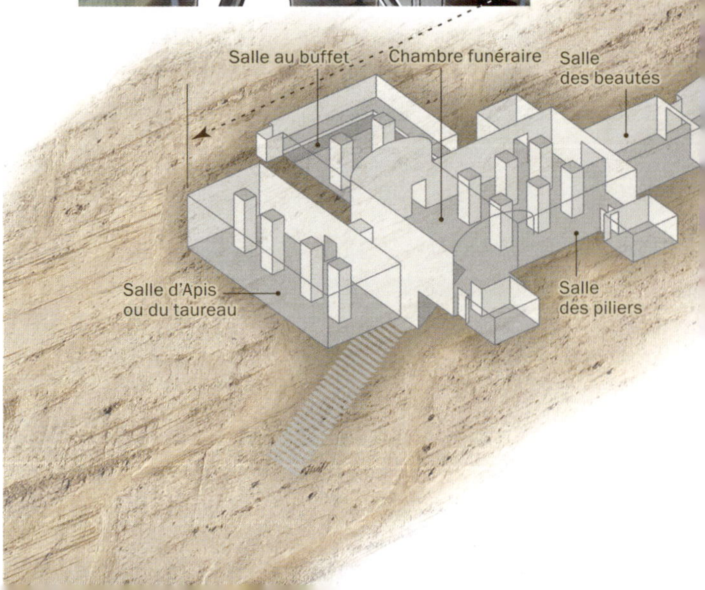

Fac-similé à l'âge du numérique de la tombe de Séthi Ier

Le tombeau du **pharaon Séthi Ier** (-1294 à -1279), père de Ramsès II, est l'un des mieux conservés et des plus visités de la vallée des Rois, le long du Nil en Égypte. Très fragile, ce site souffre de nombreux maux : piratage d'objets cultuels, poussière, pollution et humidité. Aussi les autorités égyptiennes ont-elles décidé d'en créer un fac-similé visitable, dont la maîtrise d'ouvrage a été confiée à la fondation Factum Arte, spécialisée dans la conservation et la copie d'œuvres d'art en 3D. Une version partielle à été présentée à l'Antikenmuseum de Bâle en 2018. Voici quelques-uns des moyens mis en œuvre par Factum Arte.

Lucida Laser Scanner
Ce laser spécialement conçu pour ce projet agit à 8 cm de la surface des parois et enregistre une surface carrée de 48 cm de côté par heure. Sa force : restituer précisément le moindre relief.

▲ **Photogrammétrie**
À l'aide de différentes techniques photographiques, l'opérateur recueille une masse d'informations sur les couleurs et les formes, qui serviront à la création des images en 3D.

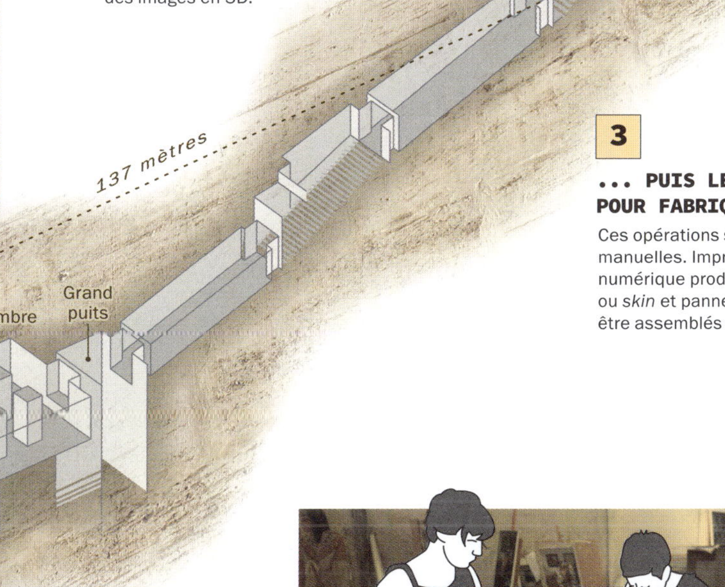

2

LES COMPILER ET LES TRAITER...

Les informations recueillies sont enregistrées, structurées ou uniformisées. Ici, un fichier haute résolution issu des enregistrements est restauré numériquement.

3

... PUIS LES RESTITUER POUR FABRIQUER LA TOMBE

Ces opérations sont à la fois très techniques et très manuelles. Impression élastique ou 3D et fraisage numérique produisent des éléments (films étirables ou *skin* et panneaux en polyuréthane) qui ne peuvent être assemblés et ajustés qu'à la main.

Imprimante à plat XXL
Autre machine conçue par Factum Arte, elle imprime en format 1,6 x 4,5 mètres en haute définition.

Positionner et ajuster les films
Le film est ajusté sur le panneau jusqu'à ce que tous les détails de l'impression correspondent à la surface sous-jacente. Ce travail minutieux s'effectue sous une lumière rasante.

Assembler la tombe
Les panneaux de polyuréthane sont assemblés pour reconstituer la tombe. Après d'indispensables retouches et raccords, le fac-similé est prêt à ouvrir au public.

Source : www.factum-arte.com

Être gouverné, se gouverner {

« **Meditation** », 2017. Photo extraite d'une série intitulée « The Robot Next Door » (2017-2023) de Nicolas Bigot, qui explore l'idée de créer un parallèle entre la vie numérique et la vie « réelle » et invite à réfléchir sur l'avenir d'un nouveau genre « humain ».

<Contrôle *versus* autonomisation/>

À l'occasion du lancement du premier ordinateur Macintosh d'Apple en 1984, un spot publicitaire met en scène un monde qui ressemble beaucoup à celui décrit par Georges Orwell dans son roman *1984*. On y voit des foules grises et uniformes accueillant docilement la parole du dictateur diffusée sur un écran géant. Dans le même temps, une jeune femme aux vêtements colorés, poursuivie par des policiers, jette un marteau sur l'écran qui explose. « Vous verrez pourquoi 1984 [l'année] ne sera pas comme *1984* [le roman] », conclut la publicité. Cette représentation d'une informatique au service de l'émancipation individuelle contre un pouvoir vertical et autoritaire, est au cœur de l'histoire d'internet. Comme l'a montré l'historien Fred Turner, elle prend ses racines dans la contre-culture américaine des années 1960, qui s'est opposée avec force à une informatique au service du contrôle de l'individu par les bureaucraties. Apparaît alors une vision alternative du numérique, qui favorise les collaborations harmonieuses entre les individus et leur permet de construire des formes égalitaires de gouvernement tout en approfondissant leur propre individualité.

Quarante ans plus tard, la même publicité Apple semble au minimum hypocrite, pour ne pas dire totalement mensongère. Et pas seulement dans les régimes où les libertés publiques sont restreintes, comme la Chine ou la Russie, et où l'essor du numérique a permis aux autorités d'étendre massivement leur contrôle sur la population. Les démocraties libérales ont également connu un développement sans précédent de la surveillance de leurs citoyens, orchestrée par des entreprises privées mais aussi par les États. La révélation en 2013 par Edward Snowden des pratiques massives de surveillance d'internet par la National Security Agency (NSA), une agence américaine de renseignement, a participé d'une large prise de conscience de l'étendue des usages du numérique à des fins de contrôle.

La représentation d'internet comme un espace de liberté qui se joue des frontières nationales semble aujourd'hui bien éloignée de la réalité.

Certes, internet est encore aujourd'hui gouverné par des organismes transnationaux, relativement distincts des États, qui ont été fondés par des communautés de techniciens motivés par un esprit de coopération internationale. Mais les États disposent d'un pouvoir considérable sur la façon dont les populations utilisent internet, au point où le contrôle étatique et commercial des réseaux soulève aujourd'hui des enjeux majeurs de libertés publiques.

La vision émancipatrice du numérique portée par la contre-culture des années 1960 n'a toutefois pas seulement sa place dans les livres d'histoire. Elle s'incarne aujourd'hui dans les mobilisations les plus marquantes de ces dernières années, qui se sont formées grâce aux réseaux sociaux (MeToo, BlackLivesMatter, Gilets jaunes, etc.). Sans organisation préalable, celles-ci ont connu un développement rapide en portant une critique des institutions qui a rencontré un grand écho dans l'opinion. Cette vision émancipatrice s'incarne aussi dans les pratiques de science citoyenne, qui voient des individus se saisir des technologies numériques pour rendre visibles les problèmes qui affectent leur environnement ou leur santé ; dans les pratiques de « quantification de soi » apparues à la fin des années 2000, par lesquelles des individus cherchent à mieux se connaître eux-mêmes et à agir sur leur corps au moyen des outils numériques ; ou encore dans les pratiques d'enquête « en sources ouvertes », par lesquelles journalistes, citoyens ou activistes investiguent sur les crimes commis par des gouvernements ou des intérêts privés à partir d'informations librement accessibles sur le web. Toutes ces pratiques, que l'on trouve surtout dans les démocraties libérales, nous rappellent que le contrôle des citoyens n'est pas la finalité incontournable des technologies numériques. L'engagement de la société civile et des institutions démocratiques s'avère ici crucial, pour construire des règles qui laissent la possibilité de pratiques émancipatrices du numérique.

Aux tableaux de bord

Tel son homonyme automobile, sur lequel s'affichent les informations nécessaires à la conduite du véhicule, le tableau de bord numérique se veut une aide graphique à la décision par sa présentation synthétique des données analysées par l'ordinateur. La pandémie de COVID-19 a donné un nouvel élan à cet outil de gouvernance par les données.

À l'origine, le terme de *dashboard* désigne une planche de bois fixée à l'avant des voitures à cheval afin de protéger le cocher des projections de boue. Par la suite, le *dashboard*, ou tableau de bord, devient ce qui « protège » le conducteur de la complexité de fonctionnement de son véhicule à moteur tout en l'informant sur ses performances.

Transposé au numérique, le tableau de bord joue un rôle similaire : à l'aide d'un large répertoire graphique (histogrammes, compteurs, feux de signalisation, cartes et modèles 3D, etc.), il offre une vue globale et en temps réel sur les données qui se cachent derrière les systèmes informatiques complexes. Suivant le mantra de Ben Shneiderman, figure de référence dans le domaine des interactions humain-machine (« L'aperçu d'abord, le zoom, le filtre et les détails à la demande »), il est conçu pour aider et guider les décideurs, contribuant ainsi à nourrir le rêve d'une gouvernance par les données (*data-driven*).

L'un des précurseurs des tableaux de bord numériques est Cybersyn, centre de contrôle de l'économie chilienne créé au début des années 1970 par le gouvernement de Salvador Allende. Dirigé par Stafford Beer, l'un des principaux représentants de la recherche opérationnelle et de la cybernétique, et doté d'une *opsroom* où s'affichaient les données à l'aide d'une console à boutons, Cybersyn permettait aux ministres d'accéder en temps quasi réel aux performances des industries, de produire des scénarios à l'aide de logiciels de modélisation statistique et de simulation économique, puis de transmettre leurs directives aux entreprises par télex.

COVID-19 et visualisation de données : deux exemples de tableau de bord

nextstrain.org : un tableau de bord complexe et personnalisable

L'interface est composée de trois blocs de visualisation et d'un panneau latéral permettant à l'utilisateur de les **personnaliser**, par exemple à l'aide de **filtres appliqués sur les données**. Des **infobulles** s'affichent au survol de certaines données.

Les mêmes données peuvent être représentées sous **différentes formes de graphiques** selon le choix de l'utilisateur.

Ce type d'interface est adapté à un **public averti** et demande de sa part un **travail d'exploration**, soit un nombre important de **clics** afin d'obtenir des informations.

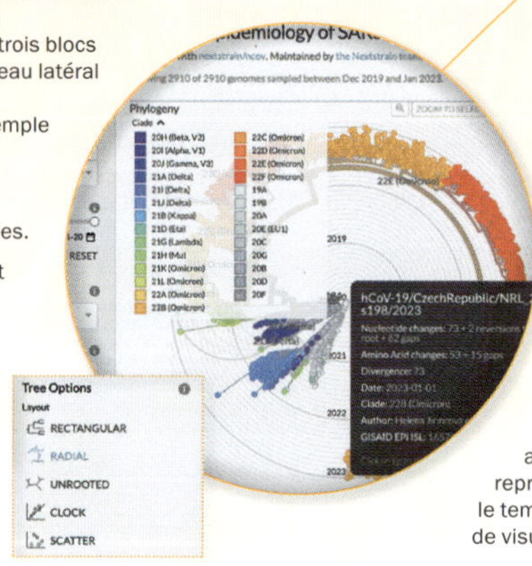

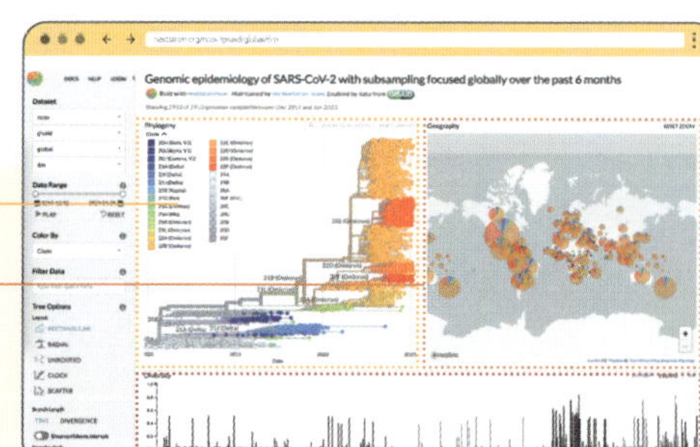

La carte s'ajuste selon les données sélectionnées, avec plusieurs découpages géographiques possibles. Les données affichées sont difficilement interprétables et ne comportent pas d'infobulles.

Des frises chronologiques en bas de l'écran, accompagnées d'infobulles, représentent les données dans le temps avec différentes formes de visualisations, tout en laissant l'utilisateur libre d'ajuster l'échelle temporelle.

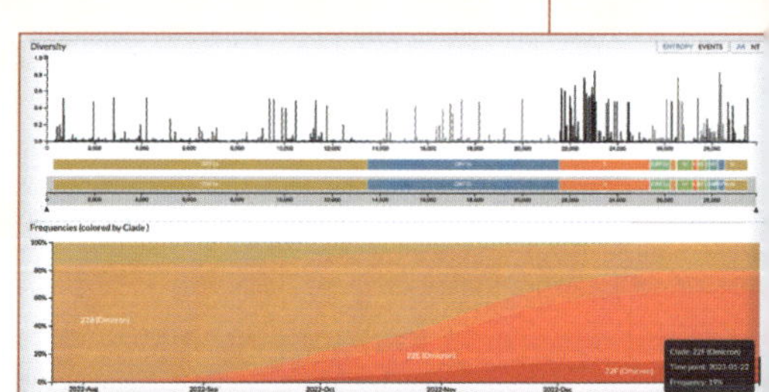

À partir des années 1980, les progrès informatiques multiplient ce type de dispositif, en particulier les salles de contrôle financier, dont l'emblématique Bloomberg Terminal. Certains événements politiques jouent aussi un rôle accélérateur, comme la Conférence des Nations unies sur l'environnement et le développement (CNUED) de 1992, à Rio de Janeiro, qui encourage l'utilisation d'indicateurs publics pour la mise en œuvre des objectifs. La plateforme ComStat de la police de New York (1994) et le centre d'opérations de Rio de Janeiro créé par IBM en réponse aux dégâts d'une tempête (2010), en sont des exemples classiques.

La pandémie de COVID-19, en 2020-2021, donne un nouvel élan aux tableaux de bord. Par sa nature à la fois envahissante et insaisissable, elle suscite de nombreuses tentatives de visualisation de sa propagation. S'inspirant de la carte de John Snow sur le choléra à Londres en 1854, les spécialistes des données exploitent les multiples ressources des plateformes de cartographie et de visualisation pour créer des infographies novatrices, alors que les data-journalistes utilisent les possibilités d'interactivité pour révéler la dynamique des données, en élaborant par exemple des scénarios épidémiologiques mondiaux. Certains tableaux de bord contribuent même à façonner le langage pour décrire le combat contre la maladie (« Il faut aplatir la courbe ! »). Des techniques innovantes de navigation apparaissent, comme le *scrollytelling* (histoires longues dans lesquelles des effets audio, vidéo et d'animation se déclenchent par simple défilement de la page). L'une des inventions les plus remarquables de ce type de tableau de bord est une horloge avançant au rythme des taux de vaccination sur le site officiel de l'Allemagne.

L'expérience de la pandémie met aussi en lumière les failles des tableaux de bord et, plus généralement, de la gouvernance par les données. D'une part, les visualisations de la pandémie n'échappent pas à une utilisation imprudente, qui mène à de la désinformation et engendre une méfiance progressive vis-à-vis des institutions. D'autre part, ces outils ignorent par définition ce qu'il n'est pas possible de quantifier, en particulier les contextes historiques, économiques, sociaux et environnementaux des réalités qu'ils entendent rationaliser.

Impfdashboard.de : un *scrollytelling* qui décompose et vulgarise l'information

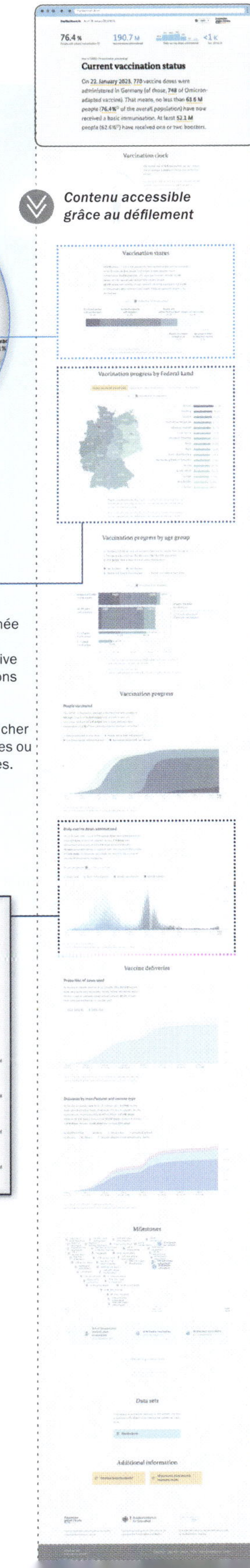

Ce site **hiérarchise** les données et apporte de la **narration** pour faciliter la compréhension par le **grand public**. Rassemblée sur un seul bloc, l'information est accessible par simple **défilement** (ou *scroll*). Les possibilités d'**interactions** sont limitées afin que l'utilisateur se focalise sur l'information.

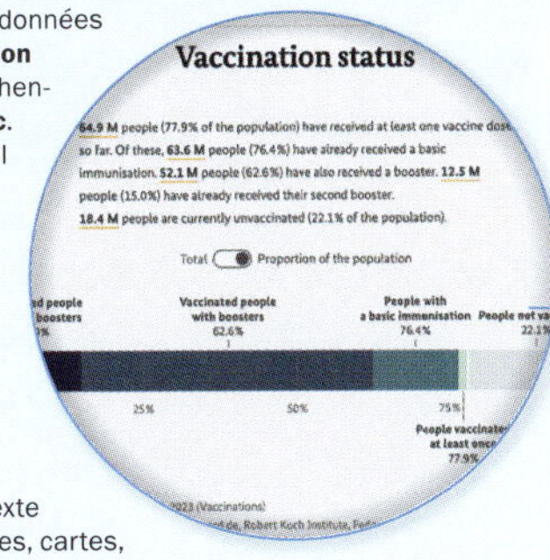

L'articulation entre le texte et les visuels (graphiques, cartes, etc.) permet d'expliciter les données et d'**accompagner l'utilisateur**. Les concepteurs de cette plateforme ont donc dû, pour la réaliser, effectuer une **série de choix** et procéder à une **éditorialisation**.

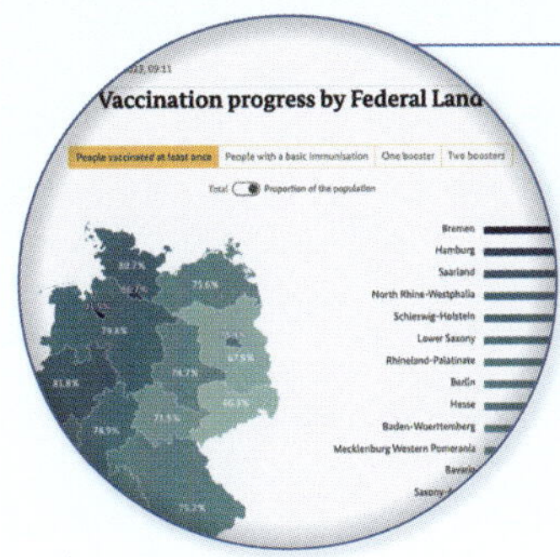

Cette carte, combinée à des diagrammes, est rendue interactive par quelques boutons qui permettent de choisir des indicateurs et d'afficher des valeurs absolues ou des valeurs relatives.

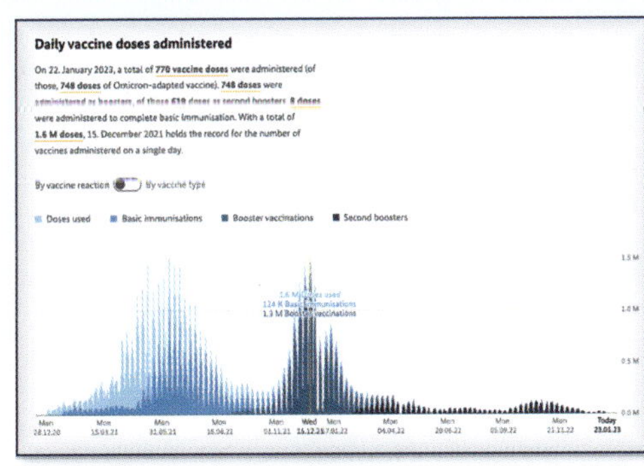

Le bas de page présente plusieurs évolutions d'indicateurs dans le temps, toujours accompagnées d'un texte présentant les dernières données disponibles et permettant à l'utilisateur d'interpréter facilement les visualisations sans autre action que le *scroll*.

Boulevard du cybercrime

La formidable capacité des technologies numériques à transmettre et à dupliquer des informations constitue aussi leur talon d'Achille, car elle les rend vulnérables aux actions criminelles ou malveillantes. L'histoire montre cependant que cybercriminalité et avancées scientifiques et sociales ont souvent partie liée.

Au XIXe siècle, le télégraphe, inventé par les frères Chappe vers 1780, fait l'objet de ce qui est considéré comme l'un des premiers actes de détournement illicite d'infrastructures de communication en France. En 1834, deux banquiers bordelais, François et Joseph Blanc, utilisent ce réseau de transmission de données, certes mécanique mais déjà pourvu d'un mode de chiffrement de bout en bout, pour monter une fraude boursière d'ampleur. Ils soudoient un opérateur du réseau à Tours pour qu'il insère des « erreurs » dans les messages officiels du gouvernement. Ces erreurs sont en réalité des informations codées qui permettent aux frères Blanc de connaître les fluctuations de la bourse de Paris cinq jours avant leurs concurrents. Lorsque les fraudeurs sont démasqués deux ans plus tard, ils ne sont pas condamnés car aucune loi n'interdit alors l'introduction de messages privés dans le réseau télégraphique d'État.

Les cas d'intrusion, de perturbation et de détournement des réseaux de communication à des fins plus ou moins criminelles ou malveillantes ne cessent ensuite de se produire. On se souvient des *phone freaks*, surnom donné à une série d'individus qui ont floué les compagnies téléphoniques américaines durant les années 1950 : Josef Carl Engressia Jr., dit Joybubbles, qui, grâce à son oreille parfaite, était capable de siffler au téléphone à la fréquence de 2600 Hz utilisée par Bell pour les appels longue distance ; John Draper, alias Captain Crunch, qui fraudait lui aussi la compagnie Bell grâce à un sifflet de même fréquence trouvé dans une boîte de céréales Cap'n Crunch ; Steve Wozniak et Steve Jobs, qui fabriquaient et commercialisaient une version électronique du fameux sifflet au détriment d'AT&T, pour ne citer que quelques exemples.

Aujourd'hui la cybercriminalité ne se limite pas au contournement des centraux téléphoniques. Elle englobe toute une série de pratiques frauduleuses sur internet, de la simple rediffusion de contenus protégés par des droits d'auteur jusqu'à l'envoi de rançongiciels, ou *ransomware*, sur les ordinateurs de particuliers, d'entreprises ou de gouvernements pour en extraire des données sensibles et les restituer à leur propriétaire en échange d'une forte rançon.

Quelles que soient leurs motivations – appât du gain, désir de vengeance, divertissement, avancées scientifiques, sociales, politiques, etc. –, les activités numériques en marge de la légalité et de l'éthique participent d'évolutions parfois inattendues dans les technologies numériques. La circulation de matériel protégé par le droit d'auteur, ou piratage, ainsi que la propagation de logiciels malveillants, deux phénomènes souvent concomitants (tout le monde connaît quelqu'un dont l'ordinateur a été infecté par un virus alors qu'il essayait de télécharger un film, un MP3, un livre ou de regarder un match de football), en offrent des exemples. Le premier phénomène, comme le montre le livre *The Pirate Book*, de Disnovation.org, est à la fois perçu comme une menace pour le droit d'auteur et comme une voie d'accès à la culture et une force majeure d'innovation sociale, technologique et intellectuelle. Quant au second, rappelons que les virus informatiques, aujourd'hui pleinement enrôlés dans ce que l'on appelle la cyberguerre entre pays ennemis, trouvent leur origine dans les recherches scientifiques les plus avancées, dont celles du mathématicien John von Neumann sur le concept de machine autoréplicative, c'est-à-dire capable de fabriquer et de rediffuser de manière autonome des copies d'elle-même.

1989 AIDS Trojan, première attaque au *ransomware* connue

Ransomware/rançongiciel

Année de découverte des principaux *ransomwares*, 1989-2023

En gras et souligné les 10 *ransomwares* responsables du plus grand nombre d'attaques (montrées dans le graphique de droite), tous secteurs confondus, depuis 2018.

- **2005** GPCode, premier *ransomware* moderne
- **2006** Archievus
- **2012** Reveton
- **2013** CryptoLocker
- **2014** CryptoWall
- **2015** TeslaCrypt
- **2016** Dharma, Locky, Petya
- **2017** BitPaymer, NotPetya, WannaCry
- **2018** GrandCrab, **Ryuk**
- **2019** **DoppelPaymer**, LockerGoga, **Lockbit**, **Maze**, **NetWalker**, **Pysa**, **REvil**
- **2020** **Conti**, **DarkSide**, **Egregor**
- **2021** AvostLocker, Babuk, **Lockbit 2.0**
- **2022** Alphv, BlackBasta, Hive, **Lockbit 3.0**

Attaques de grande ampleur

2017 — Wannacry
En quelques jours, plus de 300 000 ordinateurs infectés dans 150 pays. Rançon de 300 à 600 dollars. Se propage à l'aide d'une faille de sécurité de Windows, appelée *EternalBlue*, et initialement exploitée par l'Agence nationale de sécurité américaine (NSA).

2017 — NotPetya
Exploite la faille *EternalBlue*, mais son comportement de *ransomware* est un leurre : les données sont irrécupérables. Sa cible est l'Ukraine (banques, entreprises publiques, ministères, etc.). L'attaque a eu lieu un jour férié afin de se propager plus facilement.

2021 — Kaseya (REvil)
Cible la société Kaseya, fournisseur de services informatiques aux entreprises. Plus de 1 000 d'entre elles seront infectées par le *ransomware* REvil. Rançon globale de 70 millions de dollars.

2022 — Costa Rica (Conti et Hive)
Double attaque entre avril et juin paralysant les institutions du pays (ministères des Finances, du Travail, de la Santé, etc.) au point de déclarer l'état d'urgence. Rançon globale de 10 et 5 millions de dollars.

Attaques au *ransomware* par secteur, dans le monde, 2018-mars 2023

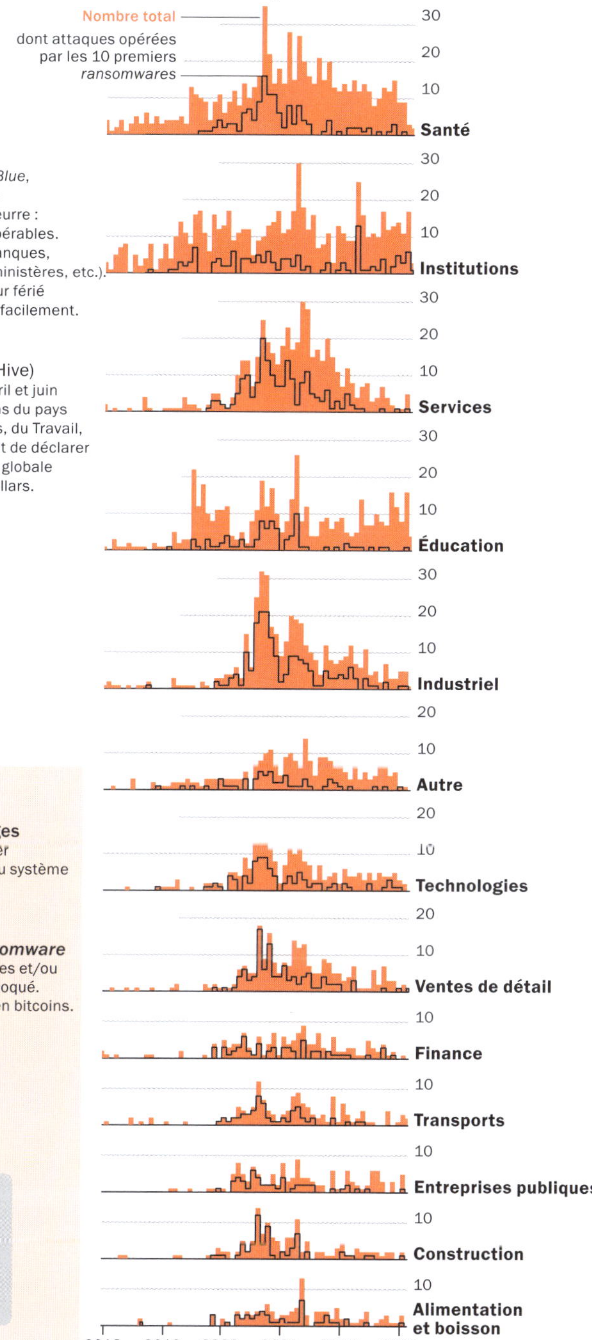

Source : Comparitech, « Global Ransomware Attacks », mars 2023.

Déroulement d'une attaque au *ransomware*

1. **Accès initial**
L'attaquant s'introduit dans le système informatique de la cible visée via plusieurs subterfuges (*phishing*, faux site, faille informatique, etc.).

2. **Exécution**
Un logiciel malveillant est execute dans le système attaqué afin d'acquérir des accès (utilisateurs, mot de passe).

3. **Élévation des privilèges**
Le logiciel tente d'accéder au niveau le plus élevé du système (user → admin → root).

4. **Mouvement latéral**
L'attaquant déploie des logiciels malveillants supplémentaires afin de pénétrer en profondeur le système.

5. **Collecte des données**
L'attaquant rassemble les données dérobées avant de les exporter dans un *cloud* ou un serveur.

6. **Déploiement du *ransomware***
Les données sont chiffrées et/ou l'accès au système est bloqué. Demande d'une rançon en bitcoins.

Écosystème RaaS

Des opérateurs de *ransomware* ont commercialisé un modèle appelé Raas, pour *Ransomware as a Service*, consistant à vendre les logiciels malveillants à des clients, en échange d'une partie de la rançon.
Le client lance la cyberattaque, mais les négociations avec la victime restent assurées par l'opérateur.

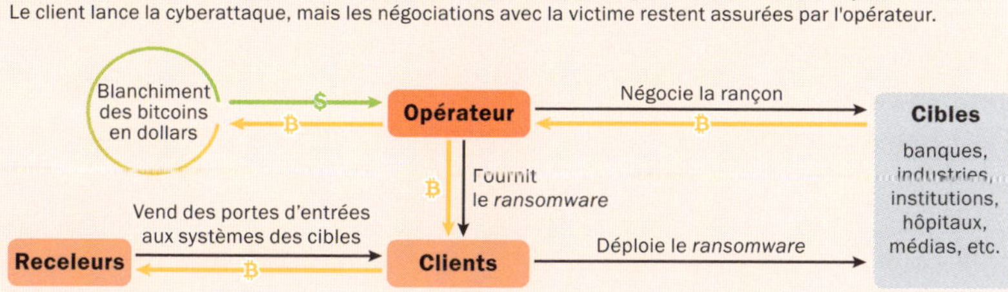

Source : Arun Warikoo, « Perspective Chapter : Ransomware », dans Eduard Babulak (ed.), *Malware. Detection and Defense*, IntechOpen Limited, 2023.

La gouvernance d'internet

Les principales instances chargées de la gouvernance d'internet ont un statut transnational. Le dispositif original de régulation qu'elles ont institué, en lien avec les acteurs économiques, les associations d'internautes et les États, doivent de plus en plus souvent composer avec les exigences de ces derniers, qui souhaitent contrôler les usages d'internet sur leur territoire.

Durant les décennies pionnières 1980 et 1990, la régulation d'internet a d'abord été confiée à des communautés de techniciens animés par un esprit de coopération internationale. À la différence des opérateurs de la téléphonie, les promoteurs d'internet se méfiaient des États, aussi ont-ils imaginé des organismes transnationaux originaux pour gérer les fonctions essentielles d'internet, même si l'influence de l'État américain n'a jamais cessé de s'exercer sur certains d'entre eux.

Trois grandes instances sont ainsi apparues. Toujours active et importante depuis sa fondation en 1986, l'IETF (Internet Engineering Task Force) constitue la principale instance de gestion des protocoles techniques du réseau. Elle fonctionne sous la forme d'une communauté internationale ouverte et reste dominée par des informaticiens qui prennent leurs décisions en cherchant à établir des consensus. Fondée en 1998, l'ICANN (Internet Corporation for Assigned Names and Numbers) dispose du pouvoir de définir les noms de domaine des sites internet, un enjeu sensible et indispensable au bon fonctionnement du réseau. Depuis 2016, l'ICANN n'est plus tenue par le contrat qui la liait initialement avec l'administration des États-Unis d'Amérique. Le W3C (World Wide Web Consortium), fondé en 1994 par Tim Berners-Lee, est un organisme de standardisation à but non lucratif chargé de promouvoir la compatibilité des technologies du World Wide Web telles que HTML5, XML, RDF et un très grand nombre d'autres règles de normalisation indispensables au fonctionnement d'internet dans différents pays et aux usages variés.

Bien qu'elles aient joué un rôle décisif dans la bonne marche et l'évolution d'un internet interopérable et ouvert, ces trois instances gèrent principalement les couches dites basses du réseau, et non le contenu des messages. Or, très rapidement, les États ont élaboré un ensemble de règles nationales pour affirmer leurs prérogatives sur le contrôle d'une série d'infractions relatives aux libertés publiques, comme la censure de certains propos (injure, diffamation), la protection du droit d'auteur, la protection de l'enfance et la lutte contre les usages criminels du réseau. L'évolution d'internet est donc étroitement liée à la manière dont ces différentes instances parviennent à concilier la permanence de règles internationales, ouvertes et partagées par tous, et les revendications souveraines des États qui souhaitent disposer d'un pouvoir sur la manière dont leurs populations utilisent internet.

À cet égard, le constat s'impose qu'internet n'est pas un réseau international homogène. Les autorités chinoises ont d'emblée séparé l'internet chinois du reste du monde et, dans de nombreux pays, le contrôle des contenus et la surveillance des autorités ont fait éclater la fiction initiale d'un réseau libre, homogène et sans frontières.

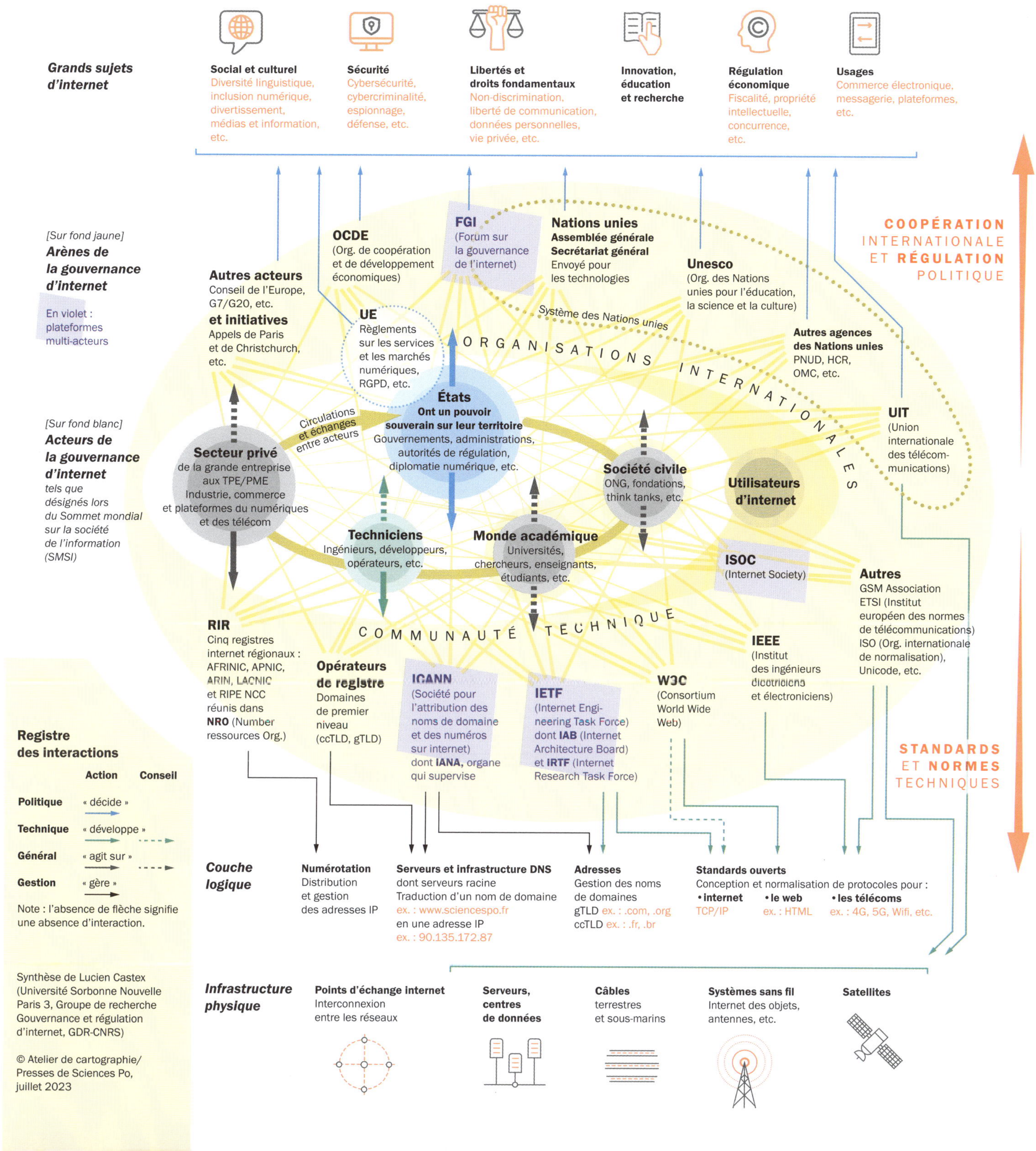
Grands sujets d'internet
Social et culturel
Diversité linguistique, inclusion numérique, divertissement, médias et information, etc.
Sécurité
Cybersécurité, cybercriminalité, espionnage, défense, etc.
Libertés et droits fondamentaux
Non-discrimination, liberté de communication, données personnelles, vie privée, etc.
Innovation, éducation et recherche
Régulation économique
Fiscalité, propriété intellectuelle, concurrence, etc.
Usages
Commerce électronique, messagerie, plateformes, etc.
[Sur fond jaune]
Arènes de la gouvernance d'internet
En violet : plateformes multi-acteurs
[Sur fond blanc]
Acteurs de la gouvernance d'internet
tels que désignés lors du Sommet mondial sur la société de l'information (SMSI)
COOPÉRATION INTERNATIONALE ET RÉGULATION POLITIQUE
OCDE
(Org. de coopération et de développement économiques)
FGI
(Forum sur la gouvernance de l'internet)
Nations unies
Assemblée générale
Secrétariat général
Envoyé pour les technologies
Unesco
(Org. des Nations unies pour l'éducation, la science et la culture)
Système des Nations unies
Autres acteurs
Conseil de l'Europe, G7/G20, etc.
et initiatives
Appels de Paris et de Christchurch, etc.
UE
Règlements sur les services et les marchés numériques, RGPD, etc.
ORGANISATIONS INTERNATIONALES
Autres agences des Nations unies
PNUD, HCR, OMC, etc.
UIT
(Union internationale des télécom-munications)
États
Ont un pouvoir souverain sur leur territoire
Gouvernements, administrations, autorités de régulation, diplomatie numérique, etc.
Circulations et échanges entre acteurs
Secteur privé
de la grande entreprise aux TPE/PME
Industrie, commerce et plateformes du numériques et des télécom
Société civile
ONG, fondations, think tanks, etc.
Utilisateurs d'internet
Techniciens
Ingénieurs, développeurs, opérateurs, etc.
Monde académique
Universités, chercheurs, enseignants, étudiants, etc.
ISOC
(Internet Society)
Autres
GSM Association
ETSI (Institut européen des normes de télécommunications)
ISO (Org. internationale de normalisation),
Unicode, etc.
COMMUNAUTÉ TECHNIQUE
RIR
Cinq registres internet régionaux : AFRINIC, APNIC, ARIN, LACNIC et RIPE NCC réunis dans NRO (Number ressources Org.)
Opérateurs de registre
Domaines de premier niveau (ccTLD, gTLD)
ICANN
(Société pour l'attribution des noms de domaine et des numéros sur internet)
dont IANA, organe qui supervise
IETF
(Internet Engi-neering Task Force)
dont IAB (Internet Architecture Board)
et IRTF (Internet Research Task Force)
W3C
(Consortium World Wide Web)
IEEE
(Institut des ingénieurs électriciens et électroniciens)
STANDARDS ET NORMES TECHNIQUES
Registre des interactions
Action / Conseil
Politique « décide »
Technique « développe »
Général « agit sur »
Gestion « gère »
Note : l'absence de flèche signifie une absence d'interaction.
Couche logique
Numérotation
Distribution et gestion des adresses IP
Serveurs et infrastructure DNS
dont serveurs racine
Traduction d'un nom de domaine ex. : www.sciencespo.fr en une adresse IP ex. : 90.135.172.87
Adresses
Gestion des noms de domaines
gTLD ex. : .com, .org
ccTLD ex. : .fr, .br
Standards ouverts
Conception et normalisation de protocoles pour :
• internet TCP/IP
• le web ex. : HTML
• les télécoms ex. : 4G, 5G, Wifi, etc.
Infrastructure physique
Points d'échange internet
Interconnexion entre les réseaux
Serveurs, centres de données
Câbles
terrestres et sous-marins
Systèmes sans fil
Internet des objets, antennes, etc.
Satellites
Synthèse de Lucien Castex (Université Sorbonne Nouvelle Paris 3, Groupe de recherche Gouvernance et régulation d'internet, GDR-CNRS)
© Atelier de cartographie/ Presses de Sciences Po, juillet 2023

Contenir les contenus

Le droit de tous à l'expression numérique, né dans un esprit de liberté sans entraves, a aussi fait apparaître des contenus haineux, racistes et illégaux qui appellent une régulation.

La liberté de publication sans contrôle préalable est un des principes centraux de la révolution numérique. Le droit a consacré cette liberté en séparant le statut d'hébergeur, reconnu à des plateformes comme Facebook et Twitter qui abritent des contenus, et celui d'éditeur, soit la personne qui publie un texte, une photo ou une vidéo sur une plateforme. Aux États-Unis, cette distinction a pris un tour radical après le vote de la section 230 du *Communication Decency Act* de 1996, qui libère les plateformes de toute responsabilité sur les contenus qu'elles hébergent. Le droit européen, à l'inverse, les rend responsables des contenus illégaux dès lors que ceux-ci leur ont été signalés par les autorités publiques ou par des internautes (d'où la présence de l'icône « signaler ce contenu » partout dans les espaces de publication numérique).

L'application aux contenus numériques du droit des États, qui définit les frontières de la parole publique, du légal et de l'illégal, semble un défi incommensurable. Comment détecter, au sein d'un tel volume de publications, ceux qui contreviennent à la loi ? Les États ont contourné la difficulté en choisissant de déléguer la régulation aux plateformes elles-mêmes. En Europe, par exemple, le « droit à l'oubli » contraint Google et tous les moteurs de recherche à examiner les requêtes d'utilisateurs demandant la suppression d'informations les concernant dans leurs résultats. Après s'y être opposées, les plateformes s'en acquittent plus ou moins bien selon les domaines. Après avoir d'abord confié à des modérateurs humains ce travail ingrat, dont elles ont masqué l'existence en recourant à des sous-traitants, elles tendent aujourd'hui à se reposer sur les algorithmes pour identifier les contenus à soumettre aux modérateurs, et même pour appliquer d'emblée des décisions automatiques. En lien avec les services de police, elles effacent les contenus pédopornographiques ; à l'aide des signalements effectués par les industries culturelles, elles identifient et suppriment ceux qui contreviennent au droit d'auteur. Certains, comme les discours de haine, restent toutefois difficiles à détecter.

Les décisions des plateformes sont ainsi jugées tantôt trop sévères, tantôt trop laxistes. Il leur est par ailleurs reproché de ne pas seulement se conformer au cadre légal des États, mais aussi d'édicter des normes arbitraires et privées via des chartes d'utilisation que les internautes sont priés de respecter quand ils s'inscrivent. Les grandes plateformes américaines ont, par exemple, décidé unilatéralement d'interdire la nudité de leur espace de publication, alors que le droit ne les y oblige pas. Elles peuvent aussi bloquer ou supprimer certains comptes de leur propre chef, comme Twitter l'a fait en 2021 pour celui de Donald Trump, sans autre justification qu'une vague allusion à la violation de leur charte d'utilisation.

Après avoir été longtemps négligée, la régulation des contenus est désormais au cœur des politiques publiques, en particulier en Europe. Le *Digital Service Act,* règlement européen mis en œuvre en 2023, définit les principes et les règles que les plateformes doivent respecter, à charge pour elles de prouver aux régulateurs qu'elles ont mis en œuvre tous les moyens nécessaires dans la lutte contre les contenus illégaux ou toxiques.

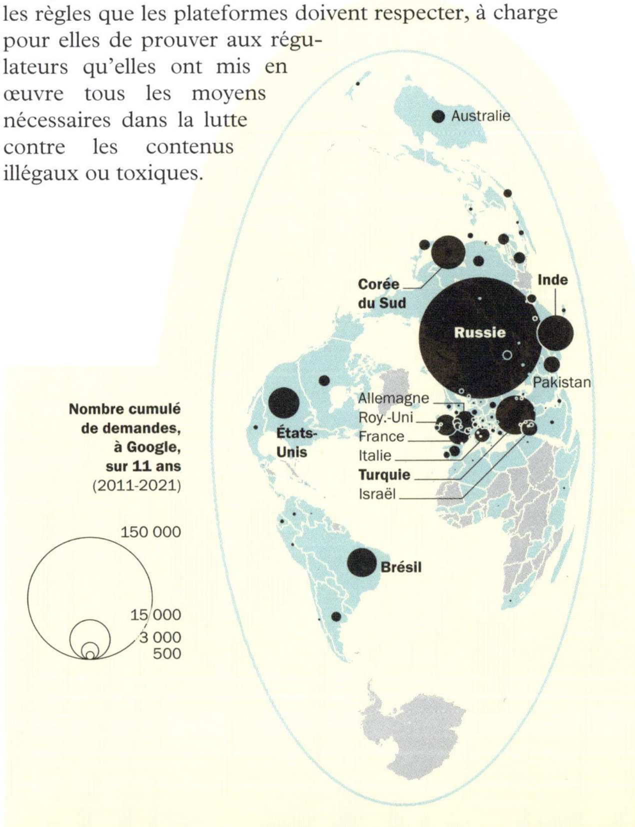

Contenus haineux signalés par les associations et les observatoires au sein de l'Union européenne, 2018-2021

Nombre de notifications sur 6 semaines (moyenne des évaluations de 2018, 2019 et 2021 ; sauf TikTok : 2021)

Décision de la plateforme à la suite de la notification

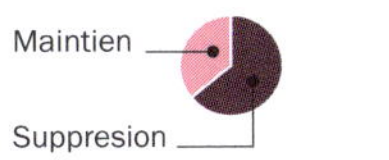

La Commission européenne coordonne des enquêtes dans le cadre du Code de conduite de l'UE pour la lutte contre les discours haineux illégaux en ligne. Les associations et observatoires envoient environ 4 400 signalements (en 6 semaines) aux plateformes qui adhèrent au Code.

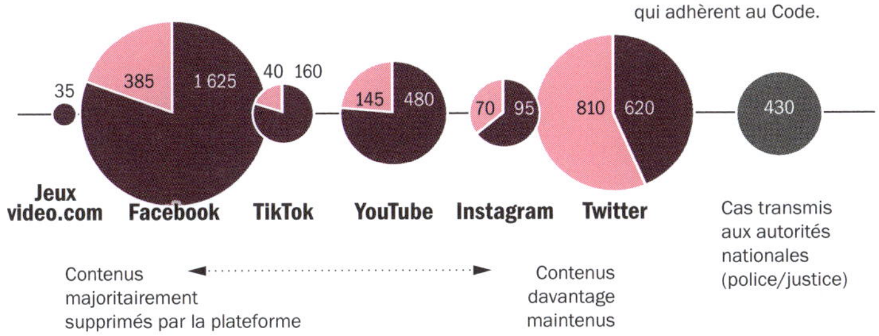

Nature* des contenus haineux signalés, répartition en %

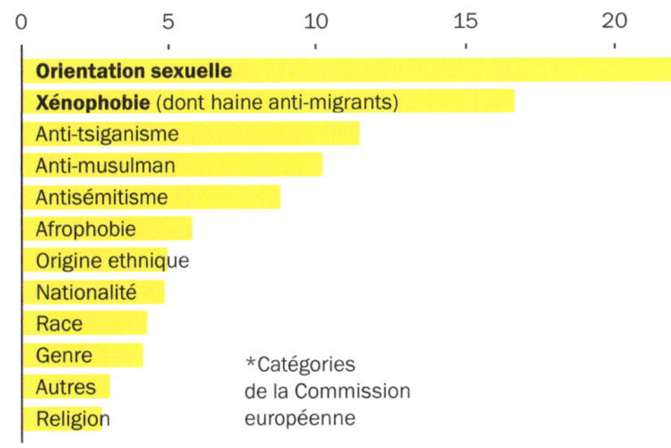

*Catégories de la Commission européenne

Demandes de suppression de contenus par les gouvernements à Google

Ces demandes émanent des gouvernements (contenu qui enfreint une loi) et des tribunaux (ordonnance). Plusieurs demandes peuvent porter sur un même contenu.

Les ordres de grandeur de ces graphiques sont à considérer avec précaution, car les services de Google sont bloqués par certains États (Chine, Corée du Nord, Syrie, etc.) et d'autres moteurs de recherche que Google sont parfois davantage utilisés (Baidu en Chine, Yandex en Russie ou Naver en Corée du Sud).

Services de Google concernés par les demandes de suppression :

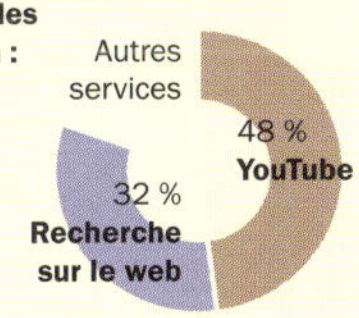

Répartition des motifs* de demandes de suppression invoqués par les États

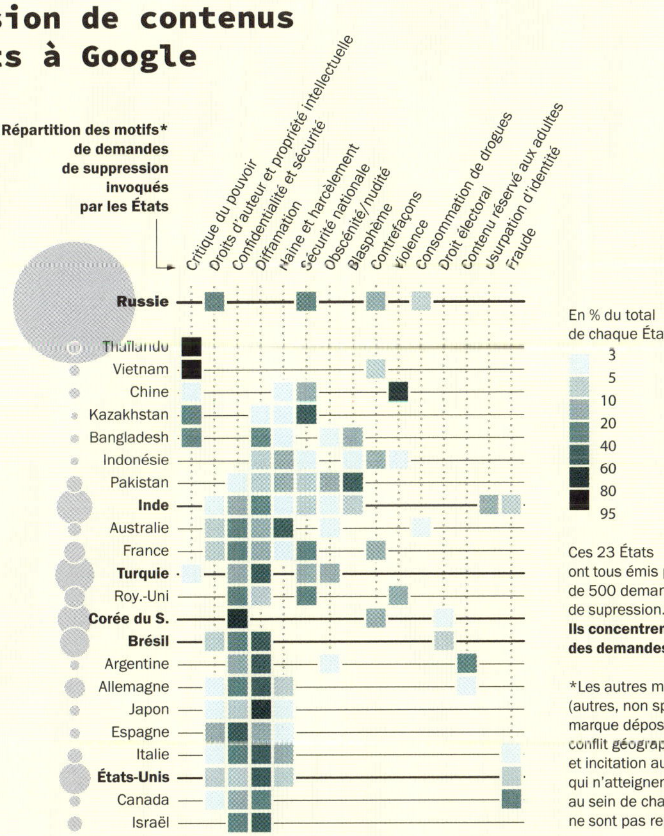

Ces 23 États ont tous émis plus de 500 demandes de supression. **Ils concentrent 97,2 % des demandes.**

*Les autres motifs (autres, non spécifié, marque déposée, conflit géographique et incitation au suicide), qui n'atteignent pas 5 % au sein de chaque État, ne sont pas représentés.

Sources : Commission européenne, *Evaluation on the Code of Conduct on Countering Illegal Hate Speech Online*, Factsheets de février 2019, juin 2020 et octobre 2021 ; Google, *Transparence des données*, https://transparencyreport.google.com, consulté le 28 juin 2022.

Censure progressive des voix indépendantes sur l'internet russe, 2012-2023

Le contenu de ce document a été préparé par les chercheur·es du projet ANR ResisTIC, « Les résistants du net. Critique et évasion face à la coercition numérique en Russie (2012-2022) », coordonné par Françoise Daucé (CERCEC/EHESS).

Chronologie détaillée et actualisée : https://timeline.resistic.fr.

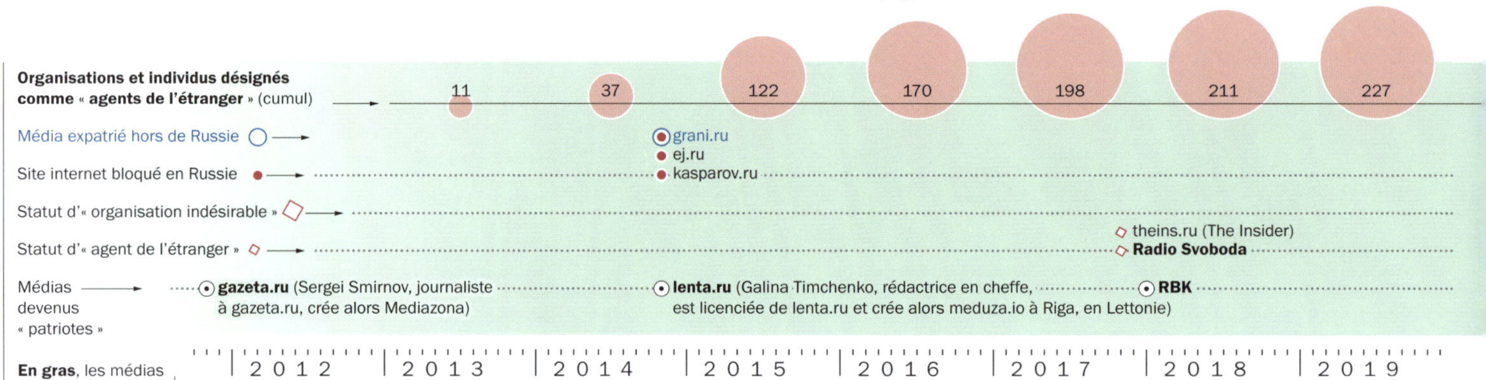

En gras, les médias les plus importants

En bleu et souligné, les médias créés hors de Russie au cours de la période

En noir : contrôle du pouvoir (lois, dispositifs techniques, interdictions, blocages, répression) et, plus largement, toute action du pouvoir russe

En bleu : réactions, résistances et manifestations contre le renforcement du contrôle d'internet et des médias

En violet : autres événements, qui influencent ou affectent l'action du pouvoir russe et ses réactions

CONTRÔLES ET RÉGULATION DES MÉDIAS

5 mai 2014
Loi sur l'enregistrement des blogueurs auprès de Roskomnadzor (autorité de régulation des communications et des médias)

9 mars 2016
Création du syndicat indépendant des journalistes et des travailleurs des médias

4 avril 2016
Novaya Gazeta publie les données issues des « Panama Papers »

8 juin 2016
Loi sur les agrégateurs de nouvelles (désormais responsables des informations qu'ils diffusent)

25 novembre 2017
Entrée en vigueur de la loi sur les médias « agents de l'étranger »

18 mars 2019
Loi sur les « fake news » (qui autorise un procureur à saisir Roskomnadzor pour bloquer un site et le sanctionner)

6 juin 2019
Arrestation arbitraire du journaliste Ivan Golounov (relâché après une large mobilisation de la communauté journalistique)

2 décembre 2019
La loi « sur les agents de l'étranger » est élargie aux journalistes à titre individuel

CONTRÔLES ET RÉGULATIONS D'INTERNET

30 juillet 2012
Loi portant création d'une « liste noire » des sites internet

1er septembre 2012
Création de l'Association Roskomsvoboda (défense des libertés en ligne)

28 décembre 2013
Loi dite « Lougovoï » sur la censure politique d'internet (permet aux autorités de bloquer un site sans passer par une décision de justice)

1er janvier 2014
Déploiement du système de surveillance en ligne SORM 3

24 mars 2014
Lancement d'un projet de câble sous-marin raccordant la Crimée à la Russie

22 avril 2014
Exil de Pavel Dourov, fondateur du réseau social VKontakte

6 juillet 2016
Entrée en vigueur de la loi Yarovaya (impose le stockage des données en Russie)

1er septembre 2016
Création de la société de protection d'internet OZI

1er décembre 2016
Mise en place du système Revizor (de blocage de sites)

23 août 2017
Condamnation d'une personne à deux ans de prison pour un repost sur l'Ukraine

1er novembre 2017
Loi sur l'interdiction des VPN

2 avril 2018
Tentative de blocage de la messagerie Telegram

13 mai 2018
Manifestations contre les blocages d'internet

1er novembre 2019
Entrée en vigueur de la loi sur l'internet souverain, loi dite « RuNet » (qui prévoit la nationalisation des acteurs, la réplication des serveurs racines sur le territoire, etc.)

CONTEXTE POLITIQUE NATIONAL ET INTERNATIONAL

4 mars 2012
Élection contestée de Vladimir Poutine (3e mandat de président de la Fédération de Russie)

20 juillet 2012
Loi sur les « agents de l'étranger » (qui stigmatise les associations qui reçoivent des financements étrangers et exercent une activité politique au sens large)

6 juin 2013
Edward Snowden se réfugie en Russie après ses révélations sur la CIA et la NSA

23 février 2014
Révolution de la dignité en Ukraine

16 mars 2014
Annexion russe de la Crimée et début de la guerre au Donbass

23 mai 2015
Loi sur les « organisations indésirables » (qui permet d'interdire les activités, sur le territoire russe, des ONG internationales au prétexte qu'elles menacent la « sécurité de l'État », la « défense nationale » ou « l'ordre constitutionnel »)

30 septembre 2015
Début de l'intervention militaire russe en Syrie

2 mars 2017
Enquête à charge d'Alexeï Navalny contre la corruption du Premier ministre (Dmitri Medvedev)

1er mars 2018
Révélation de Facebook sur Cambridge Analytica

18 mars 2018
Poutine réélu (4e mandat)

6 décembre 2018
Début des protestations environnementales (Nord de la Russie, « Shies »)

18 mars 2019
Loi sur « l'irrespect du pouvoir » (toute critique du pouvoir est qualifiée d'extrémiste)

21 avril 2019
Volodymyr Zelensky remporte l'élection présidentielle en Ukraine

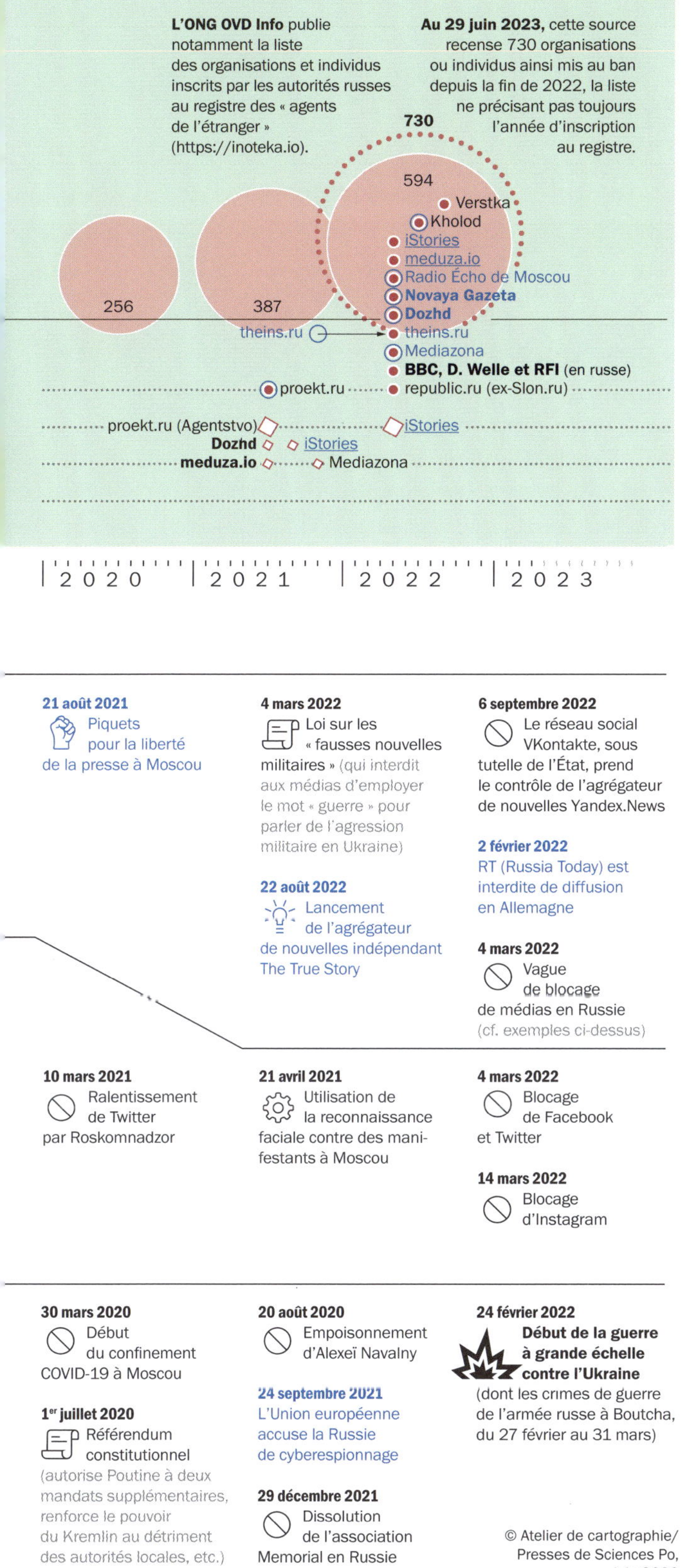

© Atelier de cartographie/Presses de Sciences Po, juin 2023

Notions de censure

L'étau de la censure se resserre sur internet dans un grand nombre de pays, dont la Russie.

Internet est d'abord une gigantesque infrastructure physique, un agglomérat de technologies de diverses générations constituant « un système fiable construit à partir de pièces peu fiables », selon Andrew Sullivan, PDG d'Internet Society. Les seuls États-Unis comptent ainsi plus de 1 400 fournisseurs de services et plus de 120 points d'échanges, presque tous privés. Dans ce pays, dont le gouvernement est tenu, par la Constitution, de protéger la liberté d'expression et qui dispose d'un système judiciaire solide, il serait quasiment impossible, en temps de paix, d'ordonner légalement la fermeture d'internet. Cela n'est pas vrai pour les pays dont l'infrastructure est beaucoup plus concentrée et où les coupures de réseau sont exécutées avec une facilité déconcertante. L'ONG Access Now, qui défend les droits civils numériques, a enregistré, depuis 2016, au moins 935 coupures totales ou partielles d'internet dans plus de 60 pays.

En Russie, où l'espace numérique s'est construit hors des cadres classiques de régulation nationale, l'élaboration d'une censure numérique remonte aux manifestations de 2012 contre la fraude électorale. Depuis lors, l'État russe enserre progressivement les acteurs de la maintenance, de la gouvernance et des usages ordinaires d'internet à l'intérieur d'un nœud de contraintes et d'emprises. En décembre 2019, il affirme avoir testé avec succès la déconnexion de son réseau de l'internet mondial, en application d'une nouvelle loi annonçant la création d'un « internet souverain », dit RuNet. Depuis février 2022 et le début de la guerre en Ukraine, un régime d'oppression tous azimuts se met en place, qui s'adresse autant aux experts publics que privés, autant aux partisans de l'ordre du net qu'aux défenseurs de ses libertés. Les mots du pouvoir se répandent dans l'espace numérique pour cadrer la réalité de la guerre en cours, et plus aucune voix ne peut s'exprimer contre elle.

Surveillance et sousveillance

Les mondes numériques ont considérablement accru et diversifié les modes de contrôle qui s'exercent dans nos sociétés, en particulier depuis la généralisation de l'usage des ordinateurs et surtout des smartphones : surveillance des internautes par les institutions et par les entreprises, surveillance des individus connectés entre eux.

Les technologies numériques produisent des traces dont l'enregistrement accroît incontestablement la possibilité de repérer, d'archiver et de contrôler les activités de chacun. Si, durant les premières années d'internet, l'usage de pseudonymes et d'identités masquées a pu offrir une certaine protection personnelle, le développement des grands réseaux, la lutte contre la piraterie et le harcèlement, les phénomènes d'usurpation d'identité, la nécessité de garantir les échanges et les paiements, etc., ont concouru à la généralisation de systèmes d'identification, de traçage et de contrôle.

Bien qu'encore imparfaits, ces systèmes sont devenus de plus en plus robustes. Ils ont certes contribué à sécuriser les usagers contre les risques d'un réseau trop ouvert, mais ils ont aussi favorisé la mise en place d'un système global de surveillance ainsi que son acceptation sociale. Mots de passe, identification par l'adresse, par le numéro de téléphone ou la biométrie, géolocalisation des déplacements et archivages des activités numériques ont fait de nos sociétés des univers dans lesquels il est de moins en moins possible de se cacher ou de se soustraire au regard social. Ce processus s'est considérablement accru avec l'individualisation de l'usage de l'ordinateur et, plus encore, du téléphone mobile.

En dehors de la surveillance exercée par l'État et les entreprises du numérique, l'un des phénomènes les plus singuliers des nouvelles pratiques numériques est l'exercice d'un contrôle mutuel entre individus. Cette surveillance mutuelle, parfois qualifiée de latérale ou de sousveillance, est la conséquence du renforcement des mécanismes de coordination au sein de nos sociétés, de la multiplication et de l'accélération des échanges interpersonnels. L'intensification du nombre et du rythme de ces interactions ne contribue pas seulement à densifier les liens sociaux, elle instaure aussi une difficulté à se soustraire au regard de ses proches.

Par ailleurs, à travers notre usage massif des réseaux sociaux, nous exposons, racontons et montrons un nombre toujours plus important d'informations personnelles. Les études montrent cependant que l'exposition de soi en ligne est une activité réfléchie et souvent stratégique. Les individus choisissent de montrer ou de cacher tel ou tel aspect de leur vie en fonction des traits de leur identité qu'ils cherchent à faire reconnaître par les autres. Il est donc faux de dire que les technologies numériques et les réseaux sociaux font disparaître la vie privée. En revanche, la frontière entre le public et le privé s'est sans doute déplacée. Elle constitue de moins en moins une norme unique et partagée par tous, et apparaît plutôt comme un trait de la construction de l'identité individuelle que chacun souhaite pouvoir contrôler. En d'autres termes, la séparation entre le privé et le public reste une norme sociale, mais elle s'individualise de plus en plus fortement à mesure que se multiplient les usages du numérique.

Évolution des fichiers administratifs en France, 1945-2022

Aujourd'hui en France, l'administration publique enregistre nos informations personnelles sur une centaine de fichiers informatiques, diversement nommés bases de données, répertoires, systèmes d'information, etc.

Acronymes des fichiers

Dans cette visualisation en nuage, plus l'acronyme est gros, plus ses interconnexions avec d'autres fichiers sont nombreuses.

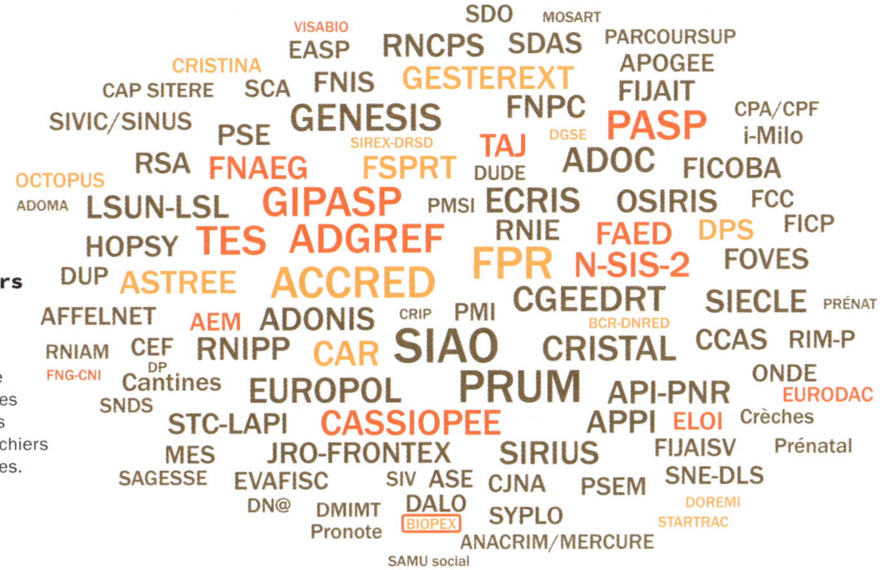

Répartition des fichiers...

Chaque cercle (●) représente un fichier

- Fichier secret
- Fichier biométrique

Interconnexion entre fichiers

faible ○ ◯ ◯ *élevée*

... selon l'année de création

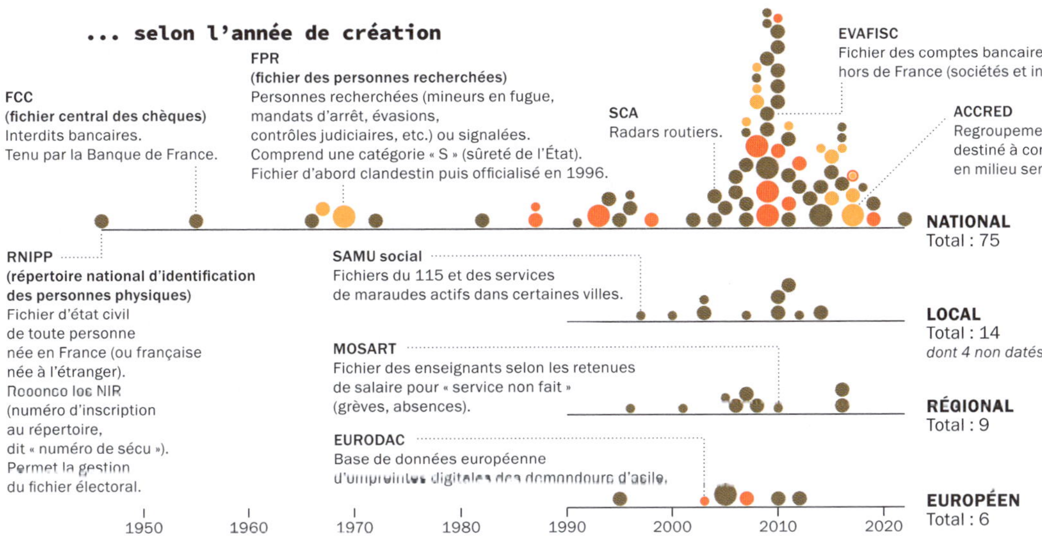

... selon le thème

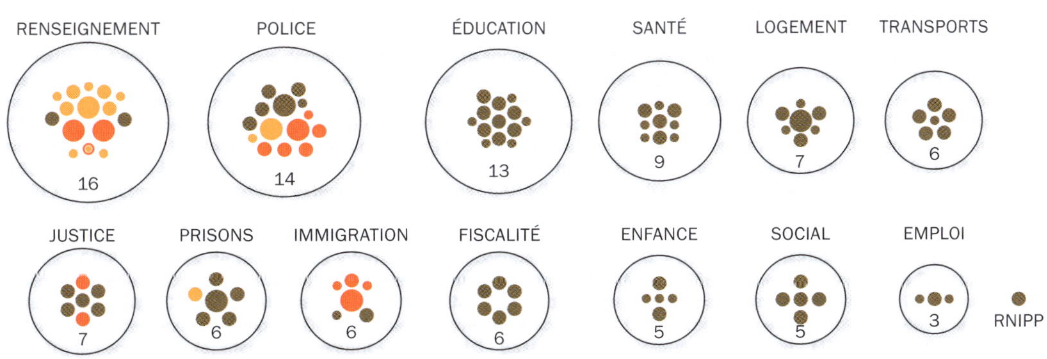

Source : d'après une base constituée par Jérome Thorel, mars 2023.
Voir aussi : Jérôme Thorel, « Fichage la French Connexion. Comment les précaires sont pris dans la toile d'araignée des fichiers informatiques », *Z : Revue itinérante d'enquête et de critique sociale*, 11, 2017 ; Cécile Marin et Jérôme Thorel, « Tous fichés ! », *Le Monde diplomatique*, 2022.

Faire parler les données

Une méthode hybride et inédite d'investigation journalistique et policière est apparue avec internet. Elle repose sur l'analyse de sources dites ouvertes, soit la multitude de données partagées par les internautes, pour reconstituer un événement ou dénouer une affaire.

L'accroissement exponentiel des informations en ligne révolutionne la manière d'enquêter sur le monde. L'OSINT (Open Source Intelligence) – ou « enquête en sources ouvertes » au sens d'accessibles à tous – est l'exemple même de cette évolution. L'expression regroupe un ensemble de pratiques situées au croisement du renseignement, de la police scientifique et du journalisme et reposant sur l'exploitation d'images et de vidéos partagées sur les réseaux sociaux, de messages publiés sur des forums, de bases de données en ligne, d'images issues de Google Earth, etc.

Les enquêtes OSINT de l'organisation Bellingcat sur les armes chimiques utilisées en Syrie et sur l'avion de la Malaysia Airlines abattu en 2014 par un missile au-dessus du territoire du Donbass ont marqué les esprits. En analysant notamment des photographies, des vidéos et des messages publiés sur YouTube, Twitter et VKontakte (réseau social russe similaire à Facebook) ainsi que des images satellites, Bellingcat a pu reconstituer le parcours du missile, identifier le lieu du tir et plusieurs personnes impliquées, et pointer ainsi la responsabilité de la Russie dans le drame.

L'autre exemple d'enquête OSINT est celle menée par le *New York Times* à propos du massacre commis par les troupes russes en mars 2022 à Boutcha, en Ukraine, durant les premières semaines de l'invasion. En exploitant des données très variées (vidéos de caméras de surveillance, données du gouvernement ukrainien, etc.) les journalistes du quotidien américain sont parvenus à identifier le régiment responsable de l'assassinat de nombreux habitants de cette petite ville proche de Kiev.

Ayant appris que les soldats russes volaient leurs téléphones aux habitants, ils ont obtenu du gouvernement ukrainien les données de tous les appels passés depuis la région de Boutcha vers la Russie. Puis, à partir des numéros identifiés de proches des soldats russes, ils ont collecté des informations sur les réseaux sociaux russes, grâce auxquelles ils ont pu découvrir les noms des soldats ayant commis le massacre.

L'enquête en sources ouvertes n'exige pas seulement des compétences techniques, par exemple pour traiter des données de géolocalisation ou vérifier les métadonnées d'une vidéo. Elle pose aussi des questions d'ordre épistémologique : si les sources sont libres d'accès et si chacun peut s'improviser enquêteur, comment s'assurer qu'une enquête est bien menée ? Comment se préserver d'une manipulation des sources à des fins d'intérêt particulier et être certain de la solidité des conclusions ?

Des médias comme le *New York Times*, le *Guardian* et *Le Monde* contribuent de manière décisive à l'établissement de règles sur les bonnes manières d'enquêter en sources ouvertes en adoptant la forme de collectifs d'investigation. L'un d'eux est l'International Consortium of Investigative Journalists, engagé dans de nombreuses enquêtes dont les fameux « Panama papers » en 2016. L'expérience journalistique reste en outre précieuse pour mieux comprendre les contraintes inhérentes à ce type d'enquête. Il ressort en effet que les sources ouvertes ne suffisent généralement pas et qu'un grand nombre d'entre elles échouent à produire le moindre résultat. La présence d'une source humaine, d'un contact permettant de formuler une hypothèse, est souvent déterminante. L'enquête sur le massacre de Boutcha le confirme : si les journalistes du *New York Times* n'avaient pas passé plusieurs mois sur place après le retrait des forces russes, ils n'auraient pas pu se rendre compte que les données des téléphones des habitants leur serviraient à identifier les assassins.

Exemple d'enquête en source ouverte réalisée par le *New York Times* : le massacre de Boutcha par l'armée russe en Ukraine, mars 2022

Pendant l'occupation par l'armée russe de la ville de Boutcha en Ukraine, en mars 2022, des douzaines de citoyens ont été tués, la plupart par balles, dans la rue Yablunska. En utilisant plusieurs sources d'informations, le *New York Times* est parvenu à retracer la chronologie des meurtres et à identifier l'unité russe responsable de ces meurtres, potentiels crimes de guerre, le 234ᵉ régiment d'infanterie.

NOTE DE LECTURE Par exemple, une vidéo amateure semblant montrer l'exécution d'un homme par un soldat russe est confirmée lorsqu'un drone de l'armée russe filme le cadavre au même endroit plusieurs jours plus tard.

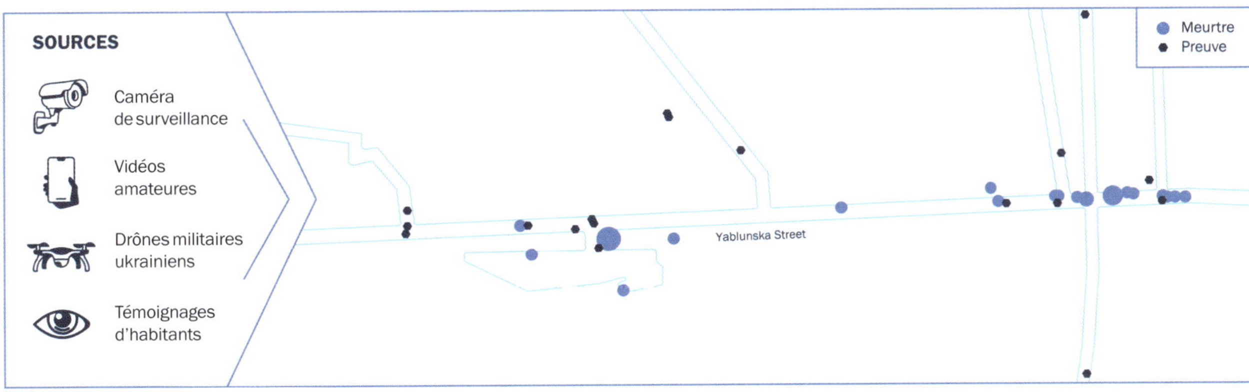

ÉTABLISSEMENT DES PREUVES

TÉLÉPHONES DE VICTIMES

Numéros appelés en Russie dans le journal d'appel des victimes

Comptes de réseaux sociaux associés aux numéros appelés en Russie

Photos montrants des soldats appartenant au 234ᵉ RI

CAMÉRAS DE SURVEILLANCE

Numéros d'identification de véhicules militaires filmés

Vidéo d'exercice militaire du 234ᵉ RI en Biélorussie avec les mêmes numéros de véhicule

Nom de guerre d'officiers entendus sur les bandes sons des caméras

Documents abandonnés après le retrait des Russes avec une liste de noms de guerre des officiers du 234ᵉ RI

REPORTAGE SUR PLACE

Bons de livraison d'armes pour le 234ᵉ RI

Lettres de proches adressées à des soldats du 234ᵉ RI

NOTE DE LECTURE Afin d'identifier les responsables de ces meurtres, les journalistes ont utilisé des indices sur place ou issus de sources numériques qui les ont mis sur la piste du 234ᵉ régiment d'infanterie (RI). Chaque indice (bleu) a été ensuite relié à une preuve (noir) afin de confirmer qu'il s'agissait bien de ce régiment.

Sources : Yousur Al-Hlou *et al.*, « Caught on Camera, Traced by Phone : The Russian Military Unit That Killed Dozens in Bucha », *The New York Times*, 22 décembre 2022

Quantification de soi

Les appareils de mesure de soi, en plein essor, donnent aux individus des capacités statistiques jusqu'alors réservées aux institutions. Utilisés pour mieux se connaître et pour améliorer ses performances, ils pourraient préfigurer l'homme augmenté appelés de leurs vœux par les transhumanistes.

Alors que les dispositifs de mesure et de comptage sont longtemps restés l'apanage des États, dont la capacité à gouverner la société s'appuie notamment sur l'appareil statistique, l'essor du numérique a rendu les pratiques de quantification beaucoup plus accessibles à tout un chacun. Certains, comme les militants de la science citoyenne, s'en saisissent pour révéler des problèmes sociaux ou environnementaux. D'autres y voient une opportunité pour mieux se connaître et mieux se gouverner en produisant des chiffres sur leur propre corps et leurs activités physiques.

Apparu à la fin des années 2000 en Californie, le mouvement du *quantified self* doit beaucoup au magazine *Wired*, qui a fait la part belle à des technologies émergentes telles que les bracelets et les montres connectés ainsi qu'à quantité d'applications accessibles depuis les smartphones. Ces objets se sont diffusés à travers le monde, et avec eux un ensemble de promesses. Grâce aux procédés de comptage et de suivi de données (glycémie, nombre de pas, sommeil, etc.) qu'ils contiennent, il serait désormais possible de se rendre plus « transparent » à ses propres yeux, d'optimiser ses performances, sportives ou autres, de réguler ses comportements et même de faire des auto-expérimentations, à l'instar de l'entrepreneur Tim Ferriss qui a testé des substances accélérant la transmission neurocérébrale. Toutes ces promesses s'inscrivent dans une longue histoire des procédés de mesure de soi, à laquelle le monde médical a contribué (la mesure du poids ou de la glycémie par les patients).

L'enregistrement des traces de son état corporel au moyen d'artéfacts numériques reste une activité globalement minoritaire. Certaines pratiques se sont toutefois répandues. Selon une enquête réalisée en 2019 en France, près de 40 % des femmes suivent leur cycle menstruel via une application numérique. L'enregistrement du poids est moins populaire, mais elle gagne en importance avec l'âge : elle concerne 31 % des plus de 60 ans, contre 16 % des 24-29 ans. Sans surprise, les hommes sont plus nombreux que les femmes à enregistrer leurs performances sportives (25,5 % contre 14,8 %).

Les procédés de quantification de soi élargissent bel et bien l'éventail des ressources dont disposent les individus pour se connaître et agir sur eux-mêmes. Ils alimentent aussi un ensemble de réflexions qu'incarne le mouvement intellectuel transhumaniste, qui réfléchit à l'augmentation des capacités physiques et mentales des humains, à la lutte contre le vieillissement et même contre la mort.

Habitudes d'auto-quantification en fonction du type d'activité

Part des répondants qui déclarent noter ou enregistrer au moins de temps en temps des informations sur leurs activités

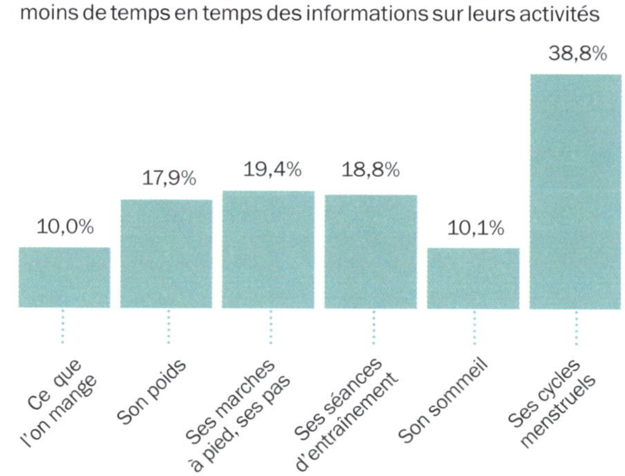

Source : Éric Dagiral *et al.*, « Faire place aux chiffres dans l'attention de soi. Une sociologie des pratiques de quantification et d'enregistrement aux différents âges de la vie », *Réseaux*, 216, 2019.

Les quatre promesses de la quantification de soi

Se mesurer pour mieux se connaître

La mise en données de l'activité physique et corporelle (poids, glycémie, marche, sommeil, etc.) est considérée comme source d'une transparence de l'individu vis-à-vis de lui-même. Exemple : application de suivi du sommeil .

Améliorer ses performances par le suivi et le calcul

Grâce aux données recueillies sur soi-même et à leur mise en calcul, il est possible d'optimiser nos performances dans plusieurs domaines de la vie quotidienne.
Exemple : montre connectée pour un suivi de performances sportives.

Réguler son comportement en se confrontant à ses propres mesures

En se confrontant à ses propres mesures, il est possible de mettre en œuvre une régulation fine de ses comportements, en vertu d'un principe de « boucle de rétroaction ».
Exemple : bracelet tracker du nombre de pas.

Faire des expérimentations sur soi-même

Promesse ultime du *quantified self*, le *biohacking* consisterait à modifier, expérimenter et réinventer sa vie biologique.
Exemple : analyses génétiques type 23andMe.

Sources : Éric Dagiral *et al.*, « Le *Quantified Self* en question(s) », *Réseaux*, 216, 2019 ; Minna Ruckenstein et Mika Pantza, « Beyond the Quantified Self. Thematic Exploration of a Dataistic Paradigm », *New Media & Society*, octobre 2015. © Nicolas Boeuf, Florine Lecomte/Presses de Sciences Po, 2023

La science citoyenne

Les outils numériques ont transformé les pratiques scientifiques, en permettant notamment à de nombreux profanes de collecter des données sur leur environnement ou sur leur santé. La science citoyenne contribue à renouveler les débats sur la production des connaissances et sur ses objectifs.

Largement reconnue depuis le XIXe siècle, la science citoyenne, soit la contribution d'amateurs à la production de connaissances, a bénéficié d'un renouveau important avec la révolution numérique. Progressivement miniaturisés, les outils de mesure ont pu se diffuser au sein de la population tout en conservant leur puissance de calcul. Au tournant du XXIe siècle, le développement des réseaux cellulaires a permis de connecter tous ces outils afin d'archiver et de visualiser en temps réel les données qu'ils collectent. Par exemple, des micro-capteurs renseignent désormais à tout instant sur de multiples phénomènes à l'échelle locale (pollution, bruit, météo, ondes, etc.).

La science citoyenne peut revêtir des formes très diverses : participation de citoyens à des projets de recherche (et parfois même à l'élaboration des protocoles), collecte de données pour faire valoir des revendications, mesures par les citoyens afin d'évaluer la qualité de leur environnement, etc. Malgré un idéal commun, celui d'objectiver par les chiffres des faits souvent imperceptibles à l'œil nu, les visées divergent. Elles peuvent être d'enrichir les connaissances, d'alerter sur la gravité d'un phénomène, de concurrencer des experts dont les analyses semblent insuffisantes ou encore d'adapter un comportement individuel aux données prélevées.

La carte de la région parisienne ci-contre présente une comparaison entre les stations de mesure institutionnelles gérées par AirParif, association créée en 1979 et agréée par le ministère en charge de l'environnement, et des micro-capteurs déployés dans le cadre d'un réseau global de science civique. Les différents types de mesure effectués au sein de ce réseau citoyen, qui déploie plus de 13 000 micro-capteurs à travers le monde, s'insèrent dans des contextes plus ou moins spécifiques. Ici, la carte montre que les Franciliens disposent prioritairement leurs capteurs dans des territoires où les stations institutionnelles sont moins présentes et où les données de qualité de l'air concernant leur quartier ou leur commune proviennent essentiellement de modélisations.

Tous les membres de ce réseau citoyen n'envisagent pas forcément leurs usages du micro-capteur de la même manière. Certains les utilisent pour mesurer l'air qu'ils respirent dans des espaces très circonscrits (à proximité d'une école, sur le balcon d'un appartement, dans une rue très fréquentée, etc.) et qui échappent à la surveillance d'AirParif. Ils tentent alors de faire valoir une autre réalité de la pollution de l'air en publicisant leurs mesures, par exemple pour demander des aménagements des voies de circulation devant une école trop exposée à la pollution. Toutefois, les institutions remettent régulièrement en cause leurs mesures, auxquelles elles reprochent de ne pas reposer sur les mêmes critères de scientificité que les données officielles.

D'autres membres du réseau voient l'utilisation des capteurs comme une occasion de mieux comprendre les mécanismes de la pollution et d'ajuster leurs comportements individuels. Ils se servent alors des données locales pour décider, par exemple, du moment où il faut aérer son logement, du trajet le moins pollué à choisir, de la manière d'automatiser des systèmes d'ouverture et de fermeture de ventilation, etc.

L'existence de dispositifs numériques de mesure ne garantit pas un statut scientifique à toutes les données citoyennes qu'ils recueillent. Certains plaident pour que leur scientificité soit mieux reconnue, d'autres la mettent en doute, notamment pour les données collectées sans le contrôle de professionnels ou via des techniques non certifiées. La valeur des chiffres, des cartes et des graphiques issus de la science citoyenne peut en effet varier grandement selon le contexte de production et les normes scientifiques en vigueur.

Malgré les vifs débats qu'elle suscite, l'essor de la science citoyenne pousse un ensemble d'acteurs, notamment les experts et les chercheurs, à s'interroger sur ce qui fonde la qualité des données scientifiques, sur leurs conditions de production ainsi que sur leurs objectifs, en particulier face à la crise environnementale et climatique.

Densité des capteurs de pollution de l'air institutionnels ou citoyens, Paris et proche banlieue

Sur cette carte, les différentes densités d'orange et de vert indiquent l'importance relative des capteurs institutionnels, opérés par AirParif, et des capteurs citoyens, opérés par des bénévoles, à Paris et dans la proche banlieue. Plus l'orange est dense dans une zone donnée, plus les capteurs AirParif sont nombreux ; plus le vert est dense, plus la zone compte de capteurs citoyens.

Capteur institutionnel   Capteur citoyen

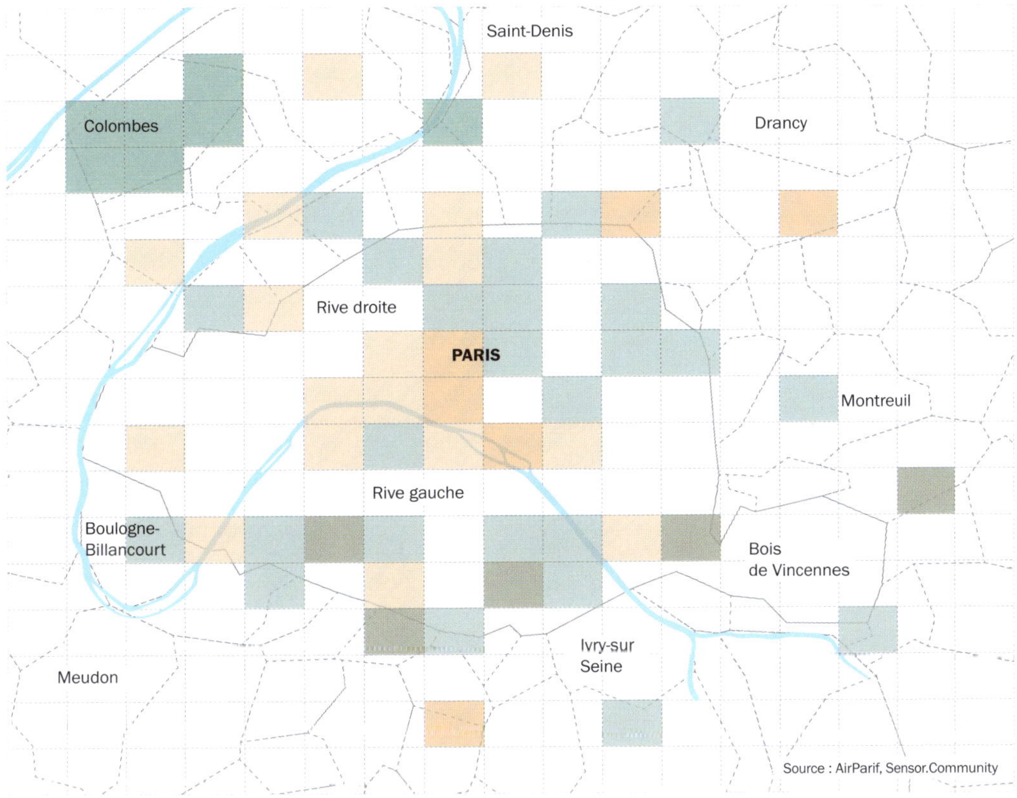

Source : AirParif, Sensor.Community

Composants d'un capteur citoyen de pollution de l'air

NOTE DE LECTURE Ces petits capteurs de pollution proposés par des réseaux citoyens sont à monter soi-même et à installer sur une fenêtre ou un balcon. Ils permettent de connaître sa propre exposition à la pollution mais aussi de faire remonter automatiquement les données captées au réseau via internet.

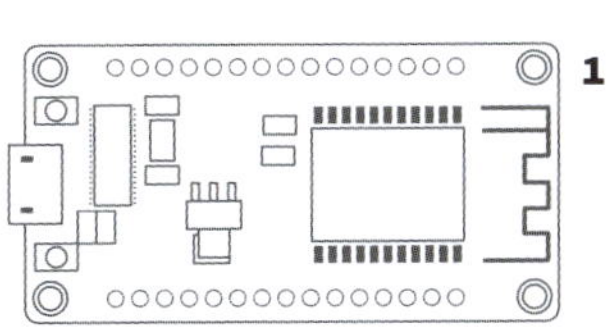

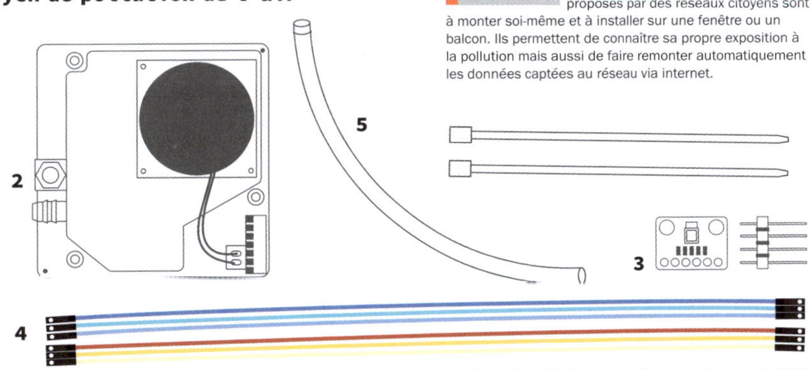

1 Microprocesseur + puce wifi
2 Détecteur de particules fines
3 Thermomètre + hygromètre
4 Câble
5 Tube flexible

Source : Sensor Community © Nicolas Boeuf, Florine Lecomte/Presses de Sciences Po, 2023

En ligne hors ligne, même combat

Les mobilisations sur les réseaux sociaux et dans la rue s'influencent mutuellement, les premières incitant à investir l'espace public, les secondes agissant sur la dynamique de communication en ligne, comme l'a démontré le mouvement des Gilets jaunes en France.

Le soutien à une cause sur les réseaux sociaux est souvent critiqué comme étant plus superficiel et moins efficace que les manifestations de rue. Pourtant, les recherches montrent que, loin de concerner des populations distinctes, mobilisations en ligne et hors ligne sont étroitement liées.

Le mouvement des Gilets jaunes, qui s'est exprimé en 2018-2019 en France, est emblématique de cette relation. Les réseaux sociaux, en particulier Facebook, ont joué un rôle déterminant dans la mobilisation. Les départements qui ont connu le plus grand nombre de manifestations sont souvent ceux auxquels étaient rattachés – généralement à l'échelle de la commune – les groupes de Gilets jaunes les plus actifs sur Facebook. Les deux cartes ci-contre attestent la robustesse de ce lien, même si certains départements, comme la Haute-Marne et la Dordogne ont connu une activité plus importante en ligne que sur la voie publique.

L'analyse de l'activité sur Facebook et des manifestations entre octobre 2018 et janvier 2019 fait apparaître les évolutions temporelles et spatiales de ce lien. Durant l'acte 1 du mouvement, la création de groupes Facebook a eu un effet déclencheur pour les protestations, lesquelles ont modifié à leur tour la diffusion de l'information sur Facebook. On est ainsi passé du bouche-à-oreille à la conquête du terrain, les usagers se précipitant pour créer des groupes Facebook inscrits dans un territoire au fur et à mesure que le mouvement devenait plus visible dans le débat public. Ce qui s'est dit sur Facebook a également influencé la mobilisation de rue. Tout au long des actes suivants, les appels à manifester et les messages de soutien publiés sur les réseaux sociaux ont joué sur le nombre de manifestants présents.

Comme on le voit dans cet exemple, les données des réseaux sociaux permettent de mieux comprendre la dynamique des mobilisations contemporaines. Toutefois, l'abondance apparente de données ne facilite pas la compréhension de la façon dont s'articulent ces deux types de protestation. C'est là un défi pour les sciences sociales contemporaines.

Représentation des interactions en ligne/hors ligne lors du mouvement des Gilets jaunes

Évolution de la vie hors-ligne et en ligne du mouvement des Gilets jaunes, acte 1 à 33
17 novembre 2018 – 29 juin 2019

Nombre de participants aux manifestations en France par acte

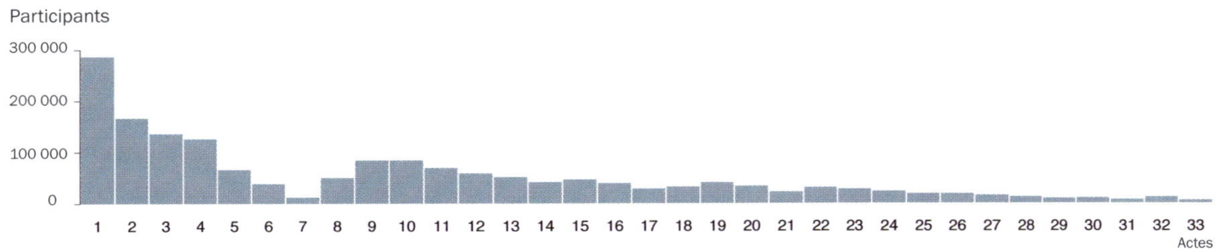

Nombre de publications sur les groupes Facebook de Gilets jaunes par semaine précédant chaque acte

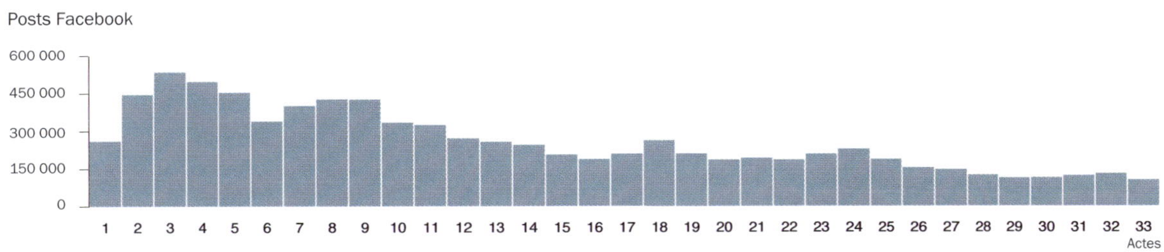

Corrélation géographique entre les groupes Facebook Gilets jaunes et les manifestations lors de l'acte 1 du mouvement, 17 novembre 2018

Nombre de groupes et événements Facebook consacrés aux Gilets jaunes par département pour 1 million d'habitants

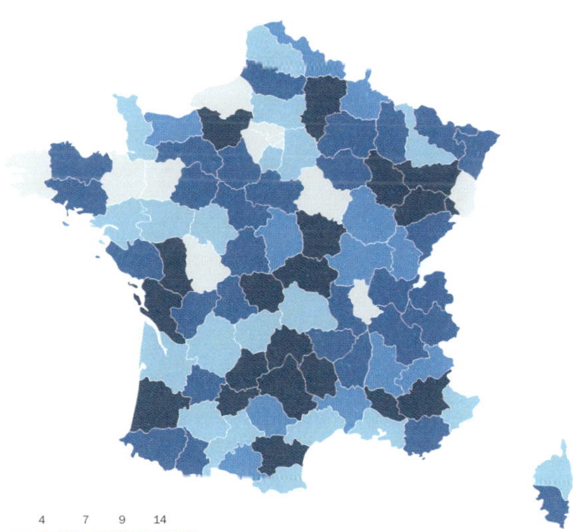

Nombre de manifestations ou de blocages par département lors de l'acte 1 (17 novembre 2018) du mouvement des Gilets jaunes pour 1 million d'habitants

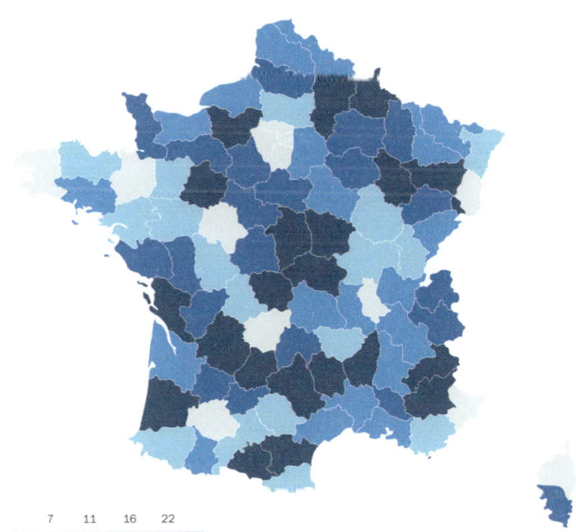

Source : Pedro R. Morales, Jean-Philippe Cointet et Caterina Froio, « Posters and Protesters », *Journal of Computationnal Social Sciences*, 5 (2), 2022

#Mobilisations

Internet et les réseaux sociaux ont fortement accéléré le déclenchement des mobilisations et augmenté leur échelle de façon spectaculaire, comme en témoigne le mouvement Black Lives Matter, mais sans apporter un gage d'efficacité pour la plupart d'entre elles.

#BLACKLIVESMATTER

ALICIA GARZA

Militante et éditorialiste née en 1981, elle est à l'origine du slogan « *Black People. I love you. I love us. Our lives matter* », posté sur Facebook en juillet 2013.

PATRISSE CULLORS

Artiste et militante antiraciste, intersectionnelle et LGBTQ née en 1983, elle est la première à avoir utilisé le hashtag #BlackLivesMatter, en écho au slogan d'Alicia Garza.

AYO OPAL TOMETI

Militante et écrivaine née en 1984, elle a acheté le nom de domaine blacklivesmatter.com et créé les pages Facebook, Tumblr et Twitter du groupe.

Diffusion de Black Lives Matter sur Twitter/X entre 2012 et 2022

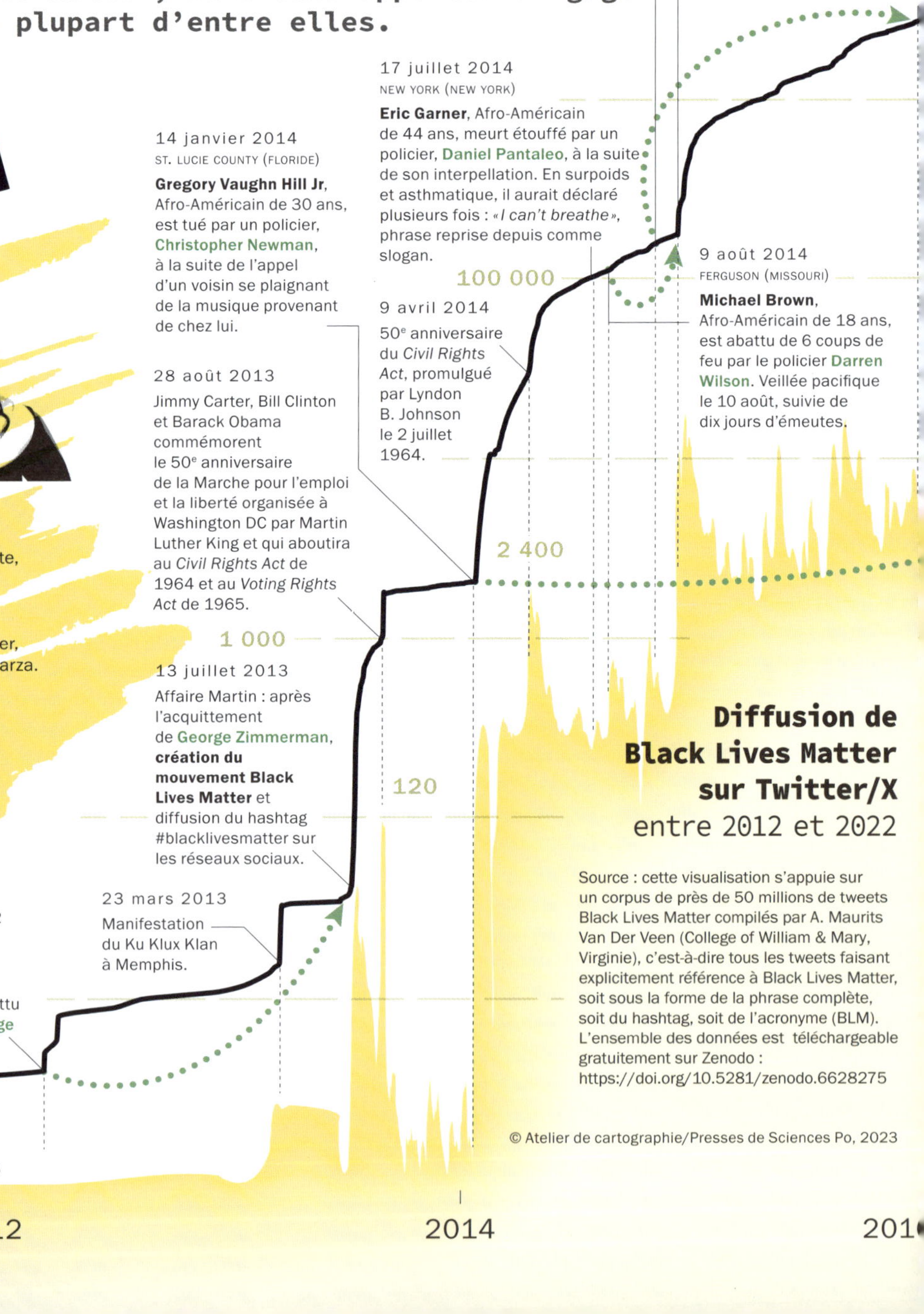

26 février 2012
SANFORD (FLORIDE)
Trayvon Martin, Afro-Américain de 17 ans, est abattu par un vigile, George Zimmerman.

23 mars 2013
Manifestation du Ku Klux Klan à Memphis.

13 juillet 2013
Affaire Martin : après l'acquittement de George Zimmerman, **création du mouvement Black Lives Matter** et diffusion du hashtag #blacklivesmatter sur les réseaux sociaux.

28 août 2013
Jimmy Carter, Bill Clinton et Barack Obama commémorent le 50e anniversaire de la Marche pour l'emploi et la liberté organisée à Washington DC par Martin Luther King et qui aboutira au *Civil Rights Act* de 1964 et au *Voting Rights Act* de 1965.

14 janvier 2014
ST. LUCIE COUNTY (FLORIDE)
Gregory Vaughn Hill Jr, Afro-Américain de 30 ans, est tué par un policier, Christopher Newman, à la suite de l'appel d'un voisin se plaignant de la musique provenant de chez lui.

9 avril 2014
50e anniversaire du *Civil Rights Act*, promulgué par Lyndon B. Johnson le 2 juillet 1964.

17 juillet 2014
NEW YORK (NEW YORK)
Eric Garner, Afro-Américain de 44 ans, meurt étouffé par un policier, Daniel Pantaleo, à la suite de son interpellation. En surpoids et asthmatique, il aurait déclaré plusieurs fois : « *I can't breathe* », phrase reprise depuis comme slogan.

9 août 2014
FERGUSON (MISSOURI)
Michael Brown, Afro-Américain de 18 ans, est abattu de 6 coups de feu par le policier Darren Wilson. Veillée pacifique le 10 août, suivie de dix jours d'émeutes.

20 octobre 2014
CHICAGO (ILLINOIS)
Laquan McDonald, Afro-Américain de 17 ans, succombe à un tir de 16 balle tirées par par le policier Jason Van Dyke.

24 novembre 2014
Affaire Brown : la justice ne poursuit pas le policier meurt Émeutes, état d'urgence et er de la Garde nationale.

Source : cette visualisation s'appuie sur un corpus de près de 50 millions de tweets Black Lives Matter compilés par A. Maurits Van Der Veen (College of William & Mary, Virginie), c'est-à-dire tous les tweets faisant explicitement référence à Black Lives Matter, soit sous la forme de la phrase complète, soit du hashtag, soit de l'acronyme (BLM). L'ensemble des données est téléchargeable gratuitement sur Zenodo : https://doi.org/10.5281/zenodo.6628275

L'essor incroyablement rapide et massif de plusieurs mouvements sociaux doit beaucoup au numérique en général et aux réseaux sociaux en particulier. Il suffit pour s'en convaincre de considérer les mouvements Black Lives Matter et Me Too, celui des Gilets jaunes en France, ou encore les protestations du parc Gezi en Turquie et de la place Tahrir en Égypte.

Tout d'abord, les technologies en ligne facilitent grandement la tâche des militants. Grâce à elles, il est beaucoup plus aisé et moins coûteux d'organiser une manifestation, de se coordonner pour occuper un lieu ou résister à la police. Ensuite, les plateformes permettent de mobiliser des individus de façon plus flexible, sans nécessiter qu'ils adhèrent à une association ou à un syndicat, qu'ils assistent à des réunions publiques ou manifestent sur la voie publique : ils peuvent se limiter au partage d'un hashtag ou à un like sur les réseaux sociaux, autant de formes d'action souples et temporaires autorisées par internet.

Les innombrables traces numériques laissées par ces mobilisations permettent aux analystes d'en saisir les forces et les faiblesses. Ainsi, malgré le succès massif que connaissent certaines d'entre elles, comme on le voit ici pour Black Lives Matter, la vaste majorité échouent à toucher le grand public. Au Royaume-Uni, par exemple, 94 % de toutes les pétitions déposées sur la plateforme nationale ne récoltent pas plus de 500 signatures. Un phénomène plus général sur internet veut qu'une petite minorité d'acteurs captent la majeure partie des ressources – en l'occurrence l'attention du public –, au moyen des plateformes en ligne. Cela tient à la fois à la conception même des plateformes, qui a pour effet de renforcer la visibilité des mobilisations déjà les plus populaires, et au rôle déterminant des institutions et des médias traditionnels. Plus les mobilisations attirent l'attention des pouvoirs publics et des médias professionnels, plus elles ont de chances d'intéresser les citoyens via les plateformes.

La plupart de celles qui parviennent à croître rapidement rencontrent en outre des difficultés majeures. Elles peinent à contraindre les gouvernants ou à formuler des revendications précises qui pourraient être intégrées aux politiques publiques. La sociologue Zeynep Tufekci l'explique par la faiblesse organisationnelle de ces mouvements, qui grandissent très vite sans parvenir à se structurer ni à établir des procédures de délégation et à mettre en place des réseaux de confiance entre militants. Les plateformes en ligne font ainsi émerger des porte-parole qui suscitent l'intérêt mais sont dépourvus de toute légitimité à l'intérieur du mouvement.

<Bibliographie/>

Introduction

BEUSCART Jean-Samuel, DAGIRAL Éric et PARASIE Sylvain, *Sociologie d'internet*, Paris, Armand Colin, 2019 [2016].

CARDON Dominique, *Culture numérique*, Paris, Presses de Sciences Po, 2019.

TURNER Fred, *From Counterculture to Cyberculture. Stewart Brand, the Whole Earth Network, and the Rise of Digital Utopianism*, Chicago, University of Chicago Press, 2010.

L'empire du calcul

CERUZZI Paul E., *A History of Modern Computing*, Cambridge, MIT Press, 2003.

LÉCUYER Christophe, « Gordon Moore (1929-2023). Microchip Entrepreneur and Architect of Moore's Law », *Nature*, 618, 2023, p. 669.

Fusion et miniaturisation

GREENFIELD Adam, *Everyware. The Dawning Age of Ubiquitous Computing*, Indianapolis, New Riders, 2006.

WEISER Mark, « The Computer for the 21st Century », *Scientific American*, septembre 1991, p. 94-104.

Des trous dans la couverture

NOTHIAS Toussaint, « Access Granted. Facebook's Free Basics in Africa », *Media, Culture & Society*, 42 (3), 2020, p. 329-348.

Culture *hacker*

RAYMOND Eric S., *The Cathedral and the Bazaar*, Sebastopol, O'Reilley, 1999.

VEGH Sandor, « The Media's Portrayal of Hacking, Hackers, and Hacktivism before and after September 11 », https://firstmonday.org/ojs/index.php/fm/article/download/1206/1126?inline=1.

VON BUSCH Otto et PALMÅS Karl, *Abstract Hacktivism : The Making of a Hacker Culture*, Londres, Open Mute, 2006.

La vallée du sable

ALEXANDRE Olivier, *La Tech. Quand la Silicon Valley refait le monde.* Paris, Seuil, 2023.

Joint Venture Silicon Valley, Institute for Regional Studies, 2021.

LÉCUYER Christophe, *Making Silicon Valley : Innovation and the growth of high tech, 1930-1970*, Cambridge, MIT Press, 2006.

MEEHAN Mary Beth et TURNER Fred, *Seeing Silicon Valley. Life Inside a Fraying America*, Chicago, University of Chicago Press, 2021.

Métiers numériques

ABBATE Janet, *Recoding Gender. Women's Changing Participation in Computing*, Cambridge, MIT Press, 2012.

AURAY Nicolas, *L'Alerte ou l'enquête. Une sociologie pragmatique du numérique*, Paris, Presses des Mines, 2016.

COLLET Isabelle, *Les Oubliées du numérique*, Paris, Le Passeur, 2019.

KREISS Daniel, FINN Megan et TURNER Fred, « The Limits of Peer Production. Some Reminders from Max Weber for the Network Society », *New Media & Society*, 13 (2), 2011, p. 243-259.

NOBLE Safiya Umoja, *Algorithms of Oppression. How Search Engines Reinforce Racism*, New York, New York University Press, 2018.

RAYMOND Eric S., *The Cathedral and the Bazaar*, Sebastopol, O'Reilley, 1999.

Un déluge de données

AYOUB Fares, SATO Toshiro et SAKURABA Atsushi, « Football and COVID-19 Risk. Correlation is not Cassation ? », *Clin Microbiol Infect*, 27 (2), 2021, p. 291-292.

KREISS Daniel, « Micro-Targeting, the Quantified Persuasion », *Internet Policy Review*, 6 (4), 2017, https://doi.org/10.14763/2017.4.774.

La forme réseau

BLONDEL Vincent D. *et al.*, « Fast Unfolding of Communities in Large Networks », *Journal of Statistical Mechanics : Theory and Experiment*, 2008 (10), 2008.

EULER Leonhard, « Solutio problematis ad geometriam situs pertinentis », *Commentarii academiae scientiarum Petropolitanae*, 8, 1741, p. 128-140.

JACOMY Mathieu, VENTURINI Tommaso, HEYMANN Sébastien *et al.*, « ForceAtlas2, a Continuous Graph Layout Algorithm for Handy Network Visualization Designed for the Gephi Software », *PloS One*, 9 (6), 2014.

MORENO Jacob Levy, *Who Shall Survive? A New Approach to the Problem of Human Interrelations*, Washington, Nervous and Mental Disease Publishing Co, 1934.

NEWMAN Mark E. J., « Modularity and Community Structure in Networks », *Proceedings of the National Academy of Sciences*, 103 (23), p. 8577-8582, 2006.

OOGHE-TABANOU Benjamin, JACOMY Mathieu, GIRARD Paul *et al.*, « Hyperlink is not Dead! », Proceedings of the 2nd International Conference on Web Studies, octobre 2018, p. 12-18, https://doi.org/10.1145/3240431.3240434

La revanche des neurones

ANDLER Daniel, *Intelligence artificielle, intelligence humaine. La double énigme*, Paris, Gallimard, 2023.

CARDON Dominique, COINTET Jean-Philippe et MAZIÈRES Antoine, « La revanche des neurones. L'invention des machines inductives et la controverse de l'intelligence artificielle », *Réseaux*, 211, 2018, p. 173-220.

Ceci n'est pas une main

GALANTER Philip, « What is Generative Art? Complexity Theory as a Context for Art Theory », 6th Generative Art Conference, 2003, www.philipgalanter.com/downloads/ga2003_paper.pdf.

Society2vec

COINTET Jean-Philippe, RAMACIOTTI MORALES Pedro, CARDON Dominique, FROIO Caterina, MOGOUTOV Andrei, OOGHE-TABANOU Benjamin et PLIQUE Guillaume, « What Colours are the Yellow Vests? An Ideological Scaling of Facebook Groups », *Statistique et Société*, 9 (1-2), 2021, p. 79-107.

DESROSIÈRES Alain, *The Politics of Large Numbers. A History of Statistical Reasoning*, Cambridge, Harvard University Press, 1998.

MIKOLOV Tomas, SUTSKEVER Ilya, CHEN Kai, CORRADO Greg S. et DEAN Jeff, « Distributed Representations of Words and Phrases and Their Compositionality », *Advances in Neural Information Processing Systems*, 26, 2013, https://doi.org/10.48550/arXiv.1310.4546.

TURKLE Sherry, *Alone Together. Why We Expect More from Technology and Less from Each Other*, New York, Basic Books, 2012.

Prophètes de l'IA

CRÉPEL Maxime et CARDON Dominique, « Robots *vs* algorithmes. Prophétie et critique dans la représentation médiatique des controverses de l'IA », *Réseaux*, 232-233, 2022, p. 129-167.

MITTELSTADT Brent, « Principles Alone Cannot Guarantee Ethical AI », *Nature Machine Intelligence*, novembre 2019, http://dx.doi.org/10.2139/ssrn.3391293.

SEAVER Nick, « Algorithms as Culture: Some Tactics for the Ethnography of Algorithmic Systems », *Big Data & Society*, 4 (2), 2017, p. 1-12.

SINGLER Beth, « Existential Hope and Existential Despair in Ai Apocalypticism And Transhumanism ». *Zygon®*, 54 (1), 2019, p. 156-76.

Énergivoracité

ARCEP, « Étude ADEME-ARCEP sur l'empreinte environnementale du numérique en 2020, 2030 et 2050, 2023 », https://www.arcep.fr/la-regulation/grands-dossiers-thematiques-transverses/lempreinte-environnementale-du-numerique/etude-ademe-arcep-empreinte-environnemental-numerique-2020-2030-2050.html.

COROAMĂ Vlad C. et MATTERN Friedemann, « Digital Rebound. Why Digitalization Will Not Redeem us our Environmental Sins », *Proceedings of the 6th International Conference on ICT for Sustainability (ICT4S 2019)*, 2019.

BELKHIR Lofti et ELMELIGI Ahmed, « Assessing ICT Global Emissions Footprint: Trends to 2040 & Recommendations », *Journal of Cleaner Production*, 177, 2018, p. 448-463.

FERREBOEUF Hughes, EFOUI-HESS Maxime, CARRIERE Anaïs et VERNE Xavier, *Environmental Impact of Digital. Trends by 5 Years and Governance of the 5G Update of Prospective Scenarios of Impacts of the World Digital, and Proposals for the Deployment of a Reasoned 5G*, The Shift Project, 2021.

KAZANSKY Becky, KARAK Madhuri, PEROSA Teresa, TSUI Quito et BAKER Sara, *At the Confluence of Digital Rights and Climate and Environmental Justice. A Landscape Revive*, The Engine Room, 2022, https://engn.it/climatejusticedigitalrights.

MALMODIN Jens et LUNDÉN Dag, « The Energy and Carbon Footprint of the Global ICT and E&M Sectors 2010-2015 », *Sustainability*, 10 (9), 2018, https://doi.org/10.3390/su10093027.

Mines de rien

BIHOUIX Philippe et GUILLEBON Benoît de, *Quel futur pour les métaux? Raréfaction des métaux : un nouveau défi pour la société*, Paris, EDP Sciences, 2010.

EUROPEAN COMMISSION, « Proposal for a Regulation of the European Parliament and of the Council Establishing a Framework for Ensuring a Secure and Sustainable Supply of Critical Raw Materials and Amending », 2023, https://eur-lex.europa.eu/legal-content/EN/ALL/?uri=CELEX:52023PC0160.

EUROPEAN COMMISSION, DIRECTORATE-GENERAL FOR INTERNAL MARKET, INDUSTRY, ENTREPRENEURSHIP AND SMEs, GROHOL

Milan et VEEH Constance, « Study on the Critical Raw Materials for the EU 2023. Final Report », Publications Office of the European Union, 2023, https://data.europa.eu/doi/10.2873/725585.

GELDRON Alain, *L'Épuisement des métaux et minéraux. Faut-il s'inquiéter ?*, ADEME, 2017.

KRAUSMANN Fridolin *et al.*, « Growth in Global Materials Use. GDP and Population during the 20th Century », *Ecological Economics*, 68 (10), 2009, p. 2696-2705.

La technosphère

GABRYS Jennifer, HAYLES N. Katherine, KRAPP Peter, RALEY Rita et WEBER Samuel, *Program Earth. Environmental Sensing Technology and the Making of a Computational Planet*, Minneapolis, University of Minnesota Press, 2016.

HAFF Peter K., « Technology as a Geological Phenomenon. Implications for Human Well-Being », *Geological Society London Special Publications*, 395 (1), 2014, p. 301-309.

HAFF Peter K., « Humans and Technology in the Anthropocene : Six Rules », *The Anthropocene Review*, 1 (2), 2014, p. 126-136.

KAYS Roland *et al.*, « The Movebank System for Studying Global Animal Movement and Demography », *Methods in Ecology and Evolution*, 13 (2), 2022, p. 419-431.

ZALASIEWICZ Jan *et al.*, « Scale and Diversity of the Physical Technosphere. A Geological Perspective », *The Anthropocene Review*, 4 (1), 2017, p. 9-22.

Fractures numériques

PERRIN Andrew, *Mobile Technology and Home Broadband 2021*, Pew Research Center Report, 2021.

HARGITTAI Eszter, *Connected in Isolation. Digital Privilege in Unsettled Times*, Cambridge, Cambridge MIT Press, 2022.

Loi de puissance et effet Matthieu

CARDON Dominique, *Culture numérique*, Paris, Presses de Sciences Po, 2019.

HUBERMAN Bernardo A. et ADAMIC Lada A., « Growth Dynamics of the World-Wide Web », *Nature*, 401 (6749), 1999, p. 131-131.

SCHRADIE Jen, « The Digital Production Gap. The Digital Divide and Web 2.0 Collide », *Poetics*, 39 (2), 2011, p. 145-168.

SCHRADIE Jen, *The Revolution that Wasn't. How Digital Activism Favors Conservatives*, Cambridge, Harvard University Press, 2019.

Des pareils aux mêmes

BAKSHY Eytan, MESSING Solomon et ADAMIC Lada A., « Exposure to Ideologically Diverse News and Opinion on Facebook », *Science*, 348 (6239), 2015, p. 1130-1132.

BOYD Danah, *It's Complicated. The Social Lives of Networked Teens*, New Haven, Yale University Press, 2014.

Viralité

BOULLIER Dominique (2023). *Propagations. Un nouveau paradigme pour les sciences sociales*, Paris, Dunod.

DANIELS Matt, *The Unlikely Odds of Making it Big on TikTok*, The Pudding, 2022.

GRIFFIN Emily, *A Timeline of Internet Viral Phenomena from the 1990s to Today*, hivi.uni.lu/2023/05/18/a-timeline-of-internet-viral-phenomena-from-the-1990s-to-today/.

NAHON Karine et HEMSLEY Jeff, *Going viral*, Cambridge, Polity, 2013.

Usages, âges et ancrages

BOCZKOWSKI Pablo J., *News at Work : Imitation in an Age of Information Abundance*. Chicago, University of Chicago Press, 2010.

MARTIN Olivier et DAGIRAL Éric (dir.), *L'Ordinaire d'internet. Le web dans nos pratiques et relations sociales*, Paris, Armand Colin, 2016.

Notoriétés genrées

BISHOP Sophie, « Anxiety, Panic and Self-Optimization. Inequalities and the YouTube Algorithm », *Convergence*, 24 (1), 2018, p. 69-84.

Expositions universelles

ELIAS Norbert, *La Société des individus*, Paris, Fayard, 1991.

CARDON Dominique, *Culture numérique*, Paris, Presses de Sciences Po, 2019.

Le corps numérique

FERRARIS Maurizio, *Mobilisation totale. L'appel du portable*, Paris, PUF, 2018.

GOFFMAN Erving, *Comment se conduire dans les lieux publics. Notes sur l'organisation sociale des rassemblements*, Paris, Economica, 2013 [1963].

MAUSS Marcel, *Les Techniques du corps*, Paris, Payot, 2021 [1934].

NOVA Nicolas, MIYAKE Katherine, CHUI Walton et KNOW Nancy, *Curious Rituals. Gestural Interaction in the Digital Everyday*, Venice, Near Future Laboratory, 2012, https://curiousrituals.files.wordpress.com/2012/09/curiousritualsbook.pdf

NOVA Nicolas, *Smartphones. Une enquête anthropologique*, Genève, Métis Presses, 2020.

WATERS Clarice N. *et al.*, « Assessing and Understanding Sedentary Behaviour in Office-Based Working Adults. A Mixed-Method Approach », *BMC Public Health*, 16, 2016, p. 360-360.

Les grandes manœuvres de la conquête numérique

BEUSCART Jean-Samuel et FLICHY Patrice, « Plateformes numériques », *Réseaux*, 212, 2018, p. 9-22.

ZUBOFF Shoshana, *L'Âge du capitalisme de surveillance*, Paris, Zulma, 2020.

GAFAM, NATU, BAXT et les autres

TIROLE Jean, *L'Économie du bien commun*, Paris, PUF, 2016.

Travailleurs, travailleuses du clic

BARRAUD DE LAGERIE Pauline et SIGALO SANTOS Luc, « Et pour quelques euros de plus. Le *crowdsourcing* de micro-tâches et la marchandisation du temps », *Réseaux*, 212, p. 51-84.

CASILLI Antonio, *En attendant les robots. Enquête sur le travail du clic*, Paris, Seuil, 2019.

SUROWIECKI James, *La Sagesse des foules*, Paris, JC Lattès, 2008.

Automatisations

MCKINSEY GLOBAL INSTITUTE, « Jobs Lost, Jobs Gained. Workforce Transitions in a Time of Automation », 2017.

VERDUGO Grégory, *Les Nouvelles Inégalités du travail*, Paris, Presses de Sciences Po, 2017.

OCDE, « Perspectives de l'emploi de l'OCDE 2023. Intelligence artificielle et marché du travail », 2023, https://doi.org/10.1787/aae5dba0-fr

SRNICEK Nick et ALEX Williams, *Inventing the Future. Postcapitalism and a World without Work*, New York, Verso Books, 2016.

Mauvaises nouvelles pour les médias

BOCZKOWSKI Pablo J., MITCHELSTEIN Eugenia et MATASSI Mora, « "News Comes across When I'm in a Moment of Leisure". Understanding the Practices of Incidental News Consumption on Social Media », *New Media & Society*, 20 (10), 2018, p. 3523-3539.

BOCZKOWSKI Pablo J., *Abundance. On the Experience of Living in a World of Information Plenty*, Oxford, Oxford University Press, 2021.

REUTERS INSTITUTE, *Digital News Report 2023.*

Cœurs de cible

MCGUIGAN Lee, *Selling the American People. Advertising, Optimization, and The Origins of Adtech*, Cambridge, MIT Press, 2023.

MELLET Kevin et BEAUVISAGE Thomas, « Cookie Monsters. Anatomy of a Digital Market Infrastructure », *Consumption Markets & Culture*, 23 (2), 2020, p. 110-129.

ZUBOFF Shoshana, *L'Âge du capitalisme de surveillance*, Paris, Zulma, 2020.

Polarisation médiatique

BENKLER Yochai, FARIS Robert et ROBERTS Hal, *Network Propaganda. Manipulation, Disinformation, and Radicalization in American Politics*, Oxford, Oxford University Press, 2018.

CARDON Dominique, COINTET Jean-Philippe, OOGHE-TABANOU Benjamin, PLIQUE Guillaume, « Unfolding the Multi-Layered Structure of the French Mediascape », working paper, 2019.

Les *fake news*

ALLCOTT Hunt et GENTZKOW Matthew, « Social Media and Fake News in the 2016 Election », *Journal of Economic Perspectives*, 31 (2), 2017, p. 211-236.

BERRICHE Manon, COINTET Jean-Philippe, HACQUIN Anne-Sophie, ALTAY Sacha, MAZOYER Béatrice, *Du partage de* fake news *à leur évitement. Les oscillations des régimes d'énonciation des internautes selon leur degré d'intégration dans l'espace politique*, à paraître.

RAMACIOTTI MORALES Pedro, BERRICHE Manon et COINTET Jean-Philippe, « The Geometry of Misinformation. Embedding Twitter Networks of Users who Spread Fake News in Geometrical Opinion Spaces », *Proceedings of the International AAAI Conference on Web and Social Media*, 17, 2023, p. 730-741.

La longue traîne de la culture

BEUSCART Jean-Samuel, COAVOUX Samuel et MAILLARD Sisley, « Les algorithmes de recommandation musicale et l'autonomie de l'auditeur. Analyse des écoutes d'un panel d'utilisateurs de streaming », *Réseaux*, 213, 2019, p. 17-47.

ANDERSON, Chris, *The Long Tail. Why the Future of Business is Selling Less of More*, Wesport, Hyperion Press, 2006.

Ludicisation

OHNO Shiroh, « The Link Between Battle Royale Games and Aggressive Feelings, Addiction, and Sense of Underachievement: Exploring eSports-Related Genres », *International Journal of Mental Health and Addiction*, 20, 2022, p. 1873-1881.

Explorer de loin

BERRY David M. et FAGERJORD Anders, *Digital Humanities. Knowledge and Critique in a Digital Age*, Hoboken, John Wiley & Sons, 2017.

DRUCKER Johanna, *The Digital Humanities Coursebook. An Introduction to Digital Methods for Research and Scholarship*, Londres, Routledge, 2021.

MANOVICH Lev, *Cultural Analytics*, Cambridge, MIT Press, 2020.

MCPHERSON Tara, *Feminist in a Software Lab. Difference & Design*, Cambridge, Harvard University Press, 2018.

MORETTI Franco, « Conjectures on World Literature », *New Left Review*, 1, 2000.

Tsing Anna L., Deger Jennifer, Keleman Saxena Alder et Feifei Zhou (eds), *Feral Atlas. The More-than-Human Anthropocene*, Redwood City, Stanford University Press, https://feralatlas.supdigital.org/ [traduction française de l'introduction, https://www.terrestres.org/2019/05/26/la-vie-plus-quhumaine/].

De l'originalité

Cocks Anna Somers, « If the Sea Destroys Venice, Can Digital Technology Rebuild it ? », *The Art Newspaper*, 29 avril 2020.

Farrell Stephen, « If All Else Fails, 3D Models and Robots Might Rebuild Palmyra », *The New York Times*, 28 mars 2016.

Latour Bruno et Lowe Adam, « La migration de l'aura ou comment explorer un original par le biais de ses fac-similés », suivi de Lamoureux Johanne, « Autour de la migration de l'aura, le grand déménagement », *Intermédialités*, 17, 2011, p. 173-205.

Aux tableaux de bord

Drucker Johanna, *Graphesis. Visual Forms of Knowledge Production*, Cambridge, Harvard University Press, 2014.

Few Stephen, *Information Dashboard Design. The Effective Visual Communication of Data*, Farnham, O'Reilly, 2006.

Medina Eden, *Cybernetic Revolutionaries. Technology and Politics in Allende's Chile*, Cambridge, MIT Press, 2011.

Shneiderman Ben, « The Eyes Have it. A Task by Data Type Taxonomy for Information Visualizations », dans *Proceedings of the 1996 IEEE Symposium on Visual Languages*, Washington DC, IEEE Computer Society, 1996, p. 336-344.

Boulevard du cybercrime

Laumonier Alexandre, *6. Le soulèvement des machines*, Paris, Seuil, 2018.

Maigret Nicolas et Roszkowska Maria (eds), *The Pirate Book*, Ljubljana, Aksioma, 2015, https://disnovation.org/piratebook.php.

La gouvernance d'internet

Musiani Francesca, « La gouvernance d'Internet, brève histoire d'un espace à controverses », *Terminal*, 132-133, 2022, https://doi.org/10.4000/terminal.8398.

Contenir les contenus

Badouard Romain, *Les Nouvelles Lois du web. Modération et censure*, Paris, Seuil, 2020.

Douek Evelyn, « Governing Online Speech. From "Posts-As-Trumps" to Proportionality and Probability », *Columbia Law Review*, 121 (3), 2021, p. 759-834.

Notions de censure

Salamatian Loqman, Douzet Frédérick, Salamatian Kavé et Limonier Kévin, « The Geopolitics behind the Routes Data Travel. A Case Study of Iran », *Journal of Cybersecurity*, 7 (1), 2021, https://doi.org/10.1093/cybsec/tyab018.

Surveillance et sousveillance

Zuckerman Ethan, « Can Russia Really Disconnect from the Rest of the Digital World ? », *Prospect*, 12 mai 2022.

Freedom House, « Level of Internet Freedom in 70 Countries around the World », https://freedomhouse.org/countries/freedom-net/scores.

Daxue Consulting, « Internet Censorship in China Explained », 11 mai 2020, https://daxueconsulting.com/internet-censorship-in-china/.

Faire parler les données

Higgins Eliot, *We Are Bellingcat. Global Crime, Online Sleuths, and the Bold Future of News*, Londres, Bloomsbury, 2021.

Parasie Sylvain, *Computing the News. Data Journalism and the Search for Objectivity*, New York, Columbia University Press, 2022.

Quantification de soi

Dagiral Éric, Licoppe Christian, Martin Olivier et Pharabod Anne-Sylvie, « Le *Quantified Self* en question(s). Un état des lieux des travaux de sciences sociales consacrés à l'automesure des individus », *Réseaux*, 216, 2019, p. 17-54.

Dagiral Éric, Dessajan Séverine, Legon Tomas, Martin Olivier, Pharabod Anne-Sylvie et Proulx Serge, « Faire place aux chiffres dans l'attention à soi. Une sociologie des pratiques de quantification et d'enregistrement aux différents âges de la vie », *Réseaux*, 216, 2019, p. 119-156.

Ruckenstein Minna et Pantzar Mika, « Beyond the Quantified Self. Thematic Exploration of a Dataistic Paradigm », *New Media & Society*, 19 (3), 2017, p. 401-418.

La science citoyenne

Gabrys Jennifer, « Citizen Sensing, Air Pollution and Fracking: From "Caring about Your Air" to Speculative Practices of Evidencing Harm », *The Sociological Review*, 65 (2 suppl), 2017, p. 172-192.

Parasie Sylvain et Dedieu François, « À quoi tient la crédibilité des données citoyennes ? L'institutionnalisation des capteurs citoyens de pollution de l'air en Californie », *Revue d'anthropologie des connaissances*, 13 (4), 2019, p. 1035-1062.

Garrocq Jean-Baptiste et Parasie Sylvain, « Peut-on redistribuer la surveillance de la qualité de l'air ? Une enquête sur les métrologies à l'œuvre dans un concours institutionnel d'évaluation de micro-capteurs », *Revue d'anthropologie des connaissances*, 16 (4), 2022, https://doi.org/10.4000/rac.29150.

En ligne hors ligne, même combat

RAMACIOTTI MORALES Pedro, COINTET Jean-Philippe et FROIO Caterina, « Posters and Protesters: The Networked Interplay between Onsite Participation and Facebook Activity in the Yellow Vests Movement in France », *Journal of Computational Social Science*, 5 (2), 2022, p. 1129-1157.

#Mobilisations

MARGETTS Helen, JOHN Peter, HALE Scott et YASSERI Taha, *Political Turbulence. How Social Media Shape Collective Action*, Princeton, Princeton University Press, 2015.

TUFEKCI Zeynep, *Twitter and Tear Gas. The Power and Fragility of Networked Protest*, Londres, Yale University Press, 2017 [traduction en français par A. Lemoine, *Twitter et les gaz lacrymogènes. Forces et fragilités de la contestation connectée*, Caen, C&F éditions, 2019].

<Glossaire/>

Algorithme : suite d'instructions permettant de résoudre un problème en un nombre fini d'opérations, implémentable sous la forme de programme informatique.

Apprentissage automatique, *machine learning* : branche de l'intelligence artificielle donnant aux ordinateurs la capacité d'apprendre à partir de données sans être explicitement programmés, à l'aide d'algorithmes d'apprentissage.

ARPANET (Advanced Research Projects Agency Network) : système de communication numérique mis au point en 1969 pour la Défense états-unienne, dans lequel les données sont regroupées par paquets et les réseaux informatiques ne sont utilisés que durant le temps de leur transmission. Il préfigure le transfert de données sur internet.

Bande passante : quantité maximale de données numériques qu'un réseau informatique peut transmettre par unité de temps (bits par seconde).

***Big data* :** très gros ensembles de données de formats et de sources variés (plusieurs téraoctets de textes, photos, vidéos, etc.), pouvant notamment être exploités par le *machine learning* et nécessitant pour être analysés de distribuer le calcul sur plusieurs ordinateurs en parallèle.

***Big tech* :** terme désignant les entreprises géantes des nouvelles technologies de l'information, dont les GAFAM (Google [Alphabet], Amazon, Facebook [Meta], Apple et Microsoft), leurs équivalentes chinoises réunies sous l'acronyme BATX (Baidu, Alibaba, Tencent et Xiaomi) et les entreprises réunies sous l'acronyme NATU (Netflix, Airbnb, Tesla, Uber).

Bit : de *binary digit* (chiffre binaire), unité élémentaire d'information, pouvant prendre deux valeurs distinctes, 0 ou 1.

***Blockchain*, chaîne de blocs :** technologie de stockage et transmission d'informations, transparente et sécurisée. Fonctionnant sans organe central de contrôle, la *blockchain* repose sur une base de données distribuée et redondée par de multiples parties prenantes, contenant l'historique de tous les échanges effectués entre ses utilisateurs depuis sa création et permettant à ces derniers de partager des données sans intermédiaire.

Calcul quantique : mode de calcul informatique censé utiliser les propriétés de la physique quantique (superposition, intrication, non-localité) qui s'affranchit des limites du calcul binaire (par bit).

Calculateur universel : machine théorique imaginée par Alan Turing au début du XXe siècle composée d'un ruban et d'une unité qui contrôle une tête de lecture/écriture capable de se déplacer sur ce ruban. Tout algorithme ou tout calcul peut être décrit comme un programme dirigeant cette tête de lecture.

***Cloud*, nuage :** technologie faisant reposer le stockage des données voire l'exécution des logiciels entièrement sur des serveurs accessibles en ligne sur internet.

***Cluster* :** agrégat de ressources informatiques, notamment de serveurs, pouvant fonctionner de façon coordonnée.

***Cookie*, témoin de connexion :** petit fichier temporairement enregistré dans l'ordinateur ou le smartphone d'un utilisateur durant sa visite d'un site web pour conserver la mémoire de son passage, son authentification ou ses préférences.

***Crawler* :** logiciel capable d'explorer automatiquement un ensemble de pages web en suivant systématiquement les liens hypertextes selon un ensemble de règles prédéfinies.

***Crowdsourcing* :** processus consistant à distribuer une lourde tâche impossible à réaliser seul en de multiples petites actions confiées à de nombreux individus travaillant de façon solitaire en ligne.

***Cultural analytics*, analyse culturelle :** étude des cultures contemporaines et passées reposant sur l'analyse de *big data* visuels (photos, vidéos, scans, etc.)

***Darknet*, internet clandestin :** ensemble des réseaux exploitant des protocoles d'échange chiffrés spécifiques qui préservent l'anonymat des utilisateurs, souvent utilisés en conséquence pour des raisons politiques (dissidents, lanceurs d'alerte) ou illégales (drogues, pédophilie, terrorisme, trafic d'armes, etc.).

***Deep web*, web profond :** terme désignant tous les contenus du web non indexés par les moteurs de recherche (intranets d'entreprise, pages non connectées au reste du web, pages présentant des résultats de recherche dynamiques, etc.). On estime que les contenus indexés, ou *surface web*, représentent moins de 10 % du total des contenus du web. Le *darkweb* (pages web accessibles uniquement sur les darknets) ne constitue qu'une toute petite partie du *deep web*.

Dashboard, tableau de bord : page-écran résumant graphiquement les données et indicateurs essentiels d'une activité dans le but d'aider à l'évaluation des performances et à la décision.

***Deep fake* :** combinaison de *deep*, en référence à l'apprentissage profond (*deep learning*), et de *fake* (faux), ce terme est généralement utilisé pour désigner la manipulation de médias existants (image, vidéo et/ou audio) ou la génération de nouveaux médias (synthétiques) en utilisant des approches fondées sur le *deep learning*.

***Deep learning*, apprentissage profond :** procédé d'intelligence artificielle relevant de l'apprentissage automatique (*machine learning*) par réseau de neurones et faisant intervenir un grand nombre de couches de neurones afin de faire émerger des motifs complexes à partir d'un ensemble de données.

***Deep voice* :** technologie utilisant des réseaux de neurones profonds pour générer des voix artificielles très proches de la voix humaine. Cette application de l'intelligence artificielle produit des discours synthétiques naturels et réalistes.

***Distant reading*, lecture à distance :** méthode d'analyse littéraire utilisant les ressources informatiques pour explorer un ensemble d'œuvres sur une période donnée, par opposition à une approche d'herméneutique classique (*close reading*)

Espace latent : espace multidimensionnel abstrait dans lequel les données sont représentées sous forme de vecteurs. La similarité entre deux données d'entrée se traduit par une plus ou moins grande proximité géométrique au sein de l'espace latent. Il permet d'opérer une réduction de dimension et donc de diminuer les contraintes de mémoire et de calcul.

***Fake news*, fausse information, infox :** informations fabriquées, manipulées ou déformées, le plus souvent produites dans un but de désinformation économique ou idéologique.

***Hacker*, hackeur :** personne passionnée par la compréhension approfondie du fonctionnement interne d'un système, en particulier des ordinateurs et des réseaux informatiques. Certains *hackers* utilisent leurs compétences pour casser la protection d'un système et accéder par exemple à des données protégées, par conviction politique, défi technique, recherche de notoriété, appât du gain, malveillance, etc.

Humanités numériques, *digital humanities* : champ d'études académiques issu de la rencontre entre les sciences humaines et sociales, les arts et les lettres et les nouvelles technologies de l'information et de la communication.

IHM, interactions humain-machine : domaine pluridisciplinaire (ingénierie, sciences de la nature, arts et design, etc.) consacré à l'étude de l'amélioration des interfaces de communication avec les ordinateurs.

IP (*internet protocol*) : protocole de communication d'internet assurant la transmission de données informatiques par paquets. Par extension, adresse individuelle d'une machine connectée sur le réseau internet (par exemple : 192.168.1.1).

Intelligence artificielle, IA : capacité d'un ordinateur à reproduire des effets d'intelligence tels que le raisonnement, la prédiction, l'apprentissage.

Internet : ensemble mondial de réseaux assurant l'interconnexion des ordinateurs et des serveurs au moyen d'un protocole commun, l'IP.

Jeu de données d'entraînement : ensemble de données (textes, images, sons, etc.) servant à l'apprentissage d'un modèle.

Lisp : contraction de *list processing*, langage de programmation utilisé durant les années 1970 et 1980 dans les recherches symboliques en intelligence artificielle.

Logiciel libre : logiciel dont l'utilisation, l'étude du code source, la modification et la libre rediffusion sont techniquement et juridiquement permis par son ou ses auteurs via l'emploi d'une licence libre ou la publication dans le domaine public. Le mouvement du logiciel libre se revendique comme une approche philosophique qui entend garantir les libertés des utilisateurs, en opposition aux logiciels propriétaires que les utilisateurs ne peuvent pas contrôler.

Méthode de Louvain : algorithme « glouton », permettant d'approximer le résultat d'un problème mathématique très complexe, la partition des nœuds d'un réseau en communautés distinctes, en un temps raisonnable.

Microprocesseur : processeur dont tous les composants miniaturisés ont pu être réunis dans un seul boîtier.

Modèle à blocs stochastiques : l'un des modèles les plus fréquemment utilisés pour rendre compte de l'hétérogénéité des réseaux et identifier des communautés hiérarchisées d'éléments particulièrement liés les uns aux autres.

Moteur de recherche : site web permettant d'en rechercher d'autres, au moyen de mots-clés. Google, DuckDuckGo ou Qwant sont, par exemple, des moteurs de recherche.

Navigateur web : logiciel installé sur un ordinateur ou un téléphone permettant à un utilisateur de consulter les pages des sites web. Firefox, Chrome ou Safari sont, par exemple, des navigateurs web.

***Token(isation)* :** segmentation de la séquence textuelle en une série d'unités ou *tokens* (des mots par exemple) afin d'en faciliter le traitement informatique.

***Open source*, source ouverte :** mouvement proche de celui des logiciels libres prévoyant également la mise à disposition pour libre accès, modification et redistribution du code source d'un logiciel, mais sans en revendiquer la philosophie « libératrice ».

OSINT (*open source intelligence*) : « ensemble hétéroclite de pratiques d'investigation et d'analyse visant à dévoiler une information préalablement dissimulée en récoltant, croisant ou analysant des données numériques disponibles en source ouverte » (Kevin Limonier et Maxime Audinet, « De l'enquête au terrain numérique », *Hérodote*, 186, 2022).

PageRank : algorithme avec lequel Google mesure l'autorité d'une page ou d'un site web en fonction du nombre et de l'autorité des autres pages web renvoyant par un lien vers celle-ci.

***Peer-to-peer* (P2P), système pair à pair :** réseau informatique dans lequel chaque ordinateur fait office de serveur, afin d'optimiser et de faciliter le partage de toutes sortes de fichiers et de services.

Plateforme numérique, ou digitale : terme générique pour différents types d'écosystèmes numériques jouant un rôle d'intermédiaire entre une offre et une demande sur les marchés grand public ou professionnels. Les plateformes ne créent pas de contenu, mais tirent leur valeur de leur nombre d'utilisateurs et du volume de l'offre qu'elles fédèrent.

Processeur, unité centrale de calcul : partie d'un ordinateur qui exécute les instructions des programmes informatiques.

Qubit : unité de calcul quantique pouvant revêtir plusieurs valeurs simultanément, contrairement au bit classique qui ne peut prendre que la valeur 0 ou 1.

Rançongiciel, *ransomware* : logiciel malveillant conçu pour s'introduire dans le système informatique d'une victime (entreprise, organisation, etc.) afin de le détruire ou d'en bloquer l'accès jusqu'au paiement d'une rançon.

Réseau social numérique : plateforme au sein de laquelle un utilisateur (un individu, un groupe d'individus, une organisation) crée un réseau d'échanges avec d'autres utilisateurs.

Site internet, site web : ensemble de pages web contenant des informations, des images, des vidéos, des fichiers, des applications, etc., reliées entre elles par des hyperliens et définies et accessibles par une adresse web (URL).

***Streamer* :** individu partageant des vidéos en direct sur des plateformes, par exemple des sessions de jeux vidéo.

***Streaming* :** transmission d'un flux audio ou vidéo depuis un serveur distant permettant une lecture instantanée sans téléchargement préalable.

Système d'exploitation, *operating system* (OS) : ensemble des programmes assurant le fonctionnement d'une machine ainsi que l'interface avec son utilisateur, par exemple Windows, MacOS, Linux, Android.

***Text neck, tech neck* :** deux termes pour désigner les douleurs cervicales ou musculaires provoquées par l'usage prolongé des smartphones.

Terres rares : métaux aux propriétés électromagnétiques nécessaires notamment aux nouvelles technologies, ne devant pas leur nom à leur rareté, mais à la dissémination de leurs gisements dans la croûte terrestre qui rend leur extraction difficile.

Terminal : équipement périphérique assurant l'accès à un ordinateur ou à un réseau d'ordinateurs.

Théorie des jeux : théorie économique issue des mathématiques, qui prétend prévoir le comportement des agents économiques en faisant l'hypothèse que tout agent effectue toujours un choix rationnel visant à maximiser ses gains et à minimiser ses pertes.

Théorie des réseaux : étude des relations entre des objets à partir de représentations graphiques constitués de sommets (ou nœuds) et d'arêtes (ou arcs) reliant ces sommets, appliquée à diverses disciplines dont la physique, l'informatique et les sciences sociales.

Transhumanisme : courant de pensée centré sur les transformations que les avancées scientifiques et techniques opèrent sur les humains, notamment l'augmentation de leurs capacités physiques et mentales.

Virgule flottante : méthode d'écriture des nombres en informatique utilisée pour définir la limite d'approximation d'une machine.

World Wide Web, ou web, ou toile : ensemble des données reliées entre elles sur internet par des liens hypertexte et qu'il est possible de consulter grâce à un navigateur web et de trouver à l'aide d'un moteur de recherche.

<Remerciements/>

Merci à Julie Gazier, directrice des Presses de Sciences Po, qui a eu l'idée de cet atlas et qui a joué un rôle majeur dans la concrétisation du projet. Merci à toute l'équipe des Presses de Sciences Po, qui n'a pas ménagé ses efforts pour le faire aboutir, en particulier à Laurence de Bélizal. Merci également à Alain Chevallier, l'auteur de cette belle mise en page. Merci à Delphine Grouès et Jean-Pierre Berthet pour leur indéfectible soutien à ce projet.

Cet atlas est une œuvre collective. De nombreuses personnes y ont contribué. Nous souhaitons toutes les remercier pour leur travail, pour le temps qu'elles y ont consacré et pour leur implication.

Merci à Pauline Barraud de Lagerie, Jean-Samuel Beuscart, Éric Dagiral, Nicolas Nova, Guillaume Plique pour leurs conseils précieux.

Un immense merci à celles et ceux qui, à nos côtés, ont directement participé à l'élaboration de certaines pages de cet atlas : **Guillaume Lachenal**, pour la conception et la rédaction de « Un déluge de données », **Benjamin Ooghe-Tabanou**, pour la collecte des données, la conception et la rédaction de « La forme du réseau », pour la préparation des données de « Fusion et miniaturisation », et pour ses conseils sur un grand nombre de planches, **Jean-Philippe Cointet**, pour la réalisation et la rédaction de « Society2vec », **Valentin Goujon**, pour sa collecte des données et son aide dans la réalisation de « Ceci n'est pas une main » ainsi que pour la rédaction de « Ludicisation », **Maxime Crépel**, pour sa collecte des données et ses analyses, pour la conception et la rédaction de « Prophètes de l'IA », **Emma Gauthier**, pour la collecte des données, la conception et la rédaction de « Notoriétés genrées », **Manon Berriche**, pour ses travaux de recherche ayant servi à la conception de « Les *fake news* » et pour sa rédaction du texte, **Kevin Mellet**, pour son aide dans la réalisation de « Cœurs de cible » et pour la rédaction du texte, **Béatrice Mazoyer**, pour la collecte des données, la conception et la rédaction de la planche « Viralité », **Andrea Benedetti**, qui a mis en forme les visualisations de « Fusion et miniaturisation » et « Viralité », **Benjamin Tainturier** et **Charles de Dampierre,** pour leur collecte des données et la réalisation du graphe de « Des pareils aux mêmes », **Lucien Castex**, pour les informations rassemblées sur « La gouvernance d'internet » et la rédaction du texte, **Françoise Daucé**, pour les informations rassemblées et les nombreux conseils sur « Notions de censure » et la rédaction du texte, **Jean-Baptiste Garrocq**, pour sa contribution à la conception de « La science citoyenne » et la rédaction du texte, **Pedro Ramaciotti Morales**, pour ses données, ses analyses et la réalisation des graphiques de « En ligne hors ligne même combat ».

Dominique Cardon, Sylvain Parasie, Donato Ricci,
l'Atelier de cartographie de Sciences Po

Impression & brochage SEPEC - France
Numéro d'impression : 19747230820 - Dépôt légal : septembre 2023

IMPRIM'VERT®